시험에 강해지는

# HSK 중국어 단어장

**조일신 지음**

# 머리말

중국어를 배우고자 하는 사람들은 우선 어려운 한자에 부담을 느끼고 해도 해도 잘 안 되는 발음과 성조에 실망하며 또한 많은 중국어 어휘에 놀랍니다. 하지만 첫 술에 배부를 수 없듯이 중국어는 꾸준한 노력과 끈기를 바탕으로 하나하나 배워 나가야 합니다. 그렇게 할 수만 있다면 어느새 놀랄 만큼 향상된 자신의 실력에 뿌듯함을 느낄 수 있게 될 것입니다.

우리나라 말에 같이 쓰면 어울리는 단어가 있고 또 같이 쓰면 안 되는 단어가 있듯이 중국어에도 한 동사에 어울리는 목적어가 있습니다. 이런 경우 목적어로 단어를 잘못 선택해서 쓰게 되면 매우 어색한 문장이 되나 심지어 듣는 사람이 이해를 못하게 되는 경우도 생길 수가 있습니다. 그러므로 처음 중국어를 배울 때 한 동사가 취할 수 있는 목적어(단어)를 잘 알아 두는 것이 중요하다고 할 수 있습니다. 아울러 각각의 단어들을 어떻게 적절히 쓰느냐가 훌륭한 중국어의 구사를 결정한다고 하겠습니다.

이를 위해 이 책에서는 기본적으로 알아야 될 단어들을 망라하여 각 품사별로 정리하였고, 단어 뜻과 함께 예문을 제시하여 독자의 이해를 돕고자 노력하였습니다.

2

또한 본문에 수록된 단어와 예문들은 MP3 음원에 모두 담았습니다. 단순히 눈으로만 보고 외우는 단어장이 아니라, 귀로 듣고 따라하면서 더욱 능동적인 중국어 학습이 될 수 있도록 하였습니다. 개정판에서는 QR 코드를 수록하여 스마트폰으로 바로 음원을 확인할 수 있도록 하였습니다.

처음 중국어를 배우는 사람들은 흔히 이런 질문을 던집니다. '중국어 어떻게 하면 잘 할 수 있나요?' 어느 언어나 마찬 가지듯 하나의 언어를 배우는 데는 왕도나 지름길이 따로 없습니다. 그저 열심히 읽고, 말하면서 반복 연습을 하는 게 최고의 학습방법입니다. 이 책이 여러분들의 중국어 어휘를 늘리는 데 많은 도움이 될 수 있기를 바랍니다.

끝으로 항상 격려와 조언을 아끼지 않으신 강준영 교수님과 이 한 권의 책을 출판해 주시기 위해 갖은 노력과 정성을 다해 주신 제이플러스 이기선 실장님 및 편집부 여러분께 감사를 드립니다. 또한 감수를 위해 많은 분량의 원고를 흔쾌히 읽어준 중국인 친구 王洪과 联红에게도 이 자리를 빌어 감사의 마음을 전합니다.

# 차례

## 🎧 MP3 음원 구성

**수록 내용**  중국어 단어와 예문 전체가 수록되어 있습니다.
(제목은 한국어+중국어. 단어와 예문은 중국어만 녹음)

**QR코드**  스마트폰으로 바로 음원을 확인할 수 있습니다.
MP3 전체 파일 다운로드는 홈페이지를 이용하세요.
www.jplius114.com (도서명 검색후 파일 다운로드)

# 01
## 동사

**01** 读
1급
□ dú
□
□

● 읽다, 공부하다, 학교에 다니다

**最近读一篇小说。**
Zuìjìn dú yì piān xiǎoshuō.
요즘 소설 한편을 읽고 있다.

**姐姐读研究生。**
Jiějie dú yánjiūshēng.
언니는 대학원에 다닌다. (언니는 대학원생이다.)

**02** 念
5급
□ niàn
□
□

● (소리내어)읽다, 공부하다

**把信念给大家听。**
Bǎ xìn niàngěi dàjiā tīng.
편지를 모두에게 읽어 주어라.

**他念中学。**
Tā niàn zhōngxué.
그는 중등학교에 다닌다.

> 🖉 初中 chūzhōng 중학교
> 高中 gāozhōng 고등학교

**03** 写
1급
□ xiě
□
□

● 쓰다

**回中国给我写信。**
Huí Zhōngguó gěi wǒ xiě xìn.
중국에 돌아가면 편지해라.

**如何写一篇好文章。**
Rúhé xiě yì piān hǎo wénzhāng.
어떻게 좋은 문장(글)을 쓰는가.

## 04 画 huà
**3급**

- 그리다

**画画儿** huà huàr 그림을 그리다.

**画蛇添足** huà shé tiān zú
뱀을 그리고 다리를 그려 넣다. (쓸데없는 짓을 하다.)

## 05 说 shuō
**1급**

- 말하다

**一句话也说不出来。**
Yí jù huà yě shuō bu chūlái.
말 한 마디도 하지 못하다.

**你说的是谁呢?**
Nǐ shuō de shì shéi ne?
누구를 얘기하는 거야?

## 06 讲 jiǎng
**3급**

- 말하다, 설명하다, 중시하다

**讲故事** jiǎng gùshi 옛날이야기를 하다.

**把理由给老师讲清楚。**
Bǎ lǐyóu gěi lǎoshī jiǎng qīngchu.
선생님께 이유를 분명히 설명해라.

**讲卫生** jiǎng wèishēng 위생을 중요시하다.

## 07 道 dào

- 말하다

**能说会道** néng shuō huì dào
언변이 좋다.

---

画 그림 화, 그을 획 · 说 말씀 설 · 讲 이야기할 강 · 道 길 도, 말할 도      7

**大声喊道**
dàshēng hǎndào
큰 소리로 외치다.

● 말하다, 부르다

**人人称他是个好人。**
Rénrén chēng tā shì ge hǎorén.
사람들마다 그를 좋은 사람이라고 말한다.

**他被称为韩国的成龙。**
Tā bèi chēngwéi Hánguó de Chénglóng.
그는 한국의 성룡이라 불리운다.

✎ 被(bèi)는 동사 앞에 쓰여 피동을 나타낸다.

✎ 称为(chēngwéi)는 '~라고 부르다', '~로 불리다'라는
뜻이다.

---

**说와 讲 / 道와 称**

说와 讲은 주로 회화에서 쓰이고, 道와 称은 주로 서면어에 쓰인다.
특히 称은 신문기사에서 자주 볼 수 있다.

**媒体称政策与市场差距很大。**
Méitǐ chēng zhèngcè yǔ shìchǎng chājù hěn dà.
언론에서 정책과 시장이 격차가 크다고 보도하였다.

称 일컬을 칭

동
사

## 09
**2급** **告诉**
gàosu

● 알리다, 말하다

### 这件事不要告诉别人。
Zhè jiàn shì bú yào gàosu biérén.
이 일은 다른 사람에게는 말하지 마라.

### 请你告诉他，明天有聚会。
Qǐng nǐ gàosu tā, míngtiān yǒu jùhuì.
내일 모임이 있다고 그에게 알려 주세요.

## 10
**指出**
zhǐchū

● (신문기사 등의 서면어에서)말하다, 지적하다

### 专家指出股市恢复了正常。
Zhuānjiā zhǐchū gǔshì huīfù le zhèngcháng.
전문가는 주식시장이 정상을 회복했다고 말했다.

### 指出缺点
zhǐchū quēdiǎn
결점(단점)을 지적하다.

## 11
**4급** **说明**
shuōmíng

● 설명하다, 증명하다

### 请你说明这是怎么回事。
Qǐng nǐ shuōmíng zhè shì zěnme huí shì.
이게 어찌된 일인지 설명해 주십시오.

### 事实说明他没有罪。
Shìshí shuōmíng tā méiyǒu zuì.
사실이 그가 죄가 없다는 것을 입증해 준다.

---

告 고할 고, 알릴 고　诉 아뢸 소　指 가리킬 지　说 말씀 설, 달랠 설

### 举例说明
jǔ lì shuōmíng
예를 들어 설명하다.

**12** 表示
**4급** biǎoshì
☐
☐
☐

● 표시하다, 나타내다

### 表示欢迎
biǎoshì huānyíng
환영을 표시하다.

### 对这件事表示怀疑。
Duì zhè jiàn shì biǎoshì huáiyí.
이 일에 대해 의심을 나타냈다.

**13** 表达
**5급** biǎodá
☐
☐
☐

● 표현하다, 나타내다

### 无法用语言来表达出来。
Wúfǎ yòng yǔyán lái biǎodá chūlái.
말로는 표현해 낼 수가 없다.

∅ 表达의 목적어는 주로 감정이나 생각을 나타내는 말이
오고, 表示의 목적어는 태도나 의견을 나타내는 말이
온다.
∅ 用은 '~로(써), ~를 가지고'라는 뜻으로 쓰였다.

### 表达感情
biǎodá gǎnqíng
감정을 나타내다.

表 겉표, 나타낼표 示 보일 시 达 통할 달, 이를 달

## 14 叫
1급
jiào

외치다, 부르다, ~하게 하다

### 大叫一声
dà jiào yì shēng
큰 소리로 외치다.

### 外边有人叫你。
Wàibiān yǒurén jiào nǐ.
밖에서 누가 널 부른다.

### 真叫人为难。
Zhēn jiào rén wéinán.
정말 사람을 난처하게 한다.

✎ 남에게 자신의 이름을 소개할 때 叫(~라고 부르다)
라고 하며, 是(~이다)로 바꿔 말할 수도 있다.

我叫李保京。 ＝我是李保京。
Wǒ jiào Lǐ Bǎojīng. Wǒ shì Lǐ Bǎojīng.

## 15 喊
5급
hǎn

외치다, 부르다

### 喊口号
hǎn kǒuhào
구호를 외치다.

### 请喊他一声。
Qǐng hǎn tā yì shēng.
그 사람 좀 불러 주세요.

**16 看**
1급
kàn

● 보다, 치료하다, 판단하다, ～해보다

**看电影**
kàn diànyǐng
영화를 보다.

**下午去医院看病。**
Xiàwǔ qù yīyuàn kànbìng.
오후에 병원에 진찰을 받으러 간다.

**我看他是可靠的人。**
Wǒ kàn tā shì kěkào de rén.
내가 보기에 그는 믿을 만한 사람이다.

**想想看**
xiǎngxiang kàn
생각해 보다.

✎ 看上(kànshàng) ～이 맘에 들다, 반하다, 눈에 들다
　看不见(kàn bu jiàn) 보이지 않는다
　看得见(kàn de jiàn) 보인다

**17 见**
jiàn

● 보다, 만나다

**视而不见** shì ér bú jiàn 보고도 못 본 척하다.

**我见过他一次面。**
Wǒ jiànguo tā yí cì miàn.
나는 그를 한 번 만난 적이 있다.

✎ 见面(jiànmiàn 만나다) 뒤에는 목적어가 올 수 없다.
즉, 见面他라고 할 수 없고, 见他一面(jiàn tā yí miàn)
이나 跟他见面(gēn tā jiànmiàn)과 같이 표현한다.

看 볼 간  见 볼 견, 나타날 현

**18** 望
wàng

바라보다, 바라다

东张西望 dōng zhāng xī wàng
여기저기 바라보다, 두리번거리다.

望子成龙 wàng zǐ chéng lóng
자식이 훌륭한 사람이 되기 바라다.

**19** 听 1급
tīng

듣다, (남의 의견을)따르다

听音乐 tīng yīnyuè 음악을 듣다.

我劝他，他不听。
Wǒ quàn tā, tā bù tīng.
내가 그를 타일렀지만 그는 듣지 않았다.

✎ 听不见 tīng bu jiàn 들리지 않는다.
  听得见 tīng de jiàn 들린다.

**20** 问 2급
wèn

묻다

不懂就问。 Bù dǒng jiù wèn. 모르면 물어봐라.

请问。 Qǐng wèn. 말씀 좀 묻겠습니다.

**21** 打听 5급
dǎtīng

(사실, 상황 등을)물어보다, 알아보다

打听消息 dǎtīng xiāoxi 소식을 물어보다.

我想跟你打听一个人。
Wǒ xiǎng gēn nǐ dǎtīng yí ge rén.
당신한테 어떤 사람을 좀 물어보고 싶은데요.

**22 起** qǐ

일어나다, 발생하다, 생기다, 떠나다

**早上六点起床。**
Zǎoshang liù diǎn qǐchuáng.
아침 6시에 일어난다.

**起作用** qǐ zuòyòng
작용을 하다.

**起了鸡皮疙瘩** qǐ le jīpí gēda
닭살이 돋다.

**飞机刚才起飞了。**
Fēijī gāngcái qǐfēi le.
비행기가 방금 이륙했다.

**23 醒** 4급 xǐng

깨다

**从梦中醒过来。**
Cóng mèng zhōng xǐng guòlái.
꿈에서 깨어나다.

**酒还没有醒。**
Jiǔ hái méiyǒu xǐng.
술이 덜 깼다.

**24 睡** shuì

자다

**睡懒觉** shuì lǎnjiào 늦잠을 자다.

**早睡早起** zǎo shuì zǎo qǐ
일찍 자고 일찍 일어나다.

**25** 洗
**2급**
xǐ

● 씻다, (사진을)현상하다

**洗脸** xǐliǎn 얼굴을 씻다.

**洗胶卷** xǐ jiāojuǎn 필름을 현상하다.

**26** 刷
shuā

● 닦다, (페인트 등을)칠하다

**刷牙漱口** shuāyá shùkǒu
이를 닦고 입을 가시다.

**刷墙** shuā qiáng 벽을 회칠하다.

**27** 擦
**4급**
cā

● 닦다, 바르다, 스치다

**擦玻璃** cā bōlí 유리를 닦다.

**我帮你擦药。** Wǒ bāng nǐ cāyào.
내가 약 발라줄게.

**擦肩而过** cā jiān ér guò
어깨를 스치고 지나가다.

**28** 穿
**2급**
chuān

● 입다, 구멍이 나다, 통과하다

**穿衣服** chuān yīfu
옷을 입다.

**臭氧层穿了个洞。**
Chòuyǎngcéng chuān le ge dòng.
오존층에 구멍이 났다.

---

洗 씻을 세　刷 닦을 쇄　擦 비빌 찰, 닦을 찰　穿 통할 천, 꿸 천　15

**从这儿穿过去很近。**
Cóng zhèr chuān guòqù hěn jìn.
이리로 지나가면 가깝다.

**29**
**脱**
tuō

벗다, 벗어나다

**脱鞋进来**
tuō xié jìnlái
신발을 벗고 들어오다.

**谁也脱不了。**
Shéi yě tuō bu liǎo.
누구도 벗어날 수 없다.

脱 벗을 탈

동사

**30** 吃
1급
☐ chī
☐
☐

● 먹다, 외식하다

**吃饭**　　chīfàn　　　밥을 먹다.

**吃馆子**　chī guǎnzi　　외식하다.

✎ **吃不惯** chī bu guàn  습관이 안 돼서 먹을 수 없다.
**吃不起** chī bu qǐ　비싸서 먹을 수 없다.
**吃不下** chī bu xià　배불러서 먹을 수 없다.

**31** 尝
4급
☐ cháng
☐
☐

● 맛보다, 겪다

**你尝尝这个菜。**
Nǐ chángchang zhè ge cài.
이 요리 맛 좀 보세요.

**饱尝世味**
bǎo cháng shì wèi
산전수전 다 겪다.

**32** 喝
1급
☐ hē
☐
☐

● 마시다

**口渴喝水。** Kǒu kě hē shuǐ.
목마르면 물 마셔라.

**我喝醉了。** Wǒ hēzuì le.
나 취했어.

**33** 吸
☐
☐ xī
☐

● 마시다, 흡수하다

---

吃 먹을 흘  尝 맛볼 상  喝 부를 갈, 큰소리 갈  吸 마실 흡　　17

吸烟 xīyān 담배를 피우다.

吸取经验 xīqǔ jīngyàn 경험을 받아들이다.

### 34 抽 chōu

● 피우다, 꺼내다, 뽑다

抽烟 chōuyān 담배를 피우다.

**从信封里抽出信纸。**
Cóng xìnfēngli chōuchū xìnzhǐ.
편지봉투에서 편지를 꺼내다.

**随机抽出样本。** Suíjī chōuchū yàngběn.
무작위로 샘플을 뽑다.

### 35 玩 2급 wán

● 놀다

**玩得很开心** wán de hěn kāixīn
재미있게 놀다.

🖉 得(de)는 동사나 형용사 뒤에 쓰여서 결과나 정도를 나타낸다.

**吃喝玩乐** chī hē wán lè
먹고 마시고 놀고 즐기다, 향락적인 생활을 하다.

### 36 唱 chàng

● 노래를 부르다

**我喜欢唱歌。**
Wǒ xǐhuan chànggē.
나는 노래 부르기를 좋아한다.

동
사

37
**2급** **走**
zǒu

○ 걷다, 걸어가다, 떠나다

**一直往前走。**
Yìzhí wǎng qián zǒu.
곧장 걸어가세요.

**我明天要走了。**
Wǒ míngtiān yào zǒu le.
나는 내일 떠나려 한다.

38
**1급** **去**
qù

○ 가다 (↔ 来 lái 오다)

**从北京去上海。** Cóng Běijīng qù Shànghǎi.
북경에서 상해로 가다.

**他见朋友去了。** Tā jiàn péngyou qù le.
그는 친구를 만나러 갔다.

39
**1급** **来**
lái

○ 오다 (↔ 去 qù 가다)

**大家都来了。** Dàjiā dōu lái le.
모두 다 왔다.

---

**来의 특별한 용법**

구체적인 동사를 대신
하여 '～하다'라는 뜻으
로 쓰인다.

**再来一点吧。**
Zài lái yìdiǎn ba.
음식을 권할 때 - 좀 더 드시죠.

**再来一个!**
Zài lái yí ge!
노래를 다시 청할 때 - 앙코르!

---

走 달릴 주, 달아날 주   去 갈 거   来 올 래(내)          19

동사 앞에 놓여 어떤 일을 하려함을 나타낸다.

我来介绍一下。
Wǒ lái jièshào yíxià.
제가 소개하겠습니다.

你来念一遍。
Nǐ lái niàn yí biàn.
네가 한 번 읽어 봐라.

**40**
**2급 出**
□ chū
□
□

● (안에서 밖으로)나오다(나가다), 내다

**从家里出来(出去)。**
Cóng jiāli chūlái(chūqù).
집에서 나오다(나가다).

**出主意** chū zhǔyì
의견을 내다.

**41**
**2급 进**
□ jìn
□
□

● (밖에서 안으로)들어오다, 들어가다

(↔ 出 chū 나가다)

**进屋里去(来)** jìn wūli qù(lái)
집으로 들어가다(들어오다).

**42**
**2급 跑**
□ pǎo
□
□

● 뛰다, 도망가다

**他跑得很快。** Tā pǎo de hěn kuài.
그는 매우 빨리 뛰었다.

**兔子跑了很远。** Tùzi pǎo le hěn yuǎn.
토끼가 멀리 도망갔다.

## 43 跳
tiào

뛰다, 뛰어오르다

**从车上跳下来。**
Cóng chēshang tiào xiàlái.
차에서 뛰어내리다.

**跳舞**
tiàowǔ
춤을 추다.

## 44 动
dòng

움직이다

**他一动也不动。**
Tā yí dòng yě bú dòng.
그는 조금도 움직이지 않았다.

## 45 回
huí

돌아오다, 돌아가다, 돌리다

**我要回家。**
Wǒ yào huíjiā.
나는 집에 가야겠다.

**他回中国去了。**
Tā huí Zhōngguó qù le.
그는 중국으로 돌아갔다.

**回过身来**
huí guò shēn lái
몸을 돌리다.

**46** 返
fǎn

● 되돌아오다, 돌아가다

## 一去不复返
yí qù bú fùfǎn
한번 가서는 되돌아오지 않다.

## 返回首页
fǎnhuí shǒuyè
홈페이지로 돌아가다.

## 往返机票
wǎngfǎn jīpiào
왕복 비행기표

返 돌아올 반

동사

**47**
**1급** **有**
☐ yǒu
☐
☐

● 있다, 생기다, (비교)~만큼 되다

## 我有一个妹妹。
Wǒ yǒu yí ge mèimei.
나는 여동생이 하나 있다.

## 桌子上有书吗?
Zhuōzishang yǒu shū ma?
책상 위에 책이 있니?

## 我有了孩子。
Wǒ yǒu le háizi.
나는 아이를 가졌다(임신했다).

## 他有他哥哥那么高。
Tā yǒu tā gēge nàme gāo.
그는 키가 형만 하다.

**48**
**1급** **在**
☐ zài
☐
☐

喂(wèi)는 원래 4
성이지만 전화 받
을 때는 2성으로
읽는다.

● (존재의 여부나 위치)있다

## 喂, 金先生在吗?
Wéi, Jīn xiānsheng zài ma?
여보세요, 김 선생님 계십니까?

## 我的书在桌子上。
Wǒ de shū zài zhuōzishang.
내 책은 탁자 위에 있다.

## 学习好, 主要在自己的努力。
Xuéxí hǎo, zhǔyào zài zìjǐ de nǔlì.
공부를 잘하는 것은 주로 자신의 노력에 달려 있다.

---

**49** 作
zuò

○ 하다

**作出决定**
zuòchū juédìng
결정을 내리다.

**作了很大的努力**
zuò le hěn dà de nǔlì.
대단한 노력을 했다.

**50** 做
zuò

○ 만들다, 하다, ～가 되다

**这是我做的菜。**
Zhè shì wǒ zuò de cài.
이것은 내가 만든 요리다.

**做工作**
zuò gōngzuo
일을 하다.

**选他做班长。**
Xuǎn tā zuò bānzhǎng.
그를 반장으로 뽑았다.

这是我做的饼干。

＊饼干 bǐnggān 과자

作 일으킬 작　做 만들 주, 제조할 주

동
사

**51** **坐**
[1급]
zuò

● 앉다, 타다

**请坐。**
Qǐng zuò.
앉으세요.

**坐公共汽车**
zuò gōnggòngqìchē
버스를 타다.

**52** **站**
[3급]
zhàn

● 서다, 일어서다

**大家都站起来。**
Dàjiā dōu zhàn qǐlái.
모두 일어서세요.

**站在这儿干什么?**
Zhàn zài zhèr gàn shéme?
여기 서서 뭐 하니?

**53** **立**
lì

● 서다, 세우다

**坐立不安** zuò lì bù ān 앉으나 서나 불안하다.

**把梯子立起来。** Bǎ tīzi lì qǐlái.
사다리를 세우다.

**54** **躺**
[4급]
tǎng

● 눕다

**躺在床上** tǎng zài chuángshang
침대에 눕다.

---

坐 앉을 좌, 자리 좌　站 설 참, 역마을 참　立 설 립(입)　躺 누울 당

**55** 开始
2급 kāishǐ

● 시작하다

政府开始调查 "克隆人" 事件。
Zhèngfǔ kāishǐ diàochá 'kèlóngrén' shìjiàn.
정부는 '복제인간' 사건을 조사하기 시작했다.

从明天开始做运动。
Cóng míngtiān kāishǐ zuò yùndòng.
내일부터 운동을 시작한다.

**56** 完
2급 wán

● 끝나다, 마치다

还没做完
hái méi zuòwán
아직 다 하지 못하다.

鱼离开水, 生命就完了。
Yú líkāi shuǐ, shēngmìng jiù wán le.
물고기는 물을 떠나면 생명은 곧 끝난다.

**57** 结束
3급 jiéshù

● 끝나다

南北离散家族的重逢圆满结束了。
Nánběi lísàn jiāzú de chóngféng yuánmǎn jiéshù le.
남북한 이산가족 상봉이 원만히 끝났다.

代表团结束了对北京的访问。
Dàibiǎotuán jiéshù le duì Běijīng de fǎngwèn.
대표단은 북경 방문을 끝마쳤다.

✎ 对(duì)는 '~에 대해'라는 뜻으로 대상을 끌어낼 때 쓰는 개사이다.

开 열 개  始 처음 시  完 끝날 완  结 맺을 결, 매듭 결  束 묶을 속

**58 学**
xué

● 배우다

### 勤工俭学
qín gōng jiǎn xué
일하면서 배우다, 고학하다.

### 活到老, 学到老。
Huó dào lǎo, xué dào lǎo.
평생을 배우다.

🖉 向他学习(xiàng tā xuéxí)와 跟他学习(gēn tā xuéxí)
는 둘 다 '그에게 배우다'란 뜻이지만 의미하는 바는 완
전히 다르다. 전자는 '그를 모범으로 삼아 배우겠다'는
것이고, 후자는 '그가 날 가르치는 입장으로 그를 따라
배우다'란 뜻이다.

**59 学会**
xuéhuì

● (배워서)습득하다, 알게 되다

### 我学会了做饭。
Wǒ xuéhuì le zuòfàn.
나는 밥을 할 줄 알게 되었다.

### 妈妈学会了操作电脑。
Māma xuéhuì le cāozuò diànnǎo.
엄마는 컴퓨터를 쓸 줄 알게 되었다.

**60 记**
jì

● 기억하다, 기록하다

### 你还记得我吗?
Nǐ hái jì de wǒ ma?
아직도 날 기억하니?

---

学 배울 학   会 모을 회   记 적을 기

把地址记下来。
Bǎ dìzhǐ jì xiàlái.
주소를 적어 놓아라.

**61 背**
5급
bèi

외우다, 떠나다

把内容全部背下来。
Bǎ nèiróng quánbù bèi xiàlái.
내용을 전부 외워라.

死记硬背
sǐ jì yìng bèi
기계적으로 외우다.

背井离乡
bèi jǐng lí xiāng
고향을 떠나다, 등지다.

**62 忘**
wàng

잊다, 망각하다

我一辈子忘不了。
Wǒ yíbèizi wàng bu liǎo.
나는 평생 잊을 수 없다.

钱包忘在地铁上了。
Qiánbāo wàng zài dìtiěshang le.
지갑을 지하철에 두고 내렸다.

好好儿记住，别忘了。
Hǎohāor jìzhù, bié wàng le.
잘 기억해라, 잊어버리지 말고.

背 등 배, 등질 배　忘 잊을 망

## 63 教
**3급** jiāo

○ 가르치다

## 金老师教我们汉语。
Jīn lǎoshī jiāo wǒmen Hànyǔ.
김 선생님이 우리에게 중국어를 가르치신다.

## 我是教书的。
Wǒ shì jiāo shū de.
저는 교사입니다.

✎ 教(jiào) 역시 '가르치다'라는 뜻으로, 教가 4성으로 읽히면 주로 명사적인 용법으로 쓰인다.

**请多多指教。**
Qǐng duōduō zhǐjiào.
많은 지도 부탁드립니다.

| 教授 | jiàoshòu | 교수 |
| 教材 | jiàocái | 교재 |
| 教师节 | Jiàoshījié | 스승의 날 |

我是教书的。

**64** **想**

1급

☐ xiǎng
☐
☐

● 생각하다, 그리워하다

**想办法**
xiǎng bànfǎ
방법을 생각하다.

**让我想一想。**
Ràng wǒ xiǎng yi xiǎng.
생각 좀 해보겠다.

> ✎ 让(ràng)은 '~로 하여금 ~하게 하다'라는 뜻의 동사이다.

**父母想念儿女。**
Fùmǔ xiǎngniàn érnǚ.
부모님은 자식을 그리워한다.

> ✎ 想이 조동사로 쓰일 때는 '~하고 싶다, ~하려 하다'란 뜻이다.
>
> **你想看足球比赛吗？**
> Nǐ xiǎng kàn zúqiú bǐsài ma?
> 너 축구시합 보고 싶니?

**65** **思考**

5급

☐ sīkǎo
☐
☐

● 생각하다, 숙고하다

**认真思考**
rènzhēn sīkǎo
진지하게 생각하다.

**思考问题**
sīkǎo wèntí
문제를 깊이 생각하다.

想 생각할 상　思 생각할 사　考 상고할 고, 칠 고

## 66 考虑
**4급**
kǎolǜ

● 고려하다

### 先考虑市民的安全。
Xiān kǎolǜ shìmín de ānquán.
먼저 시민의 안전을 고려하다.

### 韩国重新考虑美国驻军地位。
Hánguó chóngxīn kǎolǜ Měiguó zhùjūn dìwèi.
한국은 미국 주둔군의 지위를 다시 고려하고 있다.

> ✎ 美国驻军地位协定 Měiguó zhùjūn dìwèi xiédìng
> SOFA협정

## 67 希望
**2급**
xīwàng

● 희망하다, 바라다

### 希望您早日康复。
Xīwàng nín zǎorì kāngfù.
하루 빨리 건강을 회복하시길 바랍니다.

## 68 期待
**5급**
qīdài

● 기대하다

### 我们期待什么？
Wǒmen qīdài shénme?
우리는 무엇을 기대하는가?

### 这是值得期待的。
Zhè shì zhídé qīdài de.
이것은 기대할 만한 것이다.

---

虑 생각할 려　希 바랄 희　望 바라볼 망　期 때 기　待 기다릴 대　**31**

**69**
**3급** 相信
xiāngxìn

● 믿다

我不相信运气。
Wǒ bù xiāngxìn yùnqi.
나는 운을 믿지 않는다.

我不相信朋友，还能相信谁呢？
Wǒ bù xiāngxìn péngyou, hái néng xiāngxìn shéi ne?
내가 친구를 믿지 않으면, 또 누구를 믿을 수 있겠는가？

**70**
**5급** 靠
kào

● 믿다, 기대어 두다, 닿다

这次全靠你了。
Zhè cì quán kào nǐ le.
이번엔 너만 믿는다.

把雨伞靠在墙上。
Bǎ yǔsǎn kào zài qiángshang.
우산을 벽에 기대어 세우다.

我要靠窗的座位。
Wǒ yào kào chuāng de zuòwèi.
창가 쪽 자리로 주세요.

这次全靠你了。

동
사

**71**
3급 **认为**
□ rènwéi
□

● 여기다, 생각하다

### 他的话被认为没有根据的。
Tā de huà bèi rènwéi méiyǒu gēnjù de.
그의 말은 근거가 없는 것으로 여겨지고 있다.

### 很多人认为战争影响油价。
Hěn duō rén rènwéi zhànzhēng yǐngxiǎng yóujià.
많은 사람이 전쟁이 유가에 영향을 미친다고 생각한다.

**72**
4급 **以为**
□ yǐwéi
□

● 생각하다, 여기다

### 我以为我看错了呢。
Wǒ yǐwéi wǒ kàncuò le ne.
나는 내가 잘못 본 줄 알았다(그러나 맞게 봤다).

✎ 以为는 잘못 생각하는 것으로 원래 A인줄 알고 있었는데 알고 보니 그것이 아니었음을 말한다.

### 别以为你穿了名牌我就不认识你。
Bié yǐwéi nǐ chuān le míngpái wǒ jiù bú rènshi nǐ.
네가 명품을 입었다고 내가 못 알아본다고 생각 마라.

✎ 认为는 앞에 被가 올 수 있지만 以为는 올 수 없다.

---

**认** 알 인 **为** 할 위 **以** 써 이, 까닭 이

## 73 定
dìng

● 정하다, 결정하다

**旅游计划定好了吗?**
Lǚyóu jìhuà dìnghǎo le ma?
여행 계획은 다 정했니?

**定好了目标**
dìnghǎo le mùbiāo
목표를 결정했다.

## 74 决
jué

● 정하다, 결정하다

**犹豫不决**
yóuyù bùjué
우물쭈물 결정하지 못하다.

**经济决定政治。**
Jīngjì juédìng zhèngzhì.
경제가 정치를 결정한다.

## 75 判断
4급
pànduàn

● 판단하다

**如何判断乳房癌的症状?**
Rúhé pànduàn rǔfáng'ái de zhèngzhuàng?
어떻게 유방암의 증상을 판단하는가?

**判断病毒的标准**
pànduàn bìngdú de biāozhǔn
바이러스를 판단하는 기준

## 76 推测
**6급**
tuīcè

● 추측하다, 헤아리다

### 很难推测她的真实年龄。
Hěn nán tuīcè tā de zhēnshí niánlíng.
그녀의 진짜 나이를 추측하기 어렵다.

### 他的推测对了。
Tā de tuīcè duì le.
그의 추측은 옳았다. (명사로 쓰인 경우)

## 77 预测
yùcè

● 예측하다

### 预测台风
yùcè táifēng
태풍을 예측하다.

### 预测准确。
Yùcè zhǔnquè.
예측이 정확하다. (명사로 쓰인 경우)

## 78 预计
yùjì

● 예상하다, 전망하다

### 有关人士预计经济增长率达7%。
Yǒuguān rénshì yùjì jīngjì zēngzhǎnglǜ dá bǎi fēn zhī qī.
관련인사는 경제성장률이 7%에 이를 것이라 전망하였다.

### 预计到达时间
yùjì dàodá shíjiān
도착시간을 예상하다.

---

推 밀 추, 퇴　测 잴 측, 헤아릴 측　预 미리 예　计 셀 계, 꾀할 계

**79 敲** qiāo
4급

● 치다, 두드리다

**敲门**
qiāomén
문을 두드리다.

**80 弹** tán

● (악기를)치다, 연주하다

**弹钢琴**
tán gāngqín
피아노를 치다.

**老调重弹**
lǎo diào chóng tán
옛 곡조를 다시 연주하다.(진부한 이야기를 다시 하다.)

**01 拍** pāi
5급

● (박수를)치다, (사진을)찍다, 아첨하다

**拍手** pāishǒu 박수를 치다.

**拍电影** pāi diànyǐng 영화를 찍다.

**请你帮我拍个照片。**
Qǐng nǐ bāng wǒ pāi ge zhàopiàn.
사진 좀 찍어 주시겠어요?

**他很会拍马屁。**
Tā hěn huì pāi mǎpì.
그는 아첨을 잘 한다.

✎ 会는 '(배워서)~할 수 있다, ~잘한다, ~할 것이다(가
능이나 실현)'라는 뜻의 조동사이다.

---

敲 두드릴 고  弹 탄알 탄, 튀길 탄  拍 칠 박, 박자 박

## 82 打
dǎ

● 때리다, 깨뜨리다, (전화를)걸다, 남과 교섭행위
를 하다

**打他一巴掌。** Dǎ tā yì bā zhang.
그의 따귀를 한 대 때리다.

**孩子打碎了花瓶。**
Háizi dǎsuì le huāpíng.
아이가 꽃병을 깼다.

**电话怎么打不出去?**
Diànhuà zěnme dǎ bu chūqù?
전화가 왜 안 걸리지?

**打击走私活动** dǎjī zǒusī huódòng
밀수활동을 때려잡다.

**打官司** dǎ guānsi
소송을 걸다.

**跟大家打个交道。**
Gēn dàjiā dǎ ge jiāodao.
사람들과 인사를 나누다.

## 83 赢
4급
yíng

● 이기다, 얻다

**这场比赛谁赢了?**
Zhè chǎng bǐsài shéi yíng le?
이번 시합에서 누가 이겼냐?

**他赢得了大家的信赖。**
Tā yíngdé le dàjiā de xìnlài.
그는 모두의 신뢰를 얻었다.

## 84 输
**4급**
□ shū
□
□

● 지다, 운송하다

**我们输了三个球。**
Wǒmen shū le sān ge qiú.
우리가 세 골 차이로 졌다.

**把产品运输到中国。**
Bǎ chǎnpǐn yùnshūdào Zhōngguó.
제품을 중국으로 운송한다.

输 보낼 수, 질 수

동
사

**85 知**
zhī

● 알다, 깨닫다

**只知其一, 不知其二。**
Zhǐ zhī qí yī, bù zhī qí èr.
하나만 알고 둘은 모른다.

**我知道我要走的路还很长。**
Wǒ zhīdào wǒ yào zǒu de lù hái hěn cháng.
나는 내가 가야 할 길이 아직 멀다는 것을 알고 있다.

**86 明**
míng

● 알다, 이해하다

**不明真相**
bù míng zhēnxiàng
진상을 잘 모르다.

**我明白你的意思。**
Wǒ míngbai nǐ de yìsi.
네 뜻을 잘 알겠다.

**87 懂**
2급
dǒng

● 알다, 이해하다

**听不懂**
tīng bu dǒng
못 알아듣겠다(이해 못 하겠다).

**看不懂**
kàn bu dǒng
봐도 모르겠다.

---

知 알 지 　明 밝을 명 　懂 알 동, 명백할 동

## 88
**1급** 认识
rènshi

● 알다, 인식하다

**你在哪儿认识他的?**
Nǐ zài nǎr rènshi tā de?
넌 어디서 그를 알게 되었니?

**正确认识现在的形势。**
Zhèngquè rènshi xiànzài de xíngshì.
현재의 정세를 정확히 인식하다.

## 89
**4급** 熟悉
shúxī

● 잘 알다, 익히 알다

**我熟悉他。**
Wǒ shúxī tā.
나는 그를 잘 안다.

**这个地方我不熟悉。**
Zhè ge dìfang wǒ bù shúxī.
이곳은 난 잘 모른다.

🖉 陌生 mòshēng 낯설다, 생소하다(형용사)

## 90
**3급** 了解
liǎojiě

● (자세하게)알다, 알아보다, 조사하다

**我很了解中国的历史。**
Wǒ hěn liǎojiě Zhōngguó de lìshǐ.
나는 중국의 역사를 잘 안다.

**你去了解一下情况如何。**
Nǐ qù liǎojiě yíxià qíngkuàng rúhé.
상황이 어떤지 네가 한번 좀 알아봐라.

识 알 식  熟 익을 숙, 무를 숙  悉 다 실  了 어조사 료  解 풀 해

## 理解
lǐjiě

● 이해하다

동
사

**我很理解你, 但你不能这么做。**
Wǒ hěn lǐjiě nǐ, dàn nǐ bù néng zhème zuò.
난 너를 충분히 이해해, 하지만 이렇게 하면 안돼.

**我能理解你的心情。**
Wǒ néng lǐjiě nǐ de xīnqíng.
너의 심정을 이해할 수 있어.

✎ 理解는 了解의 뜻이 있지만 '알아보다, 조사하다'란 뜻
은 없다. 또한 理解는 판단이나 추리를 통해 상대방이
왜 그렇게 했는지 이해한다는 뜻이 내포되어 있다.

**92** 住
1급
zhù

○ 살다, 묵다

**你住在哪儿?**
Nǐ zhù zài nǎr?
너는 어디에 사니?

**你要住几天?**
Nǐ yào zhù jǐ tiān?
며칠 머물 건가요?

**93** 过
4급
guò

○ 지나다, 보내다, 건너다

**过年** guònián 해를 지나다, 설을 쇠다.

**过日子** guò rìzi 살아가다.

**过马路** guò mǎlù 길을 건너다.

**94** 渡
dù

○ 보내다, 겪다, (물을)건너다

**渡过难关**
dùguò nánguān
난관을 헤쳐 나가다.

**渡江** dù jiāng
강을 건너다.

**95** 生活
4급
shēnghuó

○ 살다, 생활하다

---

住 머무를 주  过 넘을 과  渡 건널 도, 나루 도

跟爷爷生活在一起。
Gēn yéye shēnghuó zài yìqǐ.
할아버지와 함께 살고 있다.

生活得很幸福。 Shēnghuó de hěn xìngfú.
행복하게 살고 있다.

**96 生**
shēng

낳다, 태어나다, 생기다, 나다

生孩子 shēng háizi 아이를 낳다.

你是哪年生的? Nǐ shì nǎ nián shēng de?
넌 몇 년 생이니?

生蛀牙 shēng zhùyá 충치가 생기다.

他生病了。 Tā shēngbìng le. 그는 병이 났다.

**97 长**
2급
zhǎng

생기다, 자라다

小孩子长了蛀牙。
Xiǎoháizi zhǎng le zhùyá.
아이에게 충치가 생겼다.

我是在首尔长大的。
Wǒ shì zài Shǒu'ěr zhǎngdà de.
나는 서울에서 자랐다.

她长得很漂亮。
Tā zhǎng de hěn piàoliang.
그녀는 예쁘게 생겼다.

✎ 长(cháng)은 형용사로 '길다'라는 뜻도 있다.

---

生 날 생  活 살 활, 살릴 활, 살림 활  长 길 장, 어른 장, 남을 장

## 98 活
huó

● 살다

**你一定要活着回来。**
Nǐ yídìng yào huózhe huílái.
너는 꼭 살아서 돌아와야 해.

✎ 着(zhe)는 동작이나 상태가 지속되고 있음을 나타낸다.

**鱼在水里才能活。**
Yú zài shuǐli cái néng huó.
물고기는 물에 있어야만 살 수 있다.

✎ 才(cái)는 '비로소'라는 뜻의 조건을 나타내는 부사이다.

✎ 能(néng)은 '~할 수 있다'는 의미의 능원동사이다. 능원동사는 동사, 형용사 앞에서 가능, 의지, 희망 등을 나타내는 일종의 조동사 역할을 한다.

## 99 死
4급
sǐ

● 죽다, (생각, 바람 등을)버리다

**生为国家, 死为国家。**
Shēng wèi guójiā, sǐ wèi guójiā.
나라를 위해 살고 나라를 위해 죽는다.

**他死了这个念头。**
Tā sǐ le zhè ge niàntou.
그는 이런 생각을 버렸다.

✎ 死心眼儿 sǐxīnyǎnr 고집쟁이

**100**
**5급**
**去世**
qùshì

● 돌아가시다, 세상을 떠나다

## 我奶奶去年去世了。
Wǒ nǎinai qùnián qùshì le.
우리 할머니는 작년에 돌아가셨다.

**101**
**6급**
**逝世**
shìshì

● 서거하다, 세상을 뜨다

## 因病在京逝世。
Yīn bìng zài jīng shìshì.
병으로 북경에서 서거하다.

**102**
**4급**
**丢**
diū

● 잃다, 내던지다(버리다)

## 我丢了钱包。
Wǒ diū le qiánbāo.
나는 지갑을 잃어버렸다.

## 如果丢失了护照, 怎么办?
Rúguǒ diūshī le hùzhào, zěnme bàn?
만약 여권을 잃어버리면 어쩌지?

## 不要随地丢垃圾。
Bú yào suídì diū lājī.
아무데나 쓰레기를 버리지 마라.

✎ '체면이 깎이다, 망신이다'라고 할 때는 丢人(diū rén),
丢脸(diū liǎn), 丢面子(diū miànzi)라는 표현을 쓴다.

---

丢 잃어버릴 주　　45

## 103 失
☐
☐ shī
☐

● 잃다, 놓치다

### 失去信心
shīqù xìnxīn
자신감을 잃다.

### 这是谁遗失的手提包?
Zhè shì shéi yíshī de shǒutíbāo?
이건 누가 잃어버린 핸드백이니?

### 他完全丧失了理智, 你不要理他。
Tā wánquán sàngshī le lǐzhì, nǐ bú yào lǐ tā.
그는 완전히 이성을 잃었으니 상대하지 마.

### 坐失良机
zuò shī liáng jī
앉아서 좋은 기회를 놓치다.

✎ '기회를 놓치다'란 말을 错过机会(cuòquò jīhuì)와 같이 표현 할 수도 있다.

失去信心

104
**上**
1급
shàng

오르다, 타다, 정해진 시간에 활동하다, 가다, 일정한 정도에 이르다, 요리를 내놓다, 입장하다. 바르다, 걸리다, 나사나 태엽을 감다

### 你能上来吗?
Nǐ néng shànglái ma?
너 올라 올 수 있겠니?

### 请上车。
Qǐng shàngchē.
차에 타십시오.

### 每天早上8点上班。
Měitiān zǎoshang bā diǎn shàngbān.
매일 아침 8시에 출근한다.

### 你上哪儿?
Nǐ shàng nǎr?
너 어디 가니?

**上了年纪** shàng le niánjì 나이가 들다.

**快上菜吧** Kuài shàngcài ba! 빨리 음식을 내와라!

### 足球队员都上场了。
Zúqiúduìyuán dōu shàngchǎng le.
축구 선수들이 다 입장했다.

### 上了药再走。
Shàng le yào zài zǒu.
약을 바르고 다시 가라.

### 他上了我的当。
Tā shàng le wǒ de dàng.
그는 내 속임수에 걸려들었다.

동
사

---

上 윗상

闹钟已经上好了。
Nàozhōng yǐjīng shànghǎo le.
자명종을 이미 맞춰 놓았다.

**105 上升**
☐
☐ shàngshēng
☐

● 상승하다

股价大幅上升了。
Gǔjià dàfú shàngshēng le.
주식이 대폭 올랐다.

气温上升了。
Qìwēn shàngshēng le.
기온이 올라갔다.

**106 登**
☐
☐ dēng
☐

● 오르다, 기재하다

登上山峰
dēngshàng shānfēng
산봉우리에 오르다.

他的名字登报了。
Tā de míngzi dēngbào le.
그의 이름이 신문에 났다.

**107 爬**
☐
☐ pá
☐

● 기다, 기어오르다

今天我爬山去了。
Jīntiān wǒ páshān qù le.
오늘 나는 등산하러 갔다.

升 되승, 오를승   登 오를등   爬 긁을파, 잡을파

**108**
**3급** 提高
tígāo

○ 오르다, 제고하다

### 提高工作效率
tígāo gōngzuò xiàolǜ
작업능률을 올리다.

### 提高警惕
tígāo jǐngtì
경각심을 높이다.

**109**
**5급** 涨
zhǎng

○ 오르다

### 物价涨了不少。
Wùjià zhǎng le bùshǎo.
물가가 많이 올랐다.

✐ 涨이 4성(zhàng)으로 읽힐 때는 '분다, 팽창하다, (머리나 얼굴이)상기되다, 출혈되다'란 뜻이다.

头昏脑涨 tóu hūn nǎo zhàng
머리가 어찔어찔하다.

✐ 通货膨胀 tōnghuò péngzhàng    인플레이션
通货紧缩 tōnghuò jǐnsuō    디플레이션
通货滞胀 tōnghuò zhìzhàng    스태그플레이션

物价涨了不少。

110 **下**
xià

내려가다, (눈, 비 등이)내리다, (판단을)내리다,
두다, (일, 수업 등을)마치다

**从楼上下来。**
Cóng lóushang xiàlái.
위층에서 내려오다.

**今天下雨。**
Jīntiān xiàyǔ.
오늘 비가 내린다.

**我跟他下了围棋。**
Wǒ gēn tā xià le wéiqí.
나는 그와 바둑을 두었다.

**我下了决心。**
Wǒ xià le juéxīn.
나 결심했다.

**下课后，在门口等我。**
Xiàkè hòu, zài ménkǒu děng wǒ.
수업 끝나고 문 앞에서 기다려.

111 **下降**
xiàjiàng

(등급, 정도, 수량 등이)떨어지다, 줄어들다

**学生的成绩下降了。**
Xuésheng de chéngjì xiàjiàng le.
학생의 성적이 떨어졌다.

背 등 배, 등질 배　忘 잊을 망

## 112 下调
xiàtiáo

● 내리다, 떨어지다, 하향 조정되다

(↔ 上调 shàngtiáo 오르다)

**股价下调** gǔjià xiàtiáo 주가가 떨어지다.

**美国下调了利率。** Měiguó xiàtiáo le lìlǜ.
미국은 이자를 하향조정하였다.

## 113 降
jiàng

● 내리다, 떨어지다

**价格降到谷底。** Jiàgé jiàngdào gǔdǐ.
가격이 바닥까지 떨어지다.

**把危险降到最低。**
Bǎ wēixiǎn jiàngdào zuì dī.
위험을 최소화하다.

## 114 落
luò

● 떨어지다

**不小心落在地上。**
Bù xiǎoxīn luò zài dìshang.
조심하지 못하고 땅에 떨어뜨리다.

**股价一落千丈。** Gǔjià yí luò qiān zhàng.
주식이 폭락하다.

**名落孙山** míng luò Sūn Shān 낙선(낙방)하다.

✐ 孙山은 송대(宋代) 사람으로 함께 과거에 응시하였다
가 낙방한 사람에 대하여 '名落孙山'(이름이 손산 뒤에
있다) 라고 말한 데서 시험에 낙제하다는 뜻으로 쓰이게
되었다.

---

调 고를 조, 헤아릴 조, 가락 조　落 떨어질 락(낙)　　51

## 115 退
**5급**
□ tuì
□
□

(열이)떨어지다, 물러나다, (샀던 것을)무르다

### 烧退了没有?
Shāo tuì le méiyǒu?
열이 내렸니?

### 进退两难
jìn tuì liǎng nán
진퇴양난

### 我想退掉这张票。
Wǒ xiǎng tuìdiào zhè zhāng piào.
이 표를 무르고 싶어요.

### 早一天退房, 可以吗?
Zǎo yì tiān tuìfáng, kěyǐ ma?
하루 일찍 체크아웃해도 되나요?

## 116 掉
**4급**
□ diào
□
□

(아래로)떨어지다, 돌리다

### 掉眼泪
diào yǎnlèi
눈물을 흘리다.

### 他掉头看我一眼。
Tā diàotóu kàn wǒ yì yǎn.
그는 고개를 돌려 나를 한번 봤다.

掉眼泪

동
사

**117** 升
5급
shēng

● 뜨다, (등급이)올라가다

### 太阳渐渐升起来了。
Tàiyáng jiànjiàn shēng qǐlái le.
태양이 점차 떠올랐다.

### 明年我升三年级。
Míngnián wǒ shēng sān niánjí.
내년에 나는 3학년이 된다.

✍ 升级 shēngjí 업그레이드

**118** 漂
piāo

● 뜨다, 표류하다

### 树叶漂在水上。
Shùyè piāo zài shuǐshang.
나뭇잎이 물 위에 떠 있다.

### 船在水中漂来漂去。
Chuán zài shuǐ zhōng piāo lái piāo qù.
배가 물 위에서 표류하고 있다.

**119** 浮
fú

● 뜨다, 띄우다

### 浮在水面上
fú zài shuǐmiànshang
수면 위에 떠 있다.

升 되 승/오를 승　漂 떠다닐 표　浮 뜰 부

53

他脸上浮着微笑。
Tā liǎnshang fúzhe wēixiào.
그는 얼굴에 미소를 띠고 있다.

心浮气躁 xīn fú qì zào
마음이 들뜨고 조급하다.

120 睁
5급
□ zhēng
□
□

(눈을)뜨다

睁大眼睛 zhēng dà yǎnjing
눈을 크게 뜨다.

困得眼睛都睁不开了。
Kùn de yǎnjing dōu zhēng bu kāi le.
졸려서 눈을 뜰 수가 없다.

睁一眼, 闭一眼。
Zhēng yìyǎn, bì yìyǎn.
보고도 못 본 척 하다.

121 沉
□
□ chén
□

가라앉다, 잠기다, 누르다(억제하다)

沉在水下的船
chén zài shuǐxià de chuán
물밑으로 가라앉은 배

冰山的大部分沉在水下。
Bīngshān de dàbùfen chén zài shuǐxià.
빙산의 대부분은 물밑에 잠겨 있다.

我沉不下心来。 Wǒ chén bu xià xīn lái.
나는 마음을 가라앉힐 수가 없다.

睁 눈알 정   沉 가라앉을 침

**122** 消
xiāo

● (부기, 종기 따위가)가라앉다, 없애다, 제거하다

### 吃药了后，消肿止痛了。
Chīyào le hòu, xiāozhǒng zhǐtòng le.

약을 먹고 난 후 부기가 가시고 통증이 멎었다.

### 消除误会
xiāochú wùhuì

오해를 풀다(없애다).

黑头?

从此消失无踪！

Bella先进护肤程序

**快速**
**消除黑头**

블랙헤드?

이제부터 말끔하게 사라진다!

Bella 선진 케어 프로그램
빠르게
블랙헤드를 없앤다.
(피지 제거제 광고)

## 123 乘
**6급** chéng

● 타다, (기회 등을)이용하다

**乘机手续** chéngjī shǒuxù 비행기 탑승수속

**乘坐地铁** chéngzuò dìtiě 지하철을 타다.

**无隙可乘** wú xì kě chéng
뚫고 들어갈 만한 틈이 없다. 빈틈이 없다.

✎ 乘客 chéngkè 승객

## 124 骑
**3급** qí

● (말이나 자전거를)타다

**骑马** qímǎ 말을 타다.

**骑自行车上班。**
Qí zìxíngchē shàngbān.
자전거를 타고 출근한다.

## 125 搭
**6급** dā

● 타다, (다리를)놓다

**你要不要搭车?**
Nǐ yào bu yào dāchē?
차를 타실 건가요?

**铺路搭桥**
pūlù dāqiáo
길을 닦고 다리를 놓다.

✎ 头班车 tóubānchē 첫차
首班车 shǒubānchē 첫차
末班车 mòbānchē 막차

**126 滑**
5급
□ huá
□
□

● (스케이트, 스키를)타다

### 孩子喜欢滑冰。
Háizi xǐhuan huábīng.
아이들은 스케이트 타는 것을 좋아한다.

### 你滑过雪没有?
Nǐ huáguo xuě méiyǒu?
너 스키 타본 적 있니?

**127 飞**
□
□ fēi
□

● (새, 곤충 따위가)날다, 비행하다

### 大雁飞到哪里去?
Dàyàn fēidào nǎli qù?
기러기는 어디로 날아가는가?

### 从北京飞往上海的飞机
cóng Běijīng fēiwǎng Shànghǎi de fēijī
북경에서 상해로 가는 비행기

✍ 尘土飞扬 chéntǔ fēiyáng 먼지가 날리다

**128 飘**
5급
□ piāo
□
□

● (바람에)나부끼다, 펄럭이다, 흩날리다

### 风筝在风里飘来飘去。
Fēngzheng zài fēngli piāo lái piāo qù.
연이 바람에 이리저리 나부끼고 있다.

### 外面飘着雪花儿。
Wàimiàn piāozhe xuěhuār.
밖에 눈송이가 흩날리고 있다.

---

滑 미끄러울 활, 어지러울 골   飞 날 비, 높을 비   飘 나부낄 표

**129** **喜欢**
1급
xǐhuan

● 좋아하다

**我喜欢看电影。**
Wǒ xǐhuan kàn diànyǐng.
나는 영화 보는 것을 좋아한다.

**你喜不喜欢打篮球?**
Nǐ xǐ bu xǐhuan dǎ lánqiú?
너 농구하는 거 좋아하니?

**130** **爱**
1급
ài

● 사랑하다, 아끼다, 좋아하다

**爱上了一个人。**
Àishàng le yí ge rén.
한 사람을 사랑하게 되다.

**爱管闲事** ài guǎn xiánshì
참견하기를 좋아하다.

**爱不释手** ài bú shì shǒu
너무 좋아서 놓기를 싫어하다, 잠시도 손에서 놓지 않다.

**不爱念书**
bú ài niàn shū
공부하기를 싫어하다.

**131** **好**
hào

● 좋아하다

**他好色。** Tā hàosè. 그는 색을 밝힌다.

**好睡懒觉** hào shuì lǎnjiào 잠꾸러기

**好奇心** hàoqíxīn 호기심

---

喜 기쁠 희　欢 기뻐할 환　爱 사랑 애　好 좋을 호, 좋아할 호

## 132 讨厌
**4급** tǎoyàn

● 싫어하다, 미워하다

### 我最讨厌摆架子的人。
Wǒ zuì tǎoyàn bǎi jiàzi de rén.
나는 잘난 척하는 사람을 제일 싫어한다.

### 你为什么那么讨厌我?
Nǐ wèishénme nàme tǎoyàn wǒ?
너 왜 그렇게 나를 미워하니?

## 133 嫌
**6급** xián

● 싫어하다, 역겨워하다, 꺼리다

### 我嫌他多嘴多舌。
Wǒ xián tā duōzuǐ duōshé.
나는 그가 말이 많은 게 싫다.

### 你不嫌我在这儿抽烟吗?
Nǐ bù xián wǒ zài zhèr chōuyān ma?
제가 여기서 담배를 피워도 괜찮나요?

## 134 厌
yàn

● 싫어하다, 물리다, 싫증나다

### 这是让人厌恶的不良习惯。
Zhè shì ràng rén yànwù de bùliáng xíguàn.
이것은 사람들이 혐오하는 나쁜 습관이다.

### 不厌其烦  bú yàn qí fán
귀찮게 생각하지 않다.

### 这种书我看厌了。
Zhè zhǒng shū wǒ kànyàn le.
이런 책은 지겹도록 봤다.

---

讨 칠 토   厌 싫어할 염   嫌 싫어할 혐, 의심할 혐   恶 나쁠 악, 미워할 오

### 135 开
kāi

● 열다, 피다, 켜다, 운전하다, 개업하다

**开门啊!** Kāimén a! 문 열어라!

**春天来了, 花都开了。**
Chūntiān lái le, huā dōu kāi le.
봄이 오고 꽃이 피었다.

**你去开灯吧。**
Nǐ qù kāiddēng ba.
네가 가서 불을 켜라.

**我开车过去接你。**
Wǒ kāichē guòqù jiē nǐ.
내가 차로 널 데리러 갈게.

**在上海开了餐厅。**
Zài Shànghǎi kāi le cāntīng.
상해에 식당을 개업했다.

### 136 打开
dǎkāi

● 열다, (스위치 등을)켜다, 틀다

**打开箱子** dǎkāi xiāngzi 상자를 열다.

**打开电视** dǎkāi diànshì TV를 켜다.

### 137 张开
zhāngkāi

● 열다, 벌리다

**张开嘴**
zhāngkāi zuǐ
입을 벌리다.

---

开 열 개, 벌릴 개, 펼 개  **打** 칠 타  **张** 펼칠 장, 베풀 장

**138 揭**
jiē

● 열다

**揭开历史的新篇章。**
Jiēkāi lìshǐ de xīn piānzhāng.
역사의 새로운 장을 열다.

**139 召开**
5급
zhàokāi

● (회의를)열다, 소집하다

**会议在釜山召开。**
Huìyì zài Fǔshān zhàokāi.
회의는 부산에서 열린다.

**140 关**
3급
guān

● 닫다, 끄다, 가두다

**请随手关门。** Qǐng suíshǒu guānmén.
(드나들 때)문을 닫아 주세요.

**关上电灯** guānshàng diàndēng
전등을 끄다.

**把犯人关起来。**
Bǎ fànrén guān qǐlái.
범인을 감금하다.

**141 闭**
bì

● 닫다, 다물다

**闭上眼睛。** Bìshang yǎnjing.
눈을 감으세요.

**闭嘴!** Bìzuǐ!
입 닥쳐!

---

揭 들 게　召 부를 소, 땅이름 소　关 문빗장 관　闭 닫을 폐, 막을 폐

**142 点**
diǎn

● 켜다, 주문하다, (고개를)끄덕이다

**打火机点不着火。**
Dǎhuǒjī diǎn bu zháo huǒ.
라이터에 불이 안 켜진다.

**点菜吗?**
Diǎncài ma?
주문하시겠어요?

**他点了点头。**
Tā diǎn le diǎntóu.
그는 고개를 끄덕였다.

**143 熄**
xī

● (불을)끄다, (불이)꺼지다

**熄灯** xīdēng 불을 끄다. 소등하다.

**大火已经熄灭了。**
Dàhuǒ yǐjīng xīmiè le.
큰불은 이미 진화되었다.

**144 灭**
miè

● 끄다, 없애다, 멸망하다

**火灭了。** Huǒ miè le. 불이 꺼졌다.

**浇水灭火** jiāo shuǐ miè huǒ 물을 부어 불을 끄다.

**目前地球上很多动物面临灭绝。**
Mùqián dìqiúshang hěn duō dòngwù miànlín mièjué.
현재 지구상의 많은 동물이 멸종에 처해 있다.

🖉 灭火机 mièhuǒjī 　소화기
　 灭火沙 mièhuǒshā 　방화사

**145 扭**
niǔ

비틀다, 삐다(접질리다)

## 你帮我把盖子扭开。
Nǐ bāng wǒ bǎ gàizi niǔkāi.
뚜껑 좀 열어 주라.

## 走路时脚扭伤了。
Zǒulù shí jiǎo niǔshāng le.
길을 걸을 때 발을 접질렸다.

**146 拧**
6급
níng

비틀다, 꼬집다

## 把毛巾拧干。
Bǎ máojīn nínggān.
수건을 비틀어 짜다.

## 拧了他一把。
Níng le tā yì bǎ.
그를 한 번 꼬집었다.

**147 按**
àn

(손이나 손가락으로)누르다

## 按手印 àn shǒuyìn　지장을 찍다.

## 按哪一个? Àn nǎ yí ge?　어떤 걸 누르죠?

## 请按钮。 Qǐng ànniǔ.　버튼을 눌러 주세요.

🖉 按钮开关 ànniǔ kāiguān 버튼 스위치

扭 비틀 뉴, 흔들 뉴　拧 비틀 녕, 짤 녕　按 누를 안

<sup>148</sup> **增**
☐
☐ zēng
☐

● 늘다, 증가하다

### 人口年年增加。
Rénkǒu niánnián zēngjiā.
인구가 해마다 증가한다.

### 去年韩国经济增长了5%。
Qùnián Hánguó jīngjì zēngzhǎng le bǎi fēn zhī wǔ.
작년 한국 경제는 5% 성장하였다.

### 增强国家的竞争力。
Zēngqiáng guójiā de jìngzhēnglì.
국가 경쟁력을 증강하다.

### 欧佩克决定增产原油。
Ōupèikè juédìng zēngchǎn yuányóu.
OPEC은 원유를 증산하기로 결정했다.

---

**국제기구(회의) 명칭**

| UN | 联合国 | Liánhéguó |
| --- | --- | --- |
| WTO | 世界贸易组织 | Shìjiè Màoyì Zǔzhī |
| | 世贸组织 | Shìmào Zǔzhī |
| OECD | 经济合作与发展组织 | Jīngjì Hézuò yǔ Fāzhǎn Zǔzhī |
| | 经合组织 | Jīnghé Zǔzhī |
| APEC | 亚太经济合作组织 | YàTài Jīngjì Hézuò Zǔzhī |
| | 亚太经合组织 | YàTài Jīnghé Zǔzhī |
| ASEM | 亚欧会议 | Yà'Ōu Huìyì |
| 세계은행 | 世界银行 | Shìjiè Yínháng |

增 불을 증, 늘 증

**149 减**
jiǎn

● 빼다, 줄이다, 감소하다

**五减三等于二。** Wǔ jiǎn sān děngyú èr.
5 빼기 3은 2다.

**减少温室气体的排放量。**
Jiǎnshǎo wēnshì qìtǐ de páifàngliàng.
온실가스의 배출량을 줄이다.

**从今天开始减肥。**
Cóng jīntiān kāishǐ jiǎnféi.
오늘부터 다이어트를 시작한다.

**减轻负担** jiǎqīng fùdān
부담을 덜다.

**150 缩**
suō

● 줄어들다, 움츠리다

**缩小贫富差距** suōxiǎo pínfù chājù
빈부격차를 줄이다.

**缩短工时** suōduǎn gōngshí
노동시간을 단축하다.

**缩减开支** suōjiǎn kāizhī 비용을 줄이다.

**这种布不缩水。** Zhè zhǒng bù bù suōshuǐ.
이런 천은 물에 줄지 않는다.

**他冷得缩成一团。**
Tā lěng de suōchéng yìtuán.
그는 추워서 몸을 웅크렸다.

✎ **数字鸿沟** shùzì hónggōu 디지털 디바이드(격차)

---

减 덜 감  缩 오그라들 축          65

# 伸

● 내밀다, 펴다, 펼치다

## 不要把头伸出车窗外。

Bú yào bǎ tóu shēnchū chēchuāng wài.

머리를 차창 밖으로 내밀지 마라.

## 伸手不见五指

shēn shǒu bú jiàn wǔzhǐ

손을 내밀어도 손가락이 보이지 않는다, 한치 앞도 보이지 않는다.

동
사

---

<sup>152</sup> **刮**
☐ guā
☐
☐

● 불다, 깎다

**刮风刮得很厉害。**
Guāfēng guā de hěn lìhài.
바람이 몹시 사납게 분다.

**刮脸** guāliǎn 면도하다.

---

<sup>153</sup> **吹**
5급
☐ chuī
☐
☐

● 불다, 허풍떨다

**风吹来了。**
Fēng chuīlái le.
바람이 불어오다.

**他经常吹牛。**
Tā jīngcháng chuīniú.
그는 자주 허풍을 떤다.

---

<sup>154</sup> **休**
☐ xiū
☐
☐

● 쉬다, 잠시 쉬다

**休息一会儿再干吧。**
Xiūxi yíhuìr zài gàn ba.
잠시 쉬고 다시 하자.

**我要休学一年。**
Wǒ yào xiūxué yì nián.
일년 휴학해야 겠다.

**休一天假**
Xiū yì tiān jià
하루 휴가 내다.

---

刮 바람불 괄, 깎을 괄　吹 불 취, 바람 취　休 쉴 휴, 그칠 휴

## 155 歇
**5급** xiē

쉬다

**歇一会儿吧。**
Xiē yìhuǐr ba.
좀 쉬어라.

## 156 哑
yǎ

(목이)쉬다

**嗓子沙哑了。**
Sǎngzi shāyǎ le.
목이 쉬었다.

✎ 哑巴 yǎba 벙어리

## 157 工作
**1급** gōngzuò

일하다

**星期天也要工作。**
Xīngqītiān yě yào gōngzuò.
일요일도 일해야 한다.

| ✎ 工作服 | gōngzuòfú | 작업복 |
| 工作量 | gōngzuòliàng | 노동량 |
| 工作件条 | gōngzuò tiáojiàn | 노동조건 |
| 工会 | gōnghuì | 노조 |
| 罢工 | bàgōng | 파업 |

歇 쉴 헐　哑 벙어리 아　工 장인 공　作 일할 작

## 158 劳动
5급 láodòng

● 일하다, 노동하다

### 不劳动者, 不得食。
Bù láodòng zhě, bù dé shí.
일하지 않는 자는 먹지 말라.

✎ 劳动精神　láodòng jīngshén　노동정신
　劳动安全　láodòng ānquán　노동안전
　劳动标准　láodòng biāozhǔn　노동기준
　劳动效率　láodòng xiàolǜ　노동능률

## 159 干活
5급 gànhuó

● 일하다

### 努力干活吧。
Nǔlì gànhuó ba.
열심히 일하자.

### 不干活没饭吃。
Bú gànhuó méi fàn chī.
일하지 않으면 먹을 것이 없다.

---

**工作·干活·劳动 차이점**

**工作** '일하다'라는 뜻으로 가장 보편적으로 쓰이는 단어로 명사적 용법이 있다. 직업을 물을 때 많이 사용된다.

你做什么工作? 무슨 일을 하세요?
Nǐ zuò shénme gōngzuò?

**干活** '일을 하다'라는 뜻으로 동사(干:하다)와 목적어(活:주로 육체적인 일)가 결합된 단어로 주로 구어에서 많이 쓰인다. '干'뒤에 '活'외에 다른 목적어가 올 수 있다.

**劳动** 주로 육체적인 노동을 가리키며 명사적 용법으로 많이 쓰인다.

---

劳 일할 로(노)　干 몸 간　活 살 활, 살릴 활, 살림 활　　　69

**160**
**发**
3급
fā

보내다, 생기다, 말하다, 재물을 얻어 왕성히
일어나다, ~하게 되다

### 发电子邮件
fā diànzi yóujiàn
이메일을 보내다.

### 到底发生了什么事?
Dàodǐ fāshēng le shénme shì?
도대체 무슨 일이 생긴 거니?

### 请下一位发言。
Qǐng xià yí wèi fāyán.
다음 분 말씀하세요.

### 他中了一等奖发了财。
Tā zhòng le yìděngjiǎng fā le cái.
그는 복권 일등에 당첨되어 부자가 되었다

### 他已经发烧两天。
Tā yǐjīng fāshāo liǎng tiān.
그는 벌써 이틀째 열이 나고 있다.

**161**
**寄**
4급
jì

보내다, 맡기다

### 请把这封信寄到首尔。
Qǐng bǎ zhè fēng xìn jìdào Shǒu'ěr.
이 편지를 서울로 부쳐 주세요.

### 可以寄存行李吗?
Kěyǐ jìcún xíngli ma?
짐을 맡겨도 되나요?

## 162 送
2급 sòng

● 보내다, 주다, 바래다 주다

### 有送饭服务吗?
Yǒu sòngfàn fúwù ma?
식사 배달되나요?

### 他送我一件礼物。
Tā sòng wǒ yí jiàn lǐwù.
그는 나에게 선물을 주었다.

### 我送你回去。 Wǒ sòng nǐ huíqù.
내가 바래다줄게.

### 5对门票送给你。
Wǔ duì ménpiào sònggěi nǐ.
5쌍의 입장권을 당신에게 드립니다.

## 163 递
5급 dì

● 건네다

### 请你递给我胡椒粉。
Qǐng nǐ dìgěi wǒ hújiāofěn.
후춧가루 좀 건네 주세요.

### 他给我递了个眼色。
Tā gěi wǒ dì le ge yǎnsè
그는 나에게 눈짓을 했다.

## 164 交
4급 jiāo

● 건네주다, 맡기다, 사귀다

### 请把这本书交给老师。
Qǐng bǎ zhè běn shū jiāogěi lǎoshī.
이 책을 선생님께 드리세요.

**我把这件事交给你了。**
Wǒ bǎ zhè jiàn shì jiāogěi nǐ le.
이 일을 너한테 맡길게.

**我喜欢交朋友。**
Wǒ xǐhuan jiāo péngyou.
나는 친구 사귀기를 좋아한다.

**165 给**
**2급**
□
□ gěi
□

주다

**给孩子巧克力。**
Gěi háizi qiǎokèlì.
아이에게 초콜릿을 주다.

**杭州给我深刻的印象。**
Hángzhōu gěi wǒ shēnkè de yìnxiàng.
항주는 내게 깊은 인상을 주었다

---

 送과 给

送과 给는 '주다'라는 뜻으로 각각 독립적으로도 쓰지만 '送给'로 한 단어처럼 쓰일 때
가 많다. 이때 给 뒤엔 사람을 지칭하는 단어가 꼭 와야 한다.

送给孩子的礼物
sònggěi háizi de lǐwù
아이에게 주는 선물

给 넉넉할 급, 줄 급

동
사

**166** 收
**4급**
shōu

받다, 거두어 들이다, (경제적 이익을)얻다

**收电子邮件** shōu diànzi yóujiàn
이메일을 받다.

**这是我的礼物, 请收下吧。**
Zhè shì wǒ de lǐwù, qǐng shōuxià ba.
이건 제가 드리는 선물이니 받아 주세요.

**把所有的玩具都收起来。**
Bǎ suǒyǒu de wánjù dōu shōu qǐlái.
모든 장난감을 다 정리해라.

**你收入多少?**
Nǐ shōurù duōshao?
네 소득은 얼마나 되니?

**167** 受
shòu

받다, (고통, 손해, 재난, 불운 따위를)입다, 참다

**受教育是国民的权利。**
Shòu jiàoyù shì guómín de quánlì.
교육을 받는 것은 국민의 권리이다.

**我们受了很大的损失。**
Wǒmen shòu le hěn dà de sǔnshī.
우리는 큰 손실을 입었다.

**再也受不了了。**
Zài yě shòu bu liǎo le.
더 이상을 참을 수 없다.

✎ 같은 '받다'지만 收는 주로 구체적인 것, 受는 추상적인
것에 쓰인다.

---

**168** 接
**3급** jiē

● 받다, 잇다, 연결하다, 가까이 하다

**你接到电话了吗?**
Nǐ jiēdào diànhuà le ma?
너 전화 받았니?

**接下来他来唱歌。**
Jiē xiàlái tā lái chànggē.
이어서 그가 노래한다.

**我想和你接近一点。**
Wǒ xiǎng hé nǐ jiējìn yìdiǎn.
나는 너와 좀 더 가까워지고 싶다.

**169** 借
**3급** jiè

● 빌리다, 빌려주다

**向他借钱吧。** Xiàng tā jiè qián ba.
그에게서 돈을 빌려봐라.

**请你借给我圆珠笔。**
Qǐng nǐ jiègěi wǒ yuánzhūbǐ.
볼펜 좀 빌려 주세요.

**170** 还
**3급** huán

● 갚다

**下个月把钱还给你。**
Xià ge yuè bǎ qián huángěi nǐ.
다음 달에 네 돈을 갚을게.

**以眼还眼, 以牙还牙。**
Yǐ yǎn huán yǎn, yǐ yá huán yá.
눈에는 눈, 이에는 이.

接 접할 접  借 빌 차, 빌릴 차  还 돌아올 환, 갚을 환

✎ 以는 '~로(써), ~를 근거로, ~에 따라'라는 뜻의 수단
이나 방법을 나타내는 개사로 서면어에 자주 쓰인다. 문
장에 따라 用(yòng)으로 바꿔 쓸 수 있다.

171 帮
bāng

◉ 돕다

## 帮别人的忙
bāng biérén de máng
남을 돕다.

## 互相帮助
hùxiāng bāngzhù
서로 돕다.

帮别人的忙

참고로 다음과 같은 표현은 帮을 쓰지 않고 救를 쓴다. (p.105를 참고할 것)

· 救助灾民          이재민을 돕다(이재민 돕기)
  jiùzhù zāimín

· 救济贫困人民      가난한 사람을 돕다(불우이웃 돕기)
  jiùjì pínkùn rénmín

**172**
2급 **笑**
xiào

웃다

**笑什么?** Xiào shénme? 왜 웃어?

**捧腹大笑** pěngfù dàxiào 배꼽이 빠지도록 웃다.

**笑逐颜开** xiàozhú yánkāi
얼굴에 웃음꽃이 활짝 피다.

**173**
3급 **哭**
kū

울다

**哭什么哭!** Kū shéme kū!
울긴 왜 울어!

**哭笑不得** kū xiào bù dé
울 수도 웃을 수도 없다. 이러지도 저러지도 못하다.

**174**
3급 **生气**
shēngqì

화내다

**别生气!** Bié shēngqì!
화내지 마!

**你生什么气?** Nǐ shēng shénme qì?
너 왜 화를 내는 건데?

**175**
**惹**
rě

(상대방의)감정을 건드리다, (결과나 사태를)야
기하다

**你别惹我。** Nǐ bié rě wǒ.
나 건드리지 마(화나게 하지 마).

笑 웃을 소  哭 울 곡  生 날 생  气 공기 기, 숨 기, 기운 기  惹 이끌 야

不要到处惹事。
Bú yào dàochù rě shì.
여기저기 문제 일으키고 다니지 마라.

176 骂
5급
□ mà
□
□

욕하다, 꾸짖다

骂了他一顿。
Mà le tā yí dùn.
그에게 한바탕 욕을 했다.

爸爸骂我不努力学习。
Bàba mà wǒ bù nǔlì xuéxí.
아버지는 나에게 열심히 공부하지 않는다고 꾸짖으셨다.

177 称赞
5급
□ chēngzàn
□
□

칭찬하다

大家称赞我的领导能力。
Dàjiā chēngzàn wǒ de lǐngdǎo nénglì.
모두 나의 지도 능력을 칭찬하였다.

满口称赞 mǎnkǒu chēngzàn 극구 칭찬하다.

178 表扬
4급
□ biǎoyáng
□
□

칭찬하다

老师表扬我做好事。
Lǎoshī biǎoyáng wǒ zuò hǎoshì.
선생님은 내가 착한 일을 했다고 칭찬하셨다.

孩子们需要表扬。
Háizimen xūyào biǎoyáng.
아이들은 칭찬이 필요하다.

---

骂 욕할 매  称 일컬을 칭  赞 기릴 찬  表 나타낼 표  扬 버들 양          77

**179 安慰**
5급
ānwèi

○ 위로하다

**安慰他几句。**
Ānwèi tā jǐ jù.
그에게 몇 마디 위로의 말을 하다.

**参加葬礼，安慰家人。**
Cānjiā zànglǐ, ānwèi jiārén.
장례식에 참가하여 가족을 위로하다.

**180 玩弄**
6급
wánnòng

○ 놀리다, 가지고 놀다

**别想玩弄我。**
Bié xiǎng wánnòng wǒ.
날 놀릴 생각은 하지 마.

**他把我玩弄于股掌之中，**
Tā bǎ wǒ wánnòngyú gǔzhǎng zhī zhōng.
그는 손바닥에서 나를 가지고 놀았다.

✎ 于(yú)는 '~에, ~에서, ~에게'란 뜻으로 장소, 시간, 대상을 나타낸다.

**181 逗**
5급
dòu

○ 놀리다, 웃기다

**我在家里逗小猫玩儿。**
Wǒ zài jiāli dòu xiǎomāo wánr.
나는 집에서 고양이를 놀리며 논다.

**哥哥常常逗我笑。**
Gēge chángcháng dòu wǒ xiào.
오빠는 자주 나를 웃긴다.

**182 嘲**
cháo

● 비웃다, 조롱하다

**你这样做会被人家嘲笑的。**
Nǐ zhèyàng zuò huì bèi rénjiā cháoxiào de.
너 이렇게 하면 사람들한테 비웃음을 사게 될 거야.

**这戏剧嘲弄着现在的政治。**
Zhè xìjù cháonòngzhe xiànzài de zhèngzhì.
이 연극은 지금의 정치를 조롱하고 있다.

**183 怨**
yuàn

● 원망하다

**大学毕业生找不到工作怨谁呢?**
Dàxué bìyèshēng zhǎo bu dào gōngzuò yuàn shéi ne?
대학 졸업생이 취직 못하는 것은 누구를 원망해야 하나?

**有的人总是抱怨别人。**
Yǒu de rén zǒngshì bàoyuàn biérén.
어떤 사람은 항상 남만 원망한다.

**自己做错了, 不要埋怨别人。**
Zìjǐ zuòcuò le, bú yào mányuàn biérén.
자신이 잘못해 놓고 남을 원망하지 말아라.

**184 怪**
guài

● 책망하다, 탓하다

**这都怪我。**
Zhè dōu guài wǒ.
이건 모두 내 탓이다.

---

嘲 비웃을 조   怨 원망할 원, 원수 원   怪 의심할 괴   **79**

## 185 责怪
**6급**
zéguài

● 책망하다, 꾸짖다

**不要责怪他，这种事经常发生的。**
Bú yào zéguài tā, zhè zhǒng shì jīngcháng
fāshēng de.
그를 나무라지 마라, 이런 일은 자주 일어난다.

---

80 　责 책임 책, 꾸짖을 책 　怪 의심할 괴

**29** | 쓰다 · 사용하다 · 소비하다

MP3 1-29

동 사

**3급** 用
yòng

● 쓰다, 마시다, 먹다

### 大材小用
dà cái xiǎo yòng
큰 인물을 작은 일에 쓰다.

### 我会用电脑。
Wǒ huì yòng diànnǎo.
나는 컴퓨터를 사용할 줄 안다.

### 请用茶。
Qǐng yòng chá.
차 드세요.

**187**
**4급** 使用
shǐyòng

● 사용하다

### 我可以使用你的手机吗?
Wǒ kěyǐ shǐyòng nǐ de shǒujī ma?
네 휴대폰 써도 되니?

**188**
**5급** 利用
lìyòng

● 이용하다

### 利用电子邮件发文件。
Lìyòng diànzi yóujiàn fā wénjiàn.
이메일을 이용하여 문서를 보내다.

### 利用卑鄙手段
Lìyòng bēibǐ shǒuduàn.
비열한 수단을 이용하다.

用 쓸 용, 효용 용　使 부릴 사, 하여금 사　利 날카로울 리(이)

## 189
**5급 应用**
yìngyòng

● 응용하다 (사용하다)

**应用新技术开发新产品。**
Yìngyòng xīn jìshù kāifā xīn chǎnpǐn.
신기술을 응용하여 신제품을 개발하다.

✍ 使用 · 利用 · 应用이 명사로 쓰일 때

| | | |
|---|---|---|
| 使用不当 | shǐyòng búdàng | 사용이 부적절하다 |
| 利用价值 | lìyòng jiàzhí | 이용가치 |
| 应用方法 | yìngyòng fāngfǎ | 응용방법 |

## 190
**耗**
hào

● 소비하다, 낭비하다, 소모하다

**耗费时间**
hàofèi shíjiān
시간을 낭비하다.

**步行能消耗多少卡路里呢?**
Bùxíng néng xiāohào duōshao kǎlùlǐ ne?
걷기는 몇 칼로리를 소모할 수 있는가?

## 191
**费**
fèi

● 쓰다, 소비하다

**她为我费了不少心。**
Tā wèi wǒ fèi le bùshǎo xīn.
그녀는 나 때문에 많이 신경 썼다.

**不要过多消费。**
Bú yào guòduō xiāofèi.
과도하게 소비하지 마라.

应 응당 응, 응할 응   耗 쓸 모, 소식 모   费 쓸 비, 소모할 비

## 费了很多工夫才说服了他。

Fèi le hěn duō gōngfu cái shuōfú le tā.

많은 시간을 들여서 그를 설득하였다.

## 世上没有免费的午餐。

Shìshàng méiyǒu miǎnfèi de wǔcān.

세상에 공짜는 없다.

应用新技术
开发新产品。

**192**
**4급** **进行**
□
□ jìnxíng

● 진행하다

**会议正在进行。**
Huìyì zhèngzài jìnxíng.
회의는 지금 진행되고 있다.

**顺利进行工作。**
Shùnlì jìnxíng gōngzuò
순조롭게 일을 진행하다.

🖉 正在는 '마침(한창) ~하고 있는 중이다'란 뜻으로 동작의 진행이나 지속을 나타내며, 正이나 在를 생략해서 쓰기도 한다.

**193**
**4급** **举行**
□
□ jǔxíng

● 거행하다

**举行世界杯开幕式**
jǔxíng shìjièbēi kāimùshì
월드컵 개막식을 거행하다.

**举行足球比赛**
jǔxíng zúqiú bǐsài
축구시합을 거행하다.

**194**
**4급** **举办**
□
□ jǔbàn

● 행하다, 개최하다

**北京举办2008年奥运会。**
Běijīng jǔbàn èrlínglíngbā nián Àoyùnhuì.
북경은 2008년 올림픽을 개최한다.

**举办展览会** jǔbàn zhǎnlǎnhuì
전람회를 개최하다.

行 다닐 행, 갈 행, 항렬 항   举 들 거, 과거 거   办 힘쓸 판

**195** 实施
**6급** shīshī

● 실시하다

**政府全面实施科教政策。**
Zhèngfǔ quánmiàn shíshī kējiào zhèngcè.
정부는 전면적으로 과학교육정책을 실시한다.

**实施计划生育**
shíshī jìhuà shēngyù
가족계획을 실시하다.

**196** 执行
**5급** zhíxíng

● 집행하다, 실행하다

**严格执行政策**
yángé zhíxíng zhèngcè
엄격히 정책을 집행하다.

**执行命令** zhíxíng mìnglìng
명령을 실행하다.

> ✏ 执行机关　zhíxíng jīguān　　집행기관
> 　执行机构　zhíxíng jīgòu　　집행기구
> 　执行委员会 zhíxíng wěiyuánhuì 집행위원회

**197** 研究
**4급** yánjiū

● 연구하다, (문제, 의견을)고려하다, 논의하다

**我研究语言的结构。**
Wǒ yánjiū yǔyán de jiégòu.
나는 언어구조를 연구한다.

**对那些问题, 我们再研究一下。**
Duì nà xiē wèntí, wǒmen zài yánjiū yíxià.
그 문제에 대해 우리 다시 고려해 봅시다.

---

实 열매 실  施 베풀 시  执 잡을 집  研 갈 연, 궁구할 연  究 궁구할 구　　**85**

# 分析
fēnxī

● 분석하다

### 分析目前国际形势。
Fēnxī mùqián guójì xíngshì.
현재 국제정세를 분석하다.

### 深入分析
shēnrù fēnxī
깊이있게 분석하다.

分 나눌 분　析 가를 석, 쪼갤 석

동
사

---

**199**
**4급** 取
qǔ

● 찾다, 취하다, 가지다, 받아들이다, 고르다

**到银行取款。** Dào yínháng qǔkuǎn.
은행에 가서 돈을 찾다.

**取行李** qǔ xíngli 짐을 찾다.

**采取新的方式** cǎiqǔ xīn de fāngshì
새로운 방식을 채택하다.

**我被录取了!** wǒ bèi lùqǔ le!
나 뽑혔어!

**给孩子取个名字。**
Gěi háizi qǔ ge míngzi.
아이에게 이름을 지어주다.

✎ 给孩子起名字。 Gěi háizi qǐ míngzi.
아이에게 이름을 지어주다.

---

**200** 醉
**5급**
zuì

● (술에)취하다

**我已经喝醉了。** Wǒ yǐjīng hēzuì le.
나 이미 취했어.

---

### 술에 관한 표현

| | | | | | |
|---|---|---|---|---|---|
| 酒量 | jiǔliàng | 주량 | 海量 | hǎiliàng | 주량이 센 사람 |
| 酒鬼 | jiǔguǐ | 술꾼 | 酒吧 | jiǔbā | 술집, 바 |
| 酒席 | jiǔxí | 술자리 | 敬酒 | jìngjiǔ | 술을 권하다 |
| 倒酒 | dàojiǔ | 술 따르다 | 罚酒 | fájiǔ | 벌주 |
| 酒令 | jiǔlìng | 벌주 게임 | 下酒菜 | xiàjiǔcài | 술안주 |
| 撒酒疯 | sā jiǔfēng | 술주정하다 | 干杯 | gānbēi | 건배! |

---

取 취할 취, 장가들 취    醉 취할 취, 취하게 할 취

**201** **扔**
4급
□ rēng
□
□

● 내버리다, 던지다

**衣服旧了, 把它扔了吧。**
Yīfu jiù le, bǎ tā rēng le ba.
옷도 낡았는데 버려라.

**这事他早就扔在脑后了。**
Zhè shì tā zǎojiù rēng zài nǎo hòu le.
그는 이 일을 벌써 까맣게 잊었다.

**扔石头**
rēng shítou
돌을 던지다.

**202** **抛弃**
6급
□ pāoqì
□
□

● 버리다, 포기하다

**为了赚钱抛弃良心。**
Wèi le zhuànqián pāoqì liángxīn.
돈을 벌기 위해 양심을 버리다.

**抛弃继承**
pāoqì jìchéng
상속을 포기하다.

**203** **放弃**
4급
□ fàngqì
□
□

● (권리, 의견, 주장 등을)버리다, 포기하다

**放弃原来的计划。**
Fàngqì yuánlái de jìhuà.
원래의 계획을 포기하다.

**放弃权利** fàngqì quánlì
권리를 포기하다.

扔 던질 잉  抛 던질 포  弃 버릴 기  放 놓을 방

동사

**204**
**3급**
**拿** ná

● (손에)쥐다, 들다, 가지다, 받다

**他手里拿着一份报纸。**
Tā shǒuli názhe yí fèn bàozhǐ.
그는 손에 신문 하나를 들고 있다.

**是谁拿走了我的词典?**
Shì shéi názǒu le wǒ de cídiǎn?
누가 내 사전을 가져갔니?

**我拿了一等奖。**
Wǒ ná le yìděngjiǎng.
나는 일등상을 받았다.

**205**
**3급**
**带** dài

● (몸에)지니다, 띠다, 데리다

**我忘了带雨伞。**
Wǒ wàng le dài yǔsǎn.
나는 우산을 가지고 나오는 것을 잊었다.

**你怎么说话带刺儿呢?**
Nǐ zěnme shuōhuà dài cìr ne?
너 어째 말에 가시가 있다?

**带孩子出来**
dài háizi chūlái
아이를 데리고 나오다.

**带手表**
dài shǒubiǎo
시계를 차다.

---

拿 잡을 나    带 띠 대, 데릴 대

**206 握**
□
□ wò

● 잡다, 장악하다

**站起身来跟他握手。**
Zhànqǐ shēn lái gēn tā wòshǒu.
일어나서 그와 악수하다.

**我掌握了一门外语。**
Wǒ zhǎngwò le yì mén wàiyǔ.
나는 외국어 하나를 정복하였다.

**把握时机** bǎwò shíjī
시기를 포착하다.

**207 抓**
5급
□ zhuā
□
□

● 잡다

**一手抓发展, 一手抓稳定。**
Yìshǒu zhuā fāzhǎn, yìshǒu zhuā wěndìng,
한 손엔 발전을, 한 손엔 안정을 잡다.

**警察抓住犯人。**
Jǐngchá zhuāzhù fànrén.
경찰이 범인을 잡다.

**208 捉**
□
□ zhuō
□

● 잡다, 체포하다

**别跑, 等我捉到你!**
Bié pǎo, děng wǒ zhuōdào nǐ!
거기 서, 내가 널 잡겠어!

**捉拿逃犯**
zhuōná táofàn
도주범을 잡다.

　　握 쥘악　抓 긁을 조, 움킬 조　捉 잡을 착

## 逮捕

● 체포하다

**逮捕非法移民**
dàibǔ fēifǎ yímín
불법이민자를 체포하다.

**涉嫌偷税被逮捕**
shèxián tōushuì bèi dàibǔ
탈세 혐의로 체포되다.

✎ **逮捕令** dàibǔlìng 구속영장

동
사

逮 잡을 체, 미칠 태   捕 사로잡을 포

**210**
**4급** 提
tí

● 들다, 제시하다, (말을)꺼내다, 끌어올리다

**手里提着个篮子。**
Shǒuli tízhe ge lánzi.
손에 바구니를 들고 있다.

**提出意见**
tíchū yìjiàn
의견을 내놓다.

**别再提那件事了。**
Bié zài tí nà jiàn shì le.
다시는 그 일을 언급하지 마라.

**大大提高了生产量。**
Dàdà tígāo le shēngchǎnliàng.
생산량을 크게 높였다.

**211**
**4급** 举
jǔ

● 들다

**赞成的请举手。**
Zànchéng de qǐng jǔshǒu.
찬성하는 사람은 손 드세요.

**请举个例子。**
Qǐng jǔ ge lìzi.
예를 들어 주세요.

赞成的请举手。

提 들 제, 떼지어날 시 **举** 들 거, 과거 거

## 212 抬
**4급**
tái

● 들다

**抬起头来** tái qǐ tóu lái.
고개를 들다.

**两个人抬一桶水。**
Liǎng ge rén tái yì tǒng shuǐ.
두 사람이 물 한 통을 같이 들다.

## 213 搬
**3급**
bān

● 옮기다, 이사하다

**这个搬到哪里?** Zhè ge bāndào nǎli?
이거 어디로 옮기지?

**他们已经搬走了。** Tāmen yǐjīng bānzǒu le.
그들은 벌써 이사 갔다.

## 214 拉
**4급**
lā

● 끌다, 당기다, 켜다, 연루시키다

**他把我拉到一边了。**
Tā bǎ wǒ lādào yìbiān le.
그는 나를 한쪽으로 끌어당겼다.

**快把窗帘拉上。**
Kuài bǎ chuānglián lāshang.
빨리 커튼을 쳐라.

**拉小提琴** lā xiǎotíqín 바이올린을 켜다.

**他动不动就拉上别人。**
Tā dòng bu dòng jiù lāshang biérén.
그는 걸핏하면 다른 사람을 끌어들인다.

---

抬 매질할 태  搬 옮길 반  拉 끌 랍, 꺾을 랍

**215** 拖
tuō

● 끌다, 지연하다

**他拖着鞋走了进来。**
Tā tuōzhe xié zǒu le jìnlái.
그는 신발을 끌면서 걸어 들어왔다.

**这件事不能再拖。**
Zhè jiàn shì bù néng zài tuō.
이 일은 더 이상 미룰 수 없다.

**216** 推
4급
tuī

● 밀다, (잘못을)미루다, 추진하다

**推开门**
tuīkāi mén
문을 밀어 열다.

**推己及人**
tuī jǐ jí rén
입장을 바꾸어 생각하다.

**把责任推给人家。**
Bǎ zérèn tuīgěi rénjiā.
책임을 남에게 미루다.

**大力推行改革政策。**
Dàlì tuīxíng gǎigé zhèngcè.
개혁정책을 힘껏 추진하다.

推开门

동
사

**217**
**4급** 挂
☐ guà
☐
☐

끊다, (벽에)걸다, 접수하다

**请挂上电话。**
Qǐng guàshang diànhuà.
전화를 끊어 주세요.

**把大衣挂在衣架上。**
Bǎ dàyī guà zài yījiàshang.
옷을 옷걸이에 걸어라.

**我要挂内科。**
Wǒ yào guà nèikē.
내과에 접수시키려 합니다.

**218**
**5급** 断
☐ duàn
☐
☐

끊다, 자르다

**我和他断了关系。**
Wǒ hé tā duàn le guānxi.
나는 그와 관계를 끊었다.

**一刀两断**
yì dāo liǎng duàn
단 칼에 두 동강이를 내다. (명확히 매듭을 짓다)

**219**
**5급** 戒
☐ jiè
☐
☐

끊다

**戒烟很难。**
Jièyān hěn nán.
담배를 끊기는 어렵다.

**戒酒** jièjiǔ
술을 끊다.

---

挂 걸 괘　断 자를 단, 단연 단　戒 경계할 계　　95

## 连

☐ lián
☐
☐

● 잇다, 연결하다

### 藕断丝连
ǒu duàn sī lián

연뿌리는 끊어져도 실은 이어진다. (관계를 끊을래야 끊을 수 없다)

### 血肉相连
xuèròu xiāng lián

피와 살처럼 서로 연결되어 있다.

### 连接在一起的城市
liánjiē zài yìqǐ de chéngshì

서로 이어져 있는 도시

## 联

☐ lián
☐
☐

● 연계하다, 연락하다

### 密切联系群众。
Mìqiè liánxì qúnzhòng.

대중과 밀접하게 연결되어 있다.

### 有事跟我联系。
Yǒu shì gēn wǒ liánxì.

일이 있으면 나에게 연락해.

### 有空给我联络。
Yǒu kòng gěi wǒ liánluò.

시간 있으면 연락해.

　　　连 이을 련　联 연할 련

동
사

**222 放**
**3급**
☐ fàng
☐
☐

놓다, 넣다, (학교나 직장이)쉬다, (연을)날리다

## 把笼子里的鸟放了。
Bǎ lóngzili de niǎo fàng le.
새장 속의 새를 놓아 주다.

## 你要放糖吗?
Nǐ yào fàng táng ma?
너 설탕 넣니?

## 快要放假了。
Kuài yào fàngjià le.
곧 방학이다.

## 放风筝
fàng fēngzheng
연을 날리다.

**223 搁**
**6급**
☐ gē
☐
☐

놓다, 두다, (조미료)넣다

## 把箱子搁在屋子里。
Bǎ xiāngzi gē zài wūzili.
상자를 방에 놓아라.

## 汤里搁点儿盐。
Tāngli gē diǎnr yán.
탕에 소금을 좀 넣다.

汤里搁点儿盐。

---

放 놓을 방　搁 놓을 각

**224**
**5급** 摆
bǎi

● 놓다, 진열하다, 드러내다

**你干吗摆了这么多菜？**
Nǐ gànma bǎi le zhème duō cài?
뭐 하러 이렇게 많이 차렸어?

**他不摆架子。**
Tā bù bǎi jiàzi.
그는 잘난 척을 하지 않는다.

**225** 排
pái

● 차례대로 놓다, 배열하다

**他的成绩在班里排名第三。**
Tā de chéngjì zài bānli páimíng dìsān.
그의 성적은 반에서 3등이다.

**请排队！**
Qǐng páiduì!
줄을 서세요!

**226** 设
shè

● 설치하다, 설립하다, 설계하다

**总部设在纽约。**
Zǒngbù shè zài Niǔyuē.
본부는 뉴욕에 설치되어 있다.

**设立新的机构** shèlì xīn de jīgòu
새로운 기구를 설립하다.

**这是我设计的建筑物。**
Zhè shì wǒ shèjì de jiànzhùwù.
이것은 내가 설계한 건축물이다.

摆 열 파, 벌어놓을 파  排 밀칠 배, 늘어설 배  设 베풀 설

## 227 装
**5급**
zhuāng

담다, ~인 체하다, 설치하다

### 里面装了什么东西?
Lǐmiàn zhuāng le shénme dōngxi?
안에 무슨 물건을 담았니?

### 你还装蒜?
Nǐ hái zhuāngsuàn?
너 아직도 시치미 떼니?

### 电话已经装好了。
Diànhuà yǐjīng zhuāghǎo le.
전화는 이미 다 설치했어.

里面装了
什么东西?

装 차릴 장, 꾸밀 장

99

**228**
**5급** **处理**
chǔlǐ

● 처리하다

**我每天都要处理很多问题。**
Wǒ měitiān dōu yào chǔlǐ hěn duō wèntí.
나는 매일 많은 문제들을 처리해야 한다.

**229**
**4급** **整理**
zhěnglǐ

● 정리하다, 정돈하다

**整理资料**
zhěnglǐ zīliào
자료를 정리하다.

**我帮你整理一下房间好了。**
Wǒ bāng nǐ zhěnglǐ yíxià fángjiān hǎo le.
내가 너를 도와 방을 정리하는 게 낫겠다.

**230**
**4급** **收拾**
shōushi

● 정리하다, 치우다, 혼내주다, 꾸리다

**快来收拾玩具。**
Kuài lái shōushi wánjù.
빨리 와서 장난감을 치워라.

**我怎么收拾他呢?**
wǒ zěnme shōushi tā ne?
어떻게 그를 혼내주지?

**收拾好行李了没有?**
Shōushihǎo xíngli le méiyǒu?
짐은 잘 챙겼니?

동
사

**231 扫**
săo

● 쓸다, 청소하다

### 你不忙, 来打扫房间吧。
Nǐ bù máng, lái dǎsǎo fángjiān ba.
너 바쁘지 않으면 와서 방 좀 청소해라.

### 真叫人扫兴!
Zhēn jiào rén sǎoxìng!
정말 흥을 깨는군!

**232 办**
bàn

● 처리하다, 수속을 밟다, 창설하다

### 这件事我办不到。
Zhè jiàn shì wǒ bàn bu dào.
이 일은 할 수가 없다.

### 我要办登机手续。
Wǒ yào bàn dēngjī shǒuxù.
탑승 수속을 하려고 합니다.

### 三个人一起投资办了餐厅。
Sān ge rén yìqǐ tóuzī bàn le cāntīng.
세 사람이 함께 투자하여 식당을 차렸다.

**'办'이 들어간 말**

| | | |
|---|---|---|
| 创办人 | chuàngbànrén | 설립자 |
| 办得到 | bàn de dào | 해낼 수 있다, 할 수 있다. |
| 办不好 | bàn bu hǎo | 잘 처리할 수 없다. |
| 办不了 | bàn bu liǎo | 해낼 수 없다, (많아서)다 해낼 수 없다. |
| 办不起 | bàn bu qǐ | (경제적 능력이 없어)할 수가 없다. |
| 办不完 | bàn bu wán | 끝낼 수가 없다, 다 처리할 수가 없다. |

**233** 2급 **准备**
zhǔnbèi

● 준비하다

为你准备了很多菜。
Wèi nǐ zhǔnbèi le hěn duō cài.
너를 위해 많은 음식을 준비했어.

**234** 4급 **安排**
ānpái

● 안배하다, 마련하다

这是我公司安排的日程。
Zhè shì wǒ gōngsī ānpái de rìchéng.
이것은 저희 회사가 준비한 일정입니다.

给失业者安排工作。
Gěi shīyèzhě ānpái gōngzuò.
실업자에게 일자리를 마련해주다.

这是我公司
安排的日程。

准 비준할 준　备 갖출 비　安 편안할 안　排 밀칠 배, 늘어설 배

동
사

**235** **找**
2급
☐ zhǎo
☐
☐

찾다, 방문하다, (잔돈을)거슬러 주다

### 最近找工作很难。
Zuìjìn zhǎo gōngzuò hěn nán.
요즘 일자리 구하기가 어렵다.

### 你找谁?
Nǐ zhǎo shéi?
누구 찾으세요?

### 明天再来找你。
Míngtiān zài lái zhǎo nǐ.
내일 다시 찾아올게요.

### 不用找钱。
Búyòng zhǎo qián.
거스를 필요 없어요. (잔돈 필요없어요. 가지세요.)

**236** **追**
5급
☐ zhuī
☐
☐

캐다, 추궁하다, 추구하다, 쫓다

### 这件事不必再追究了。
Zhè jiàn shì búbì zài zhuījiū le.
이 일은 더 이상 캘 필요 없다.

### 企业追求利润。
Qǐyè zhuīqiú lìrùn.
기업은 이윤을 추구한다.

### 我可以追你吗?
Wǒ kěyǐ zhuī nǐ ma?
널 좋아해도 되니?

### 快追他! Kuài zhuī tā!
어서 그를 뒤쫓아(잡아라)!

---

找 찾을 조   追 쫓을 추

103

**237** 6급 **谋求**
móuqiú

○ 강구하다, 모색하다

**谋求解决方法**
móuqiú jiějué fāngfǎ
해결 방법을 찾다.

**谋求两国关系正常化**
móuqiú liǎngguó guānxi zhèngchánghuà
양국관계 정상화를 모색하다.

**238** **查**
chá

○ 찾다, 조사하다

**网上查资料。**
Wǎngshang chá zīliào.
인터넷에서 자료를 찾다.

**查词典** chá cídiǎn
사전을 찾다.

**查个水落石出**
chá ge shuǐ luò shí chū
철저하게 조사하다.

**调查原因，查明真相。**
Diàochá yuányīn, chámíng zhēnxiàng.
원인을 조사하여 진상을 밝혀내다.

**239** 6급 **访问**
fǎngwèn

○ 방문하다

**欢迎你来访问我公司。**
Huānyíng nǐ lái fǎngwèn wǒ gōngsī.
우리 회사를 방문하신 걸 환영합니다.

谋 꾀할 모　求 구할 구　查 조사할 사　访 찾을 방　问 물을 문

## 240
**5급**

## 救
jiù

● 구하다

**救命啊!**
Jiù mìng a!
사람 살려!

**抢救病人**
qiǎngjiù bìngrén
환자를 응급조치하다.

**保护环境, 拯救地球!**
Bǎohù huánjìng, zhěngjiù dìqiú!
환경을 보호하여 지구를 구하자!

✎ p.75를 참고할 것.

---

救 구원할 구

---

**241 变** biàn

변하다, 달라지다

**天气变了。**
Tiānqì biàn le.
날씨가 변했다.

**你有点儿变瘦了。**
Nǐ yǒudiǎnr biànshòu le.
너 조금 살이 빠졌다(말랐다).

**灰姑娘变成公主。**
Huīgūniang biànchéng gōngzhǔ.
재투성이 아가씨가 공주로 변하다.

**地球变暖　＝　全球变暖**
dìqiú biànnuǎn　　quánqiú biànnuǎn
지구 온난화

| | | |
|---|---|---|
| 环境污染 | huánjìng wūrǎn | 환경오염 |
| 二氧化碳 | èryǎnghuàtàn | 이산화탄소 |
| 臭氧层出洞 | chòuyǎngcéng chūdòng | |
| | | 오존층에 구멍이 나다 |
| 厄尔尼诺 | è'ěrnínuò | 엘리뇨 |
| 拉尼娜 | lānínà | 라니냐 |

**242 改** gǎi

바꾸다, 변경하다, 고치다, 바로잡다

**他改变了以前的态度。**
Tā gǎibiàn le yǐqián de tàidù.
그는 이전의 태도를 바꿨다.

**取消还是改时间?**
Qǔxiāo háishi gǎi shíjiān?
취소할까 아니면 시간을 변경할까?

请你帮我改一下这篇文章。
Qǐng nǐ bāng wǒ gǎi yíxià zhè piān wénzhāng.
이 문장 좀 고쳐 주세요.

## 243 换
3급
□ huàn
□
□

● 바꾸다, 갈다

这是我用汗水换来的金钱!
Zhè shì wǒ yòng hànshuǐ huànlái de jīnqián!
이건 내가 땀을 흘려 번 돈이란 말이야!

中途要换乘吗?
Zhōngtú yào huànchéng ma?
중간에 갈아타야 하나요?

换句话说
huàn jù huà shuō
바꾸어 말하자면

## 244 转
4급
□ zhuǎn
□
□

● 달라지다, 바뀌다

明天晴转多云。
Míngtiān qíng zhuǎn duō yún.
내일은 맑다가 구름이 많아지겠습니다.

病情好转了。
Bìngqíng hǎozhuǎn le.
병세가 호전되었다.

从威胁转为对话。
Cóng wēixié zhuǎnwéi duìhuà.
위협에서 대화로 바뀌다.

---

**换** 바꿀 환  **转** 바꿀 전, 구를 전

## 245 成
chéng

● ～이 되다, ～으로 변하다, 이루다, 완성하다, 성공하다

### 最近整容成为潮流。
Zuìjìn zhěngróng chéngwéi cháoliú.
요즘 성형이 유행이 되었다.

### 他成了经济专家。
Tā chéng le jīngjì zhuānjiā.
그는 경제 전문가가 되었다.

### 不成问题
bù chéng wèntí
문제가 되지 않는다.

### 实验终于成功了。
Shíyàn zhōngyú chénggōng le.
실험이 드디어 성공히였다.

他成了医生。

成 이룰 성

동
사

### 246 遇
yù

● 만나다, 대우하다

#### 在路上遇到了上司。
Zài lùshang yùdào le shàngsī.
길에서 상사를 만났다.

#### 遇到问题如何解决？
Yùdào wèntí rúhé jiějué?
문제에 봉착하면 어떻게 해결을 합니까?

#### 我认为现现在待遇不理想。
Wǒ rènwéi xiànzài dàiyù bù lǐxiǎng.
나는 지금 대우가 별로 좋지 않다고 생각한다.

🖉 国民待遇　　guómín dàiyù　　자국민 대우
　最惠国待遇　zuìhuìguó dàiyù　최혜국 대우

### 247 碰
**5급**
pèng

● (우연히)만나다, 부딪치다, 만지다

#### 昨天我碰到了小学时的老师。
Zuótiān wǒ pèngdào le xiǎoxué shí de lǎoshī.
어제 초등학교 때 선생님을 우연히 만났다.

#### 站起来的时候不小心碰了一下桌子。
Zhàn qǐlái de shíhou bù xiǎoxīn pèng le yíxià zhuōzi.
일어설 때 조심하지 못하고 탁자에 부딪쳤다.

#### 别碰我的头！
Bié pèng wǒ de tóu!
내 머리 건드리지 마!

---

遇 만날 우, 대접할 우　碰 부딪힐 병(팽)

109

✐ 碰钉子　　pèng dīgzi　　거절당하다, 난관에 부딪
　　　　　　　　　　　　　　치다.

碰软钉子 pèng ruǎn dīgzi 완곡하게 거절당하다.

248 撞
5급
☐ zhuàng
☐
☐

부딪치다, 충돌하다

**出租车撞倒小学生。**
Chūzūchē zhuàngdào xiǎoxuéshēng.
택시가 초등학생을 쳤다.

**小心撞头。**
Xiǎoxīn zhuàngtóu.
머리 부딪치지 않도록 조심해.

249 冲
5급
☐ chōng
☐
☐

부딪치다, 돌진하다, (사진을)현상하다

**发生轿车冲撞水果摊的车祸。**
Fāshēng jiàochē chōngzhuàng shuǐguǒtān de chēhuò.
자가용이 노상 과일가게를 들이받는 사고가 발생했다.

**向前冲过去。**
Xiàngqián chōng guòqù.
앞을 향해 돌진하다.

**冲胶卷**
chōng jiāojuǎn
필름을 현상하다.

**250** 跌
6급 diē
☐
☐
☐

● 넘어지다, (물가가)떨어지다

## 我走路时经常跌倒。
Wǒ zǒulù shí jīngcháng diēdǎo.
나는 길을 걸을 때 자주 넘어진다.

## 蔬菜价格跌落得很厉害。
Shūcài jiàgé diēluò de hěn lìhai.
채소가격이 심하게 떨어졌다.

**251** 倒
4급 dǎo
☐
☐
☐

● 넘어지다, 파산하다

## 倒在沙发上睡觉。
Dǎo zài shāfāshang shuìjiào.
소파에 쓰러져 잠이 들다.

## 很多中小企业面临倒闭危机。
Hěn duō zhōngxiǎo qǐyè miànlín dǎobì wēijī.
많은 중소기업이 파산위기에 처했다.

✍ 倒가 4성으로 읽힐 때는 '따르다, 붓다, 쏟다'라는 뜻이
있다.

倒垃圾      dào lājī        쓰레기를 버리다
倒一杯茶    dào yì bēi chá  차 한잔을 따르다

**252** 抱
**4급**
bào

● 안다, (생각, 의견 등을)마음에 품다

### 女人更喜欢用左手抱孩子。
Nǚrén gèng xǐhuan yòng zuǒshǒu bào háizi.
여자는 왼손으로 아이를 안는 것을 더 좋아한다.

### 人要抱着希望才能活得好。
Rén yào bàozhe xīwàng cái néng huó de hǎo.
사람은 희망을 품고 있어야 잘 살 수 있다.

**253** 摸
**5급**
mō

● 만지다, 쓰다듬다, (손으로)더듬어 꺼내다

### 可以摸一摸吗?
Kěyǐ mō yi mō ma?
만져봐도 돼요?

### 他伸出手轻轻地抚摸着小狗。
Tā shēnchū shǒu qīngqīng de fǔmōzhe xiǎogǒu.
그는 손을 내밀어 강아지를 부드럽게 쓰다듬고 있다.

✎ 地(de)가 형용사 뒤에 붙어 동사를 수식한다.

### 从钱包里摸出十元钱。
Cóng qiánbāoli mōchū shí yuán qián.
지갑에서 10위안을 꺼내다.

抱 안을 포  摸 더듬을 모

**254**
**6급** 揉
☐ róu
☐
☐

● (손으로)비비다, 문지르다, (손으로)빚다

### 姥姥给我揉一揉肚子。
Lǎolao gěi wǒ róu yi róu dùzi.
외할머니가 내 배를 문질러 주셨다.

### 揉眼睛
róu yǎnjing
눈을 비비다.

### 把泥揉成小球。
Bǎ ní róuchéng xiǎoqiú.
진흙을 동그랗게 빚다.

### 揉面
róumiàn
밀가루를 반죽하다.

**255**
**3급** 疼
☐ téng
☐
☐

● 아프다, 아끼다

### 头疼得好像要炸了。
Tóu téng de hǎoxiàng yào zhà le.
머리가 너무 아파서 터질 것 같다.

### 妈妈最疼我。
Māma zuì téng wǒ.
엄마는 나를 제일 사랑하신다.

| | | |
|---|---|---|
| ✎ 牙疼 | yá téng | 이가 아프다 |
| 胃疼 | wèi téng | 위가 아프다 |
| 肚子疼 | dùzi téng | 배가 아프다 |
| 腰疼 | yāo téng | 허리가 아프다 |

---

揉 주무를 유　疼 아플 동(등)　　　113

## 256

**5급** 吐
tǔ

● 뱉다, 털어놓다

### 吃葡萄不吐葡萄皮。
Chī pútáo bù tǔ pútáopí.
포도를 먹고 껍질을 뱉지 않는다.

### 不要随地吐痰。
Bú yào suídì tǔ tán.
아무데나 가래를 뱉지 마라.

### 他开始吐出真心话。
Tā kāishǐ tǔchū zhēnxīnhuà.
그는 진심을 털어놓기 시작했다.

✎ 吐가 4성(tù)으로 읽힐 때는 '구토하다, 게우다'란 뜻이다.

很恶心, 我想吐。
Hěn ěxīn, wǒ xiǎg tù.
메스꺼운 게 토하고 싶어.

呕吐 ǒutù 구토하다
吐血 tùxiě 피를 토하다
吐清水 tù qīngshuǐ = 吐酸水 tù suānshuǐ
신물(위액)을 토하다

吐 토할 토

동
사

---

**257 伤**
shāng

● 상하다, 다치다, 해치다, 감정을 상하게 하다

**睡眠过少会伤害身体。**
Shuìmián guòshǎo huì shānghài shēntǐ.
수면이 부족하면 몸을 해칠 수 있다.

**他伤透了我的心。**
Tā shāngtòu le wǒ de xīn.
그가 내 마음을 아프게 했다.

---

**258 损**
sǔn

● 손상시키다, 손해를 끼치다

**不能损害群众的利益。**
Bù néng sǔnhài qúnzhòng de lìyì.
대중의 이익을 해칠 순 없다.

**损人利己** sǔn rén lì jǐ
남에게 손해를 끼치고 자신의 이익을 도모하다.

---

**259 破**
4급
pò

● 깨다, 파손하다, 잔돈으로 바꾸다

**手破了。**
Shǒu pò le.
손을 다치다.

**他用大石头砸破了玻璃窗。**
Tā yòng dà shítou zápò le bōlíchuāng.
그는 큰 돌로 유리창을 깼다.

**势如破竹**
shì rú pò zhú
파죽지세

---

伤 다칠 상  损 덜 손  破 깨질 파

115

我想把一百块钱破开。
Wǒ xiǎng bǎ yì bǎi kuài qián pòkāi.
백 위안을 잔돈으로 바꾸고 싶은데요.

环境污染破坏了生态平衡。
Huánjìng wūrǎn pòhuài le shēngtài pínghéng.
환경오염은 생태계균형을 파괴했다.

# 360 保
bǎo

모호하나, 뷰시하나, 보승하나

我们应该保护地球环境。
Wǒmen yīnggāi bǎohù dìqiú huánjìng.
우리는 지구 환경을 마땅히 보호해야 한다.

保持物价稳定
bǎochí wùjià wěndìng
물가안정을 유지하다.

我保证尽力而为。
Wǒ bǎozhèng jìnlì ér wéi.
최선을 다할 것을 보증합니다.

我好担心你，要多保重。
Wǒ hǎo dānxīn nǐ, yào duō bǎozhòng.
내가 얼마나 널 걱정하는데, 몸조심해야 돼.

## 261 防 fáng

 막다, 지키다, 방지하다

### 防止爱滋病的传染。
Fángzhǐ àizībìng de chuánrǎn.

에이즈의 전염을 막다.

### 强调预防恐怖袭击的重要性。
Qiángdiào yùfáng kǒngbù xíjī de zhòngyàoxìng.

테러예방의 중요성을 강조하다.

## 262 怕 pà

두려워하다, 걱정하다, ~에 약하다

### 我怕你太累。
Wǒ pà nǐ tài lèi.

네가 너무 힘들까 봐 걱정이야.

### 我是怕冷的。
Wǒ shì pà lěng de.

저는 추위에 약해요.

**263 炒**
**5급**
☐ chǎo
☐

● 볶다

**妈妈正在厨房炒菜。**
Māma zhèng zài chúfáng chǎocài.
엄마는 지금 부엌에서 요리를 하고 계신다.

| **炒鸡蛋** | chǎo jīdàn | 계란볶음, 계란을 볶다. |
| **炒面** | chǎomiàn | 볶음국수, 국수를 볶다. |
| **炒股** | chǎogǔ | 주식을 하다. |
| **被炒鱿鱼** | bèi chǎo yóuyú | 해고당하다. |

**264 炸**
☐
☐ zhá
☐

● 기름에 튀기다

**鸡腿炸得脆极了。**
Jītuǐ zhá de cuì jí le.
닭다리가 바삭하게 잘 튀겨졌다.

| **干炸** | gānzhá | 가루를 묻혀 튀기다. |
| **炸鸡** | zhájī | 후라이드 치킨, 닭을 튀기다. |

**265 烤**
☐
☐ kǎo
☐

● 굽다, 불을 쬐다

**我喜欢吃烤五花肉。**
Wǒ xǐhuan chī kǎo wǔhuāròu.
나는 삼겹살 구이를 좋아한다.

**烤火取暖**
kǎohuǒ qǔnuǎn
불을 쬐어 몸을 녹이다.

## 266 煎 jiān
### 6급

(기름에)부치다, 지지다

**我的拿手菜是煎鸡蛋。**
Wǒ de náshǒucài shì jiān jīdàn.
내가 제일 자신 있는 요리는 계란후라이이다.

**煎饺子** jiān jiǎozi = **锅贴** guōtiē
군만두

## 267 蒸 zhēng

찌다

**迎新年，家家户户蒸年糕。**
Yíng xīnnián, jiājiāhùhù zhēng niángāo.
새해를 맞이하여 집집마다 떡을 찐다.

**蒸鱼**　　　zhēng yú　　생선찜, 생선을 찌다.

**水蒸气**　shuǐzhēngqì　수증기

## 268 烧 shāo

(밥을)짓다, 조리다, 끓이다

**爸爸经常给我们烧饭。**
Bàba jīngcháng gěi wǒmen shāo fàn.
아빠는 자주 우리에게 밥을 해 주신다.

**烧猪肉** shāo zhūròu　돼지고기를 조리다.

**烧水**　　shāo shuǐ　　물을 끓이다.

## 269 煮

5급

☐ zhǔ

☐

☐

● (밥을)하다, 끓이다, 삶다

### 饭还没有煮好。

Fàn hái méiyǒu zhǔhǎo.

밥이 아직 다 안 됐다.

### 煮咖啡

zhǔ kāfēi

커피를 끓이다.

### 煮在锅里一个味儿。

Zhǔ zài guōli yí ge wèir.

다 한 통속이다. 그놈이 그놈이다.

### 生姜切丝加红糖煮水喝。

Shēngjiāng qiēsī jiā hóngtáng zhǔ shuǐ hē.

생강을 채 썰어 흑설탕을 넣고 물에 끓여 마신다.

270 **拌**
bàn

● 무치다, 섞다

**我喜欢放辣椒粉拌黄瓜。**
Wǒ xǐhuan fàng làjiāofěn bàn huángguā.
나는 고춧가루를 넣은 오이 무침을 좋아한다.

**拌匀鸡蛋** bànyún jīdàn 계란을 풀다.

**石锅拌饭** shíguōbànfàn 돌솥 비빔밥

271 **焯**
chāo

● 데치다

**把菠菜焯一下。**
Bǎ bōcài chāo yíxià.
시금치를 데치다.

272 **凉**
liáng

● 식다, 차가와 지다

**菜凉了，我去再热一下。**
Cài liáng le, wǒ qù zài rè yíxià.
음식이 식었네, 내가 가서 다시 데워 올게.

**凉饭**
liángfàn
식은(찬)밥

 凉이 4성으로 읽힐 때는 '식히다'라는 뜻이 있다.

粥太烫，凉一凉再喝。
Zhōu tài tàng, liàng yi liàng zài hē.
죽이 너무 뜨거우니 좀 식힌 후 마셔라(먹어라).

---

拌 버릴 반　焯 태울 작, 밝을 작　凉 서늘할 량(양)　　121

**273**
**5급** 切
□ qiē
□
□

● 자르다, 썰다, 저미다

### 红辣椒洗净去蒂, 切斜段。
Hónglàjiāo xǐjìng qùdì, qiē xiéduàn.
붉은 고추를 깨끗이 씻고 꼭지를 딴 다음 비스듬히 썹니다.

**切丝** qiēsī   채썰다.

**切片** qiēpiàn   얇게 저미다.

---

**274**
**6급** 削
□ xiāo
□
□

● (과일 등을)껍질을 벗기다, 까다

### 削苹果给你吃。
Xiāo píngguǒ gěi nǐ chī.
사과 깎아줄게, 먹어.

### 削铅笔
xiāo qiānbǐ
연필을 깎다.

---

**275**
**6급** 扒
□ bā
□
□

● (옷, 껍질 등을)벗기다, 벗어버리다

### 帮我扒蒜皮好吗?
Bāng wǒ bā suànpí hǎo ma?
마늘 좀 까 줄래요?

✎ 捣蒜 dǎo suàn 마늘을 찧다.

### 他说没钱, 那把他的衣服扒下来!
Tā shuō méi qián, nà bǎ tā de yīfu bā xiàlái!
그가 돈이 없다고 하니 옷을 벗겨라!

---

## 276 搅
jiǎo

● 휘젓다, 고루 섞다

### 奶油加糖搅匀。
Nǎiyóu jiātáng jiǎoyún.
크림에 설탕을 넣고 잘 젓습니다.

### 面粉加水搅拌。
Miànfěn jiāshuǐ jiǎobàn.
밀가루에 물을 넣고 반죽합니다.

奶油加糖搅匀。

**277** 上网
3급 shàngwǎng

● 인터넷에 접속하다

上一个小时网, 多少钱?
Shàng yí ge xiǎoshí wǎng, duōshao qián?
인터넷 한 시간 하는데 얼마예요?

通宵上网, 跟网友聊天。
Tōngxiāo shàngwǎng, gēn wǎngyǒu liáotiān.
밤새 인터넷에 접속해서 인터넷 친구와 채팅을 한다.

**278** 输入
5급 shūrù

● 입력하다

请输入用户名和密码。
Qǐng shūrù yònghùmíng hé mìmǎ.
아이디와 비밀번호를 입력해 주세요.

打字输入电脑。
Dǎzì shūrù diànnǎo.
타자를 쳐서 컴퓨터에 입력해라.

**279** 搜索
5급 sōusuǒ

● 검색하다

在网上搜索资料很方便。
Zài wǎngshang sōusuǒ zīliào hěn fāngbiàn.
인터넷에서 자료를 검색하는 것은 매우 편리하다.

**280**
**5급** 浏览
liúlǎn

○ 인터넷을 여기저기 둘러보다, 훑어보다

### 轻松地浏览网络新闻。
Qīngsōng de liúlǎn wǎngluò xīnwén.
가뿐하게 인터넷 신문을 훑어보다.

### 用鼠标简单地浏览网络信息。
Yòng shǔbiāo jiǎndān de liúlǎn wǎngluò xìnxī.
마우스로 손쉽게 인터넷 정보를 열람하다.

✎ 因特网 yīntèwǎng 인터넷

**281** 搜集
sōují

○ 수집하다

### 我经常上网搜集需要的信息。
Wǒ jīngcháng shàngwǎng sōují xūyào de xìnxī.
나는 자주 인터넷에 접속하여 필요한 자료를 수집한다.

**282**
**5급** 下载
xiàzǎi

○ 다운로드하다

### 看不了中文，请下载有关软件。
Kàn bu liǎo zhōngwén, qǐng xiàzǎi yǒuguān ruǎnjiàn.
중국어가 보이지 않으면 관련 프로그램을 다운받으세요.

### 免费下载音乐。
Miǎnfèi xiàzǎi yīnyuè.
무료로 음악을 다운받다.

---

浏 맑을 류  览 볼 람  集 모일 집  载 실을 재, 가득할 재, 해 재

## 283
### 5급 复制
fùzhì

● 복사하다

### 把文件复制到软盘上
bǎ wénjiàn fùzhìdào ruǎnpánshang
파일을 플로피 디스켓에 복사하다.

| 优盘 | yōupán | 이동식 저장장치(USB) |
| 刻光盘 | kè guāngpán | CD를 굽다 |
| 压缩 | yāsuō | 압축하다 |
| 解压 | jěyā | 압축을 풀다 |

网上推荐
ON-LINE

# 网上疯狂搜索

인터넷 추천
ON - LINE
인터넷에서 미친듯 검색하기
(인터넷 광고)

复 다시 부, 회복할복   制 정할 제, 금할 제, 법 제

동사

### 284 存储
cúnchǔ

● 저장하다

**超过存储容量**
chāoguò cúnchǔ róngliàng
저장용량을 초과하다.

**存储容量不足。**
Cúnchǔ róngliàng bùzú.
저장용량이 부족하다.

### 285 删除 5급
shānchú

● 삭제하다

**磁盘空间不够，删除不需要的文件。**
Cípán kōngjiān búgòu, shānchú bù xūyào de wénjiàn.
디스켓 공간이 부족하니 불필요한 파일은 삭제해라.

**删除垃圾邮件。**
Shānchú lājī yóujiàn.
스팸메일을 삭제하다.

### 286 下网
xiàwǎng

● 접속을 끊다

**别下网，我们再聊一聊吧。**
Bié xiàwǎng, wǒmen zài liáo yi liáo ba.
접속 끊지 마, 우리 더 얘기하자.

---

存 있을 존　储 쌓을 저　删 깎을 산　除 덜 제

127

## 287
**4급** **打印**
dǎyìn

○ 프린트하다

### 把资料打印出来给我看。
Bǎ zīliào dǎyìn chūlái gěi wǒ kàn.
자료를 프린트해서 나한테 보여 줘.

| 🖉 彩色打印机 | cǎisè dǎyìnjī | 칼라 프린터 |
| 激光打印机 | jīguāng dǎyìnjī | 레이저 프린트 |
| 墨水 | mòshuǐ | 잉크 |
| 墨盒 | mòhé | 잉크 카트리지 |
| 墨粉 | mòfěn | 토너 |

## 288
**点击**
diǎnjī

○ 클릭하다

### 点击这里! Diǎnjī zhèli!　여기를 클릭하세요!

### 点击进入　diǎnjī jìnrù　클릭해 들어가다.

| 🖉 单击 | dānjī | (한번)클릭 |
| 双击 | shuāngjī | 더블 클릭 |

## 289
**死机**
sǐjī

○ 다운되다

### 真是的, 电脑又死机了。
Zhēnshi de, diànnǎo yòu sǐjī le.
나 원 참, 컴퓨터가 또 다운됐어.

| 🖉 启动 | qǐdòng | 부팅하다 |
| 重新启动 | chóngxīn qǐdòng | 재부팅하다 |
| 开机 | kāijī | 컴퓨터를 켜다 |
| 关机 | guānjī | 컴퓨터를 끄다 |

　打 칠 타　印 도장 인, 찍을 진　击 칠 격　死 죽을 사　机 틀 기

**290 染上**
rǎnshàng

● 감염되다

**电脑染上了病毒。**
Diànnǎo rǎnshàng le bìngdú.
컴퓨터가 바이러스에 감염됐다.

| 病毒发作 | bìngdú fāzuò | 바이러스가 활동하다 |
| 杀毒文件 | shādú wénjiàn | 바이러스 백신 |
| 备份 | bèifèn | 백업파일, 백업본 |

**291 更新**
6급
gēngxīn

● 업데이트하다, 갱신하다

**一个能够自动更新的病毒已经开始
在网上流传。**
Yí ge nénggòu zìdòng gēngxīn de bìngdú yǐjīng
kāishǐ zài wǎngshang liúchuán.
자동 업데이트가 가능한 바이러스가 이미 인터넷상에서
퍼지기 시작했다.

电 脑 病 毒

# 一望二三里 일망이삼리
### Yī wàng èr sān lǐ

**无名氏** 무명씨
wúmíngshì

| 一<br>Yī | 望<br>wàng | 二<br>èr | 三<br>sān | 里,<br>lǐ, | 저 멀리 이, 삼리 길 |
| 烟<br>yān | 村<br>cūn | 四<br>sì | 五<br>wǔ | 家。<br>jiā. | 너댓 채 초가에 연기는 피어오르고 |
| 亭<br>Tíng | 台<br>tái | 六<br>liù | 七<br>qī | 座,<br>zuò, | 예닐곱 정자에 |
| 八<br>bā | 九<br>jiǔ | 十<br>shí | 枝<br>zhī | 花。<br>huā. | 활짝 핀 꽃송이 여덟 아홉 열. |

### 단어

- **望** wàng 바라보다
- **亭台** tíngtái 정자
- **座** zuò 동, 채, 좌(산이 나 건물을 세는 단위)

❖ 이 시는 일에서 열까지의 숫자를 이용하여 지은 시로 마치 한 폭의 풍경화를 보듯 생동감이 넘치고 운율 또한 경쾌하게 잘 표현하였다.

# 02

## 형용사

**01**
**1급 大**
dà

크다, 세다, 많다 ( ↔ 小 xiǎo 작다)

**我有很大的梦想。**
Wǒ yǒu hěn dà de mèngxiǎng.
나는 큰 꿈이 있다.

**改革的压力很大。**
Gǎigé de yālì hěn dà.
개혁의 압력이 거세다.

**年纪大。** Niánjì dà.
나이가 많다.

**02**
**1급 小**
xiǎo

작다, 적다, 얕다, 좁다 ( ↔ 大 dà 크다)

**那是小问题。**
Nà shì xiǎo wèntí.
그건 작은 문제다.

**他比我小一岁。**
Tā bǐ wǒ xiǎo yí suì.
그는 나보다 한 살 어리다.

✎ 比(bǐ)는 비교를 나타내는 개사이다.

**房间很小。** Fángjiān hěn xiǎo. 방이 좁다.

**03**
**1급 少**
shǎo

적다, 부족하다, 모자라다 ( ↔ 多 duō 많다)

**最近我们很少见面。**
Zuìjìn wǒmen hěn shǎo jiànmiàn.
요즘 우리는 별로 못 만난다.

大 클 대   小 작을 소   少 적을 소

**一个都不能少。**　Yí ge dōu bù néng shǎo.
하나라도 모자라선 안된다.

**04 多**
**1급**
□ duō
□
□

● 많다 (↔ 少 shǎo 적다)

**人多好办事。**　Rén duō hǎo bàn shì.
사람이 많으면 일하기가 좋다.

**没什么菜, 你多吃点儿。**
Méi shénme cài, nǐ duō chī diǎnr.
차린 건 별로 없지만 많이 먹어.

**05 好**
**1급**
□ hǎo
□
□

● 좋다, 사이가 좋다, 안녕하다 (↔ 坏 huài 나쁘다)

**这首歌很好听。**　Zhè shǒu gē hěn hǎotīng.
이 노래는 참 듣기 좋다.

**这首歌很难听。**　Zhè shǒu gē hěn nántīng.
이 노래는 정말 듣기 안 좋다.

**你们家里都很好吗?**
Nǐmen jiāli dōu hěn hǎo ma?
너의 집안은 모두 안녕하시니?

✏ 好看　hǎokàn　　보기 좋다, 멋있다
　　好吃　hǎochī　　맛있다　　　　　　　好
　　好受　hǎoshòu　견딜만하다

✏ 难看　nánkàn　　보기 흉하다, 못생겼다
　　难吃　nánchī　　먹기 역하다, 맛없다　　难
　　难受　nánshòu　견디기 어렵다, 괴롭다

# 坏
huài

● 나쁘다 (↔ 好 hǎo 좋다)

## 我们听到了坏消息。
Wǒmen tīngdào le huài xiāoxi.
우리는 나쁜 소식을 들었다.

## 坏人坏事
huàirén huàishì
나쁜 사람과 나쁜 일

坏消息

坏 무너뜨릴 괴

07
2급
高
gāo

○ 높다 (↔ 低 dī 낮다)

### 他的技术水平很高。
Tā de jìshù shuǐpíng hěn gāo.
그의 기술수준은 매우 높다.

### 牛奶营养价值很高。
Niúnǎi yíngyǎng jiàzhí hěn gāo.
우유는 영양가치가 높다.

✎ 高速公路 gāosùgōnglù 고속도로

형용사

08
4급
低
dī

○ 낮다 (↔ 高 gāo 높다)

### 水位降低了。
Shuǐwèi jiàngdī le.
수위가 낮아졌다.

### 眼高手低
yǎn gāo shǒu dī
눈만 높고 재주는 없다.

09
3급
矮
ǎi

○ 키가 작다 (높이가 낮다) (↔ 高 gāo 높다)

### 我个子比较矮。
Wǒ gèzi bǐjiào ǎi.
나는 키가 비교적 작다.

### 高桌子和矮椅子
gāo zhuōzi hé ǎi yǐzi
높은 탁자와 낮은 의자

---

高 높을 고   低 낮을 저   矮 난장이 왜

**10** 宽
5급
kuān

● 넓다, 너그럽다 (↔ 窄 zhǎi 좁다)

**路宽了，车也多了。**
Lù kuān le, chē yě duō le.
길도 넓어지고 차도 늘어났다.

**严以律己，宽以待人。**
Yán yǐ lǜ jǐ, kuān yǐ dài rén.
엄하게 자신을 다스리고 너그럽게 남을 대하다.

**11** 窄
5급
zhǎi

● 좁다, 옹졸하다 (↔ 宽 kuān 넓다)

**城市的街道又窄又小。**
Chéngshì de jiēdào yòu zhǎi yòu xiǎo.
도시의 거리가 좁고도 작다.

✐ '又(yòu)~又(yòu)~'는 '~하고 또 ~하다'란 뜻이다.

**别误会我心眼儿窄。**
Bié wùhuì wǒ xīnyǎnr zhǎi.
내가 속이 좁다고 오해하지마.

**12** 广
guǎng

● 넓다, 많다 (↔ 狭 xiá 협소하다)

**中国地广人多。**
Zhōngguó dì guǎng rén duō.
중국은 땅이 넓고 사람이 많다.

**性能好，用途广。**
Xìngnéng hǎo, yòngtú guǎng.
성능 좋고 용도가 광범위하다.

宽 너그러울 관   窄 좁을 착   广 넓을 광

**受到广大群众的支持**
shòudào guǎngdà qúnzhòng de zhīchí
많은 사람들의 지지를 받다.

**13 狭**
xiá

좁다 (↔ 广 guǎg 넓다)

**我国地狭人稠。**
Wǒ guó dì xiá rén chóu.
우리나라는 땅이 좁고 인구가 조밀하다.

**从狭义讲**
cóng xiáyì jiǎng
좁은 의미에서 얘기하면

**狭路相逢**
xiá lù xiāng féng
좁은 길에서 서로 만나다. (원수는 외나무 다리에서 만난다.)

我国地狭。

**14 长**
2급
□ cháng
□
□

길다 (↔ 短 duǎn 짧다)

**使用寿命长。**
Shǐyòng shòumìng cháng.
사용수명이 길다.

**很长时间以来**
hěn cháng shíjiān yǐlái
오랜 시간 이래로, 오랫동안

**15 短**
3급
□ duǎn
□
□

짧다 (↔ 长 cháng 길다)

**女孩为什么穿短裙?**
Nǚhái wèishénme chuān duǎnqún?
여자는 왜 미니스커트를 입는가?

**在短时间内**
zài duǎn shíjiān nèi
짧은 시간 안에

**16 远**
2급
□ yuǎn
□
□

멀다, (차이가)크다 (↔ 近 jìn 가깝다)

**离我远一点。** Lí wǒ yuǎn yìdiǎn.
나한테서 좀 멀리 떨어져.

**我的学问远不如他。**
Wǒ de xuéwèn yuǎn bùrú tā.
내 학문은 그에게 훨씬 못 미친다.

🖊 离(lí)는 '~에서, ~로부터'라는 뜻으로 공간적, 시간적
거리를 나타낼 때 기준점이 되는 시간이나 장소를 나타
내는 말 앞에 쓰는 개사이다.

**17** 近
2급
jìn

● 가깝다 (↔ 远 yuǎn 멀다)

### 我家离地铁站很近。
Wǒjiā lí dìtiězhàn hěn jìn.
우리 집은 지하철역에서 가깝다.

### 他们俩很亲近。
Tāmen liǎ hěn qīnjìn.
그 두 사람은 사이가 매우 좋다.

**18** 深
4급
shēn

● 깊다, 심오하다, 짙다 (↔ 浅 qiǎn 얕다)

### 山高水深。 Shān gāo shuǐ shēn.
산은 높고 물은 깊다.

### 内容很深。 Nèiróng hěn shēn.
내용이 심오하다.

### 颜色太深。 Yánsè tài shēn.
색깔이 너무 짙다.

**19** 浅
5급
qiǎn

● 얕다, (색이)연하다 (↔ 深 shēn 깊다)

### 水浅小鱼多。 Shuǐ qiǎn xiǎoyú duō.
물이 얕으면 작은 물고기가 많다.

### 我知道得很浅。 Wǒ zhīdào de hěn qiǎn.
나는 아는 것이 별로 없다.

### 我喜欢浅灰色。 Wǒ xǐhuan qiǎn huīsè.
나는 연한 회색을 좋아한다.

형용사

**20** 4급 **厚**
hòu

● 두껍다, (감정이)깊다 (↔ 薄 báo 얇다)

**脸皮厚, 心里黑。**
Liǎnpí hòu, xīnli hēi.
얼굴(낯)이 두껍고 마음이 시커멓다.

**深情厚谊** shēn qíng hòu yì 깊은 정

**21** 5급 **薄**
báo

● 얇다, (인정이)메마르다 (↔ 厚 hòu 두껍다)

**薄如蝉翼。**
Báo rú chányì.
매미 날개처럼 얇다.

**人情薄如纸。**
Rénqíng báo rú zhǐ.
인정이 종이처럼 메마르다.

**超薄型笔记本电脑**
chāoáoxíng bǐjìběn diànnǎo
초박형 노트북 컴퓨터

**22** 4급 **重**
zhòng

● 무겁다, 심하다 (↔ 轻 qīng 가볍다)

**这个箱子很重。**
Zhè ge xiāngzi hěn zhòng.
이 상자는 너무 무겁다.

**伤得很重**
shāng de hěn zhòng
심하게 다쳤다.

---

厚 두터울 후  薄 얇을 박, 숲 박  重 무거울 중

山东口音很重。
Shāndōng kǒuyīn hěn zhòng.
산동 말투가 심하다.

**23 轻**
4급
☐ qīng
☐
☐

● 가볍다 (↔ **重** zhòng 무겁다)

油比水轻。
Yóu bǐ shuǐ qīng.
기름은 물보다 가볍다.

轻而易举 qīng ér yì jǔ
가벼워서 들기 쉽다. (매우 수월하다)

**24 轻松**
4급
☐ qīngsōng
☐
☐

● (일 등이)수월하다, 가볍다, (기분이)홀가분하다, 가뿐하다

工作轻松。 Gōngzuò qīngsōng.
일이 부담스럽지 않다.

现在心情轻松多了。
Xiànzài xīnqíng qīngsōng duō le.
지금 마음이 한결 가뿐해졌다.

**25 粗**
☐
☐ cū
☐

● 굵다, 조잡하다, 거칠다 (↔ **细** xì 가늘다)

木头粗。 Mùtou cū. 나무토막이 굵다.

做得很粗 zuò de hěn cū 조잡하게 만들다.

不要说话太粗。 Bú yào shuōhuà tài cū.
너무 상스럽게 말하지 말아라.

---

## 26 细 xì

가늘다 (↔ 粗 cū 굵다)

**一根很细很细的针**
yì gēn hěn xì hěn xì de zhēn
아주 가느다란 바늘

**声音细得几乎听不见。**
Shēngyīn xì de jīhū tīng bu jiàn.
목소리가 가늘어서 거의 들리지 않는다.

우리 나라는 '개미허리처럼 가늘다'라고 표현하나 중국어로는 '腰细如柳(yāo xì rú liǔ) 버드나무 가지처럼 허리가 가늘다'라고 말하며, 가늘고 나긋나긋한 허리를 '水蛇腰(shuǐshéyāo)'라고 한다. 또 '낙타가 바늘 구멍 들어가기'는 '比登天还难(bǐ dēngtiān hái nán)'이라고 표현한다.

腰细如柳

细 가늘 세

**27** 容易
3급
róngyì

○ 쉽다, ~하기 쉽다, ~하기 일쑤다 (↔ 难 nán 어렵다)

说事容易, 做事难。
Shuō shì róngyì, zuò shì nán.
말은 쉬우나 하기는 어렵다.

他容易受别人的影响。
Tā róngyì shòu biérén de yǐngxiǎng.
그는 다른 사람의 영향을 쉽게 받는다.

**28** 难
3급
nán

○ 어렵다 (↔ 容易 róngyì 쉽다)

这次考试很难。
Zhè cì kǎoshì hěn nán.
이번 시험은 어려웠다.

**29** 困难
4급
kùnnán

○ 곤란하다, 어렵다

家庭情况困难。
Jiātíng qíngkuàng kùnnán.
가정형편이 어렵다.

对这件事做出解释有一点困难。
Duì zhè jiàn shì zuòchū jiěshì yǒu yìdiǎn kùnnán.
이 일에 대해서는 해명하기가 좀 곤란하다.

---

容 받아들일 용  易 쉬울 이  难 어려울 난  困 곤할 곤

**30** 艰难
4급
jiānnán

힘들다, 어렵다

经历了艰难的过程。
Jīnglì le jiānnán de guòchéng.
어려운 과정을 겪었다.

**31** 贵
2급
guì

비싸다, 귀중하다 (↔ 便宜 piányi 싸다)

这件衣服很贵。 Zhè jiàn yīfu hěn guì.
이 옷은 비싸다.

宝贵的意见 bǎoguì de yìjiàn 귀중한 의견

**32** 便宜
2급
piányi

싸다 (↔ 贵 guì 비싸다)

价格便宜。
Jiàgé piányi.
가격이 싸다.

✎ 便宜가 명사로 쓰일 때는 '(정당치 못한)이익, 실속'을
뜻한다.

· 谁占了便宜? Shéi zhàn le piányi?
누가 이득을 봤나?

· 占了他的便宜。 Zhàn le tā de piányi.
그의 덕을 보다.

**33** 正
5급
zhèng

곧다, 똑바르다 (↔ 歪 wāi 비스듬하다)

这幅画挂得不正。
Zhè fú huà guà de bú zhèng.
이 그림은 비뚤게 걸려 있다.

## 歪

● 비스듬하다, 비뚤다, 기울다, 비딱하다

(↔ 正 zhèng 곧다)

형용사

### 歪戴着帽子。

Wāi dàizhe màozi.

모자를 비딱하게 썼다.

### 字写得歪歪扭扭的。

Zì xiě de wāiwāi niǔniǔ de.

글씨를 비뚤비뚤하게 썼다.

歪歪扭扭

---

歪 비뚤 왜

**35 贱** jiàn

● 천하다, 싸다 (↔ 贵 guì 귀하다)

**不分身份贵与贱。**
Bù fēn shēnfen guì yǔ jiàn.
신분의 귀함과 천함을 구분하지 않는다.

**低价贱卖出去。**
Dījià jiànmài chūqù.
낮은 가격에 싸게 팔다.

**36** 4급 **富** fù

● 부유하다 (↔ 贫 pín, 穷 qióng 가난하다)

**让一部分人先富起来。**
Ràng yíbùfen rén xiān fù qǐlái.
일부 사람들이 먼저 부유해지도록 하다.

**在富裕的家庭中长大。**
Zài fùyù de jiātíng zhōng zhǎngdà.
부유한 가정에서 자라다.

**37** 4급 **穷** qióng

● 가난하다, 다하다, 막다르다 (↔ 富 fù 부유하다)

**家里很穷。**
Jiāli hěn qióng.
집이 매우 가난하다.

**一穷二白**
yì qióng èr bái
가진 게 하나도 없다. (기초가 박약하다)

**无穷无尽** wú qióng wú jìn
무궁무진하다.

---

贱 천할 천  富 넉넉할 부  穷 궁구할 구, 다할 궁

**38** 贫
pín

● 가난하다, 수다스럽다, 부족하다
(↔ 富 fù 부유하다)

형용사

### 改变贫穷落后的面貌。
Gǎibiàn pínqióng luòhòu de miànmào.
빈곤하고 낙후된 면모를 바꾸다.

### 这个人嘴真贫。
Zhè ge rén zuǐ zhēn pín.
이 사람은 정말 수다스럽다.

**贫血**　　pínxuè　　빈혈

**贫富差距** pínfù chājù 빈부격차

**39** 强
qiáng

● 강하다 (↔ 弱 ruò 약하다)

### 自我意识很强。 Zìwǒ yìshí hěn qiáng.
자아의식이 강하다.

### 身体强壮。
Shēntǐ qiángzhuàng.
신체가 건장하다.

**40** 弱
5급
ruò

● 약하다 (↔ 强 qiáng 강하다)

### 身体的抵抗力很弱。
Shēntǐ de dǐkànglì hěn ruò.
신체의 저항력이 약하다.

**弱小民族** ruòxiǎo mínzú
약소민족

**41** 新
**2급**
xīn

● 새롭다 (↔ 旧 jiù 낡다)

**面临新的挑战**
miànlín xīn de tiǎozhàn
새로운 도전에 직면하다.

**日新月异**
rì xīn yuè yì
나날이 새롭다, 발전이 빠르다.

**42** 新鲜
**3급**
xīnxiān

● 새롭다, 신선하다

**我们要学习新鲜事物。**
Wǒmen yào xuéxí xīnxiān shìwù.
우리는 새로운 사물(것)을 배워야 한다.

**多吃些新鲜的蔬菜和水果。**
Duō chī xiē xīnxiān de shūcài hé shuǐguǒ.
신선한 채소와 과일을 많이 먹다.

**43** 崭新
**6급**
zhǎnxīn

● 참신하다

**塑造崭新的企业形象**
sùzào zhǎnxīn de qǐyè xíngxiàng
참신한 기업 이미지를 만들다.

**崭新的想法**
zhǎnxīn de xiǎngfǎ
참신한 생각(아이디어).

✎ 品牌 pǐnpái 브랜드, 상표

**44** **3급** **旧** jiù

● 낡다, 오래되다 (↔ 新 xīn 새롭다)

### 这部电影反映了旧时代的生活。
Zhè bù diànyǐng fǎnyìng le jiù shídài de shēnghuó.
이 영화는 구시대의 생활을 반영했다.

### 摆脱陈旧的思想
bǎituō chénjiù de sīxiǎng
낡은 사상에서 벗어나다.

### 衣服很破旧了。
Yīfu hěn pòjiù le.
옷이 낡았다.

형용사

**45** **3급** **久** jiǔ

● 오래다, (시간이)길다 (↔ 暂 zàn 짧다)

### 他不久就回来了。
Tā bùjiǔ jiù huílái le.
그는 오래지 않아 곧 돌아왔다.

### 久病床前无孝子。
Jiǔbìng chuángqián wú xiàozi.
긴 병 앞에 효자 없다.

**46** **暂** zàn

● (시간이)짧다 (↔ 久 jiǔ 길다)

### 快乐非常短暂。
Kuàilè fēicháng duǎnzàn.
기쁨은 대단히 짧다.

---

旧 예 구, 낡을 구　久 오랠 구　暂 잠깐 잠

## 47

**5급** 时髦
□ shímáo
□
□

● 유행하다

**她很赶时髦。**
Tā hěn gǎn shímáo.
그녀는 유행에 민감하다.

✎ 赶(gǎn)은 '뒤쫓다, 따라가다'라는 뜻으로 이밖에 '버스나 열차 등의 시간에 대다'라는 뜻도 있다. 赶火车(gǎn huǒchē) 기차 시간에 대다

**这是最时髦的式样。**
Zhè shì zuì shímáo de shìyàng.
이것은 최신 유행의 스타일이다.

## 디오스
DIOS

디오스 냉장고

우아한 명품이
새로운 생활을 펼쳐드립니다.

帝雅斯冰箱 典雅名品展现新生活

时 때 시  髦 다팔머리 모, 뛰어날 모

**48**
5급 **硬**
□ yìng
□
□

● 단단하다, 강경하다 (↔ 软 ruǎn 부드럽다)

**糖果硬得很。**
Tángguǒ yìng de hěn.
사탕이 너무 딱딱하다.

**美国采取了强硬的态度。**
Měiguó cǎiqǔ le qiángyìng de tàidù.
미국은 강경한 태도를 취했다.

**硬件**
yìngjiàn
하드웨어

硬件

형용사

**49**
□ **死板**
□ sǐbǎn
□

● 생기가 없다, 틀에 박히다, 경직되다

**故意做出死板的样子。**
Gùyì zuòchū sǐbǎn de yàngzi.
일부러 생기 없는 모습을 지어 보이다.

**给死板的生活注入新的活力。**
Gěi sǐbǎn de shēnghuó zhùrù xīn de huólì.
틀에 박힌 생활에 새로운 활력을 불어넣다.

**他很死板。**
Tā hěn sǐbǎn.
그는 융통성이 없다.

---

**硬** 단단할 경, 강할 경    **死** 죽을 사    **板** 널조각 판

**50 坚**
jiān

● 단단하다, 굳다, 굳세다

**坚不可破的后防线**
jiān bù kě pò de hòufángxiàn
무너뜨릴 수 없는 후방 방어선.

**打下坚实的基础**
dǎxià jiānshí de jīchǔ
단단한 기초를 다지다.

**我的立场是坚定的。**
Wǒ de lìchǎng shì jiāndìng de.
내 입장은 확고하다.

**51 软** 5급
ruǎn

● 부드럽다, 여리다 (↔ 硬 yìng 단단하다)

**头发很柔软。**
Tóufa hěn róuruǎn.
머리카락이 부드럽다.

**语气很软。**
Yǔqì hěn ruǎn.
말투가 부드럽다.

**她的心真的很软。**
Tā de xīn zhēn de hěn ruǎn.
그녀는 마음이 참 여리다.

**软件**
ruǎnjiàn
소프트웨어

软件

NEW

**52** 柔
róu

● 부드럽다, 온순하다

### 柔和的声音
róuhé de shēngyīn
부드러운 목소리

### 他性格很温柔。
Tā xìnggé hěn wēnróu.
그는 성격이 온유하다. (순하다)

**53** 细腻
xìnì

● 보드랍다, 섬세하다 (= 细嫩 xìnèn 섬세하다)

### 皮肤细腻。
Pífū xìnì.
피부가 보드랍다.

### 作品又细腻又生动。
Zuòpǐn yòu xìnì yòu shēngdòng.
작품이 섬세하고 생동적이다.

作品又细腻
又生动。

MP3 2-09

**54**
5급 **浓**
☐ nóng
☐
☐

● 진하다, 짙다, 농후하다 (↔ 淡 dàn 싱겁다)

**浓浓的咖啡香味儿**
nóngnóng de kāfēi xiāngwèir
진한 커피의 향기

**浓妆** nóngzhuāng
진한 화장

**55**
5급 **淡**
☐ dàn
☐
☐

● 싱겁다, 엷다 (↔ 浓 nóng 진하다)

**这个菜太淡了。**
Zhè ge cài tài dàn le.
이 요리는 너무 싱겁다.

**淡而无味**
dàn ér wú wèi
맛이 밋밋하다.

**天高云淡**
tiān gāo yún dàn
하늘은 높고 구름은 엷다.

**淡绿** dànlǜ　　연두색

**淡妆** dànzhuāng　　옅은 화장

**56**
5급 **清淡**
☐ qīngdàn
☐
☐

● 담백하다

**味道清淡。**
Wèidao qīngdàn.
맛이 담백하다.

**57** **甜**
3급
□ tián
□
□

● 달다

**巧克力太甜。**
Qiǎokèlì tài tián.
초콜릿은 너무 달다.

**他睡得很甜。**
Tā shuì de hěn tián.
그는 아주 달게 잔다.

형용사

**58** **咸**
4급
□ xián
□
□

● 짜다

**你不觉得咸吗?** Nǐ bù juéde xián ma?
넌 짜지 않니?

**牛肉面有一点咸。**
Niúròumiàn yǒu yìdiǎn xián.
소고기 국수가 좀 짜다.

**59** **酸**
4급
□ suān
□
□

● 시다

**柠檬很酸。** Níngméng hěn suān.
레몬은 시다.

**我闻到酸味儿。** Wǒ wéndào suānwèir.
난 신 냄새를 맡았다.

**60** **涩**
□
□ sè
□

● 떫다

**这柿子很涩。** Zhè shìzi hěn sè.
이 감은 떫다.

---

甜 달 첨  咸 짤 함  酸 초 산  涩 껄끄러울 삽, 떫을 삽    **155**

**61** 苦
**4급**
kǔ

● 쓰다, 괴롭다, 힘들다

**良药苦口, 忠言逆耳。**
Liángyào kǔkǒu, zhōngyán nì'ěr.
좋은 약은 입에 쓰고 충언은 귀에 거슬린다.

**生活很艰苦。**
Shēnghuó hěn jiānkǔ.
생활이 고달프다.

**62** 辣
**4급**
là

● 맵다, 지독하다, 잔인하다

**再怎么辣, 我都能吃。**
Zài zěnme là, wǒ dōu néng chī.
아무리 매워도 나는 다 먹을 수 있다.

**心狠手辣**
xīn hěn shǒu là
마음이 독하고 하는 짓이 악랄하다.

**63** 麻辣
málà

● 혀가 얼얼하게 맵다

**四川菜很麻辣。**
Sìchuāncài hěn málà.
사천요리는 얼얼하게 맵다.

苦 쓴바귀 고, 괴로워할 고　辣 매울 랄　麻 삼 마, 참깨 마, 마비할 마

**64** **甜辣**
tiánlà

● 달작지근하니 맵다

**我喜欢甜辣的苹果咖喱饭。**
Wǒ xǐhuan tiánlà de píngguǒ gālífàn.
나는 매콤달콤한 사과 카레라이스가 좋다.

형
용
사

**65** **好吃**
2급
hǎochī

● 맛있다

**味道怎么样，好吃吗?**
Wèidao zěnmeyàng, hǎochī ma?
맛이 어때, 맛있니?

**66** **香**
4급
xiāng

● 향기롭다, 맛있다, 달콤하다, 인기가 좋다
(↔ 臭 chòu 구리다)

**这花真香。**
Zhè huā zhēn xiāng.
이 꽃은 정말 향기롭다.

**做什么菜，好香!**
Zuò shénme cài, hǎoxiāng!
뭐 만드는 거야, 맛있겠다!

**睡得很香**
shuì de hěn xiāng
잠을 달게 자다(잠을 잘 자다).

**最吃香的职业**
zuì chīxiāng de zhíyè
가장 인기 있는 직업

---

**好** 좋을 호　**吃** 말더듬을 흘, 먹을 흘　**香** 향기 향, 향향　　157

# 臭
chòu

○ 구리다 (↔ 香 xiāng 향기롭다)

## 这是什么味儿，臭死了!
Zhè shì shénme wèir, chòu sǐ le!
이게 무슨 냄새니, 아주 지독하다!

## 臭名远扬
chòu míng yuǎn yáng
악명이 높다, 나쁜 평판이 널리 퍼지다.

## 推出一系列除臭用品。
Tuīchū yíxìliè chúchòu yòngpǐn.
냄새 제거용품 시리즈를 출시하다.

✎ 走味儿(zǒuwèir)는 '맛이 가다', '쉬다'란 뜻이다.

这是什么味儿,
臭死了 !

　　　臭 냄새 취

형용사

**68 暖**
nuǎn

따뜻하다 (↔ 凉 liáng 서늘하다)

**春暖花开** chūn nuǎn huā kāi
봄은 따뜻하고 꽃이 핀다.

**春天很暖和。** Chūntiān hěn nuǎnhuo.
봄은 따뜻하다.

**天气温暖。** Tiānqì wēnnuǎn.
날씨가 따뜻하다.

**69 热**
1급
rè

덥다, 열성적이다, 인기 있는 (↔ 冷 lěng 춥다)

**热得全身出汗。**
Rè de quánshēn chūhàn.
더워서 온 몸에 땀이 나다.

**趁热打铁**
chèn rè dǎ tiě
쇠뿔도 단김에 빼다.

**采取不冷不热的态度**
cǎiqǔ bù lěng bú rè de tàidù
뜨뜻미지근한 태도를 취하다.

**热门话题** rèmén huàtí 화젯거리

**70 闷热**
mēnrè

(갑갑하게)무덥다

**连续几天闷热，真让人难受。**
Liánxù jǐ tiān mēnrè, zhēn ràng rén nánshòu.
연속 며칠째 무더운 게 정말 참기 힘들다.

---

暖 따뜻할 난　热 더울 열, 열 열　闷 번민할 민

159

**71**
**6급** **炎热**
☐ yánrè
☐

● (내리쬐는 햇볕에)찌는 듯 덥다

**今年的夏天格外炎热。**
Jīnnián de xiàtiān géwài yánrè.
올해 여름은 유난히 무덥다.

**72**
☐ **凉**
☐ liáng
☐

● 서늘하다, 시원하다 (↔ 暖 nuǎn 따뜻하다)

**下了一场雨, 天气凉快多了。**
Xià le yì chǎng yǔ, tiānqì liángkuài duō le.
비가 한바탕 쏟아지고 나니 날씨가 한결 시원해졌다.

**凉爽的秋天** liángshuǎng de qiūtiān
시원하고 상쾌한 가을

**73**
**1급** **冷**
☐ lěng
☐

● 춥다, 냉담하다, 인기 없는 (↔ 热 rè 덥다)

**冷得很, 要冻死了。**
Lěng de hěn, yào dòngsǐ le.
너무 추워 얼어죽을 것 같다.

**冷眼旁观** lěngyǎn pángguān
냉담한 눈으로 방관하다.

**冷门职业** lěngmén zhíyè 인기 없는 직업

✎ (快)要~了 (kuài yào~le)는 '곧 ~하려 하다, 곧 ~할 것
이다'라는 뜻으로 가까운 미래를 나타낸다.

**春节快要到了。** Chūnjié kuài yào dào le.
설날이 곧 다가온다.

**饭快要熟了。** Fàn kuài yào shú le.
밥이 곧 다 된다.

炎 탈 염, 더울 염   凉 서늘할 량   冷 찰 랭

형용사

**74 暑** shǔ

덥다 (↔ 寒 hán 춥다)

**中暑了。** Zhòng shǔ le.
더위를 먹다.

**暑假** shǔjià 여름 방학, 여름 휴가

**75 寒** hán

춥다 (↔ 暑 shǔ 덥다)

**寒冷的冬天容易感冒。**
Hánlěng de dōngtiān róngyì gǎnmào.
몹시 추운 겨울에는 감기 걸리기 쉽다.

**寒假** hánjià 겨울 방학

**76 冰** bīng

차갑다, 시리다

**手脚冻得冰冷。**
Shǒujiǎo dòng de bīnglěng.
손발이 꽁꽁 얼었다.

**冰凉的饮料**
bīngliáng de yǐnliào
차가운 음료수

**冰咖啡** bīng kāfēi
아이스커피

**77 晴** qíng

2급

맑다, (날씨가)개다

---

暑 더위 서　寒 찰 한　冰 얼음 빙　晴 갤 청

161

雨过天晴。 Yǔ guò tiān qíng.
비가 그치고 날씨가 개다.

晴天霹雳
qíng tiān pī lì
마른하늘에 날벼락, 청천벽력.

## 78 阴
2급
yīn

흐리다

天阴了。 Tiān yīn le.
날씨가 흐려졌다.

天色阴沉沉的, 快要下雨了。
Tiānsè yīnchénchénde, kuài yào xià yǔ le.
하늘이 음침한 게 곧 비가 올 것 같다.

## 79 干燥
5급
gānzào

건조하다

天气干燥, 嘴唇就经常干裂。
Tiānqì gānzào, zuǐchún jiù jīngcháng gānliè.
날씨가 건조하면 입술이 자주 터지고 갈라진다.

## 80 潮湿
5급
cháoshī

습하다

潮湿的天气对家用电器造成不好影响。
Cháoshī de tiānqì duì jiāyòng diànqì zàochéng bù
hǎo yǐngxiǎng.
습한 날씨는 가전제품에 나쁜 영향을 미친다.

🖉 造成(zàochéng)은 '만들다, 야기하다, 초래하다'란 뜻
으로 주로 좋지 않은 일에 쓰인다.

형용사

**81**
**3급**
# 年轻
niánqīng

젊다

## 你还年轻，怕什么?
Nǐ hái niánqīng, pà shénme?
넌 아직 젊은데 뭘 두려워하니?

**82**
**3급**
# 老
lǎo

늙다, 오래되다, 본래의, 노련하다

## 活到老，学到老。
Huó dào lǎo, xué dào lǎo.
늙어 죽을 때까지 배우다. 배움의 길은 끝이 없다.

## 他是我的老朋友。
Tā shì wǒ de lǎopéngyǒu.
그는 나의 오랜 친구다.

## 老地方见，不见不散!
Lǎodìfang jiàn, bújiàn búsàn!
늘 만나던 곳에서 만나자, 올 때까지 기다리기!

## 他是个老手。
Tā shì ge lǎoshǒu.
그는 베테랑이다.

**83**
**3급**
# 干净
gānjìng

깨끗하다, 깔끔하다

## 房间打扫得很干净。
Fángjiān dǎsǎo de hěn gānjìng.
방을 깨끗이 청소하다.

---

年 해 년　轻 가벼울 경　老 늙을 로, 어른 로, 익숙할 로　净 깨끗할 정　163

**84** **6급** 清洁
☐
☐ qīngjié

○ 깨끗하다, 청결하다

**猫是很清洁的动物。**
Māo shì hěn qīngjié de dòngwù.
고양이는 청결한 동물이다.

**85** 纯净
☐
☐ chúnjìng

○ (성분이)순수하다, 깨끗하다, 청정하다

**在透明的杯子里, 很纯净的水**
zài tòumíng de bēizili, hěn chúnjìng de shuǐ
투명한 컵 속의 깨끗한 물

**86** **4급** 脏
☐
☐ zāng

○ 더럽다, 불결하다

**你的手脏了, 快去洗一洗吧。**
Nǐ de shǒu zāng le, kuài qù xǐ yi xǐ ba.
네 손이 더러우니 빨리 가서 좀 씻어라.

**不要把衣服弄脏了。**
Bú yào bǎ yīfu nòngzāng le.
옷을 더럽히지 말아라.

**87** 肮脏
☐
☐ āngzang

○ 더럽다, 불결하다, 추악하다

**他衣服肮脏破烂。**
Tā yīfu āngzang pòlàn.
그의 옷은 더럽고 해졌다.

**利用肮脏的手法**
lìyòng āngzang de shǒufǎ
추악한 방법을 이용하다.

清 맑을 청　洁 깨끗할 결　纯 순수할 순　脏 더러울 장　肮 목구멍 항

MP3 2-14

형용사

**88**

**漂亮**
piàoliang

예쁘다, (일처리, 행동, 말 등이)뛰어나다, 훌륭하다

### 长得很漂亮
zhǎng de hěn piàoliang
예쁘게 생겼다.

### 事情办得漂亮。
Shìqíng bàn de piàoliang.
일을 훌륭히 처리했다.

### 漂亮!
Piàoliang!
(농구 등 경기에서 공이 들어갔을 때)깔끔하네요, 멋집니다!

**89**

**美丽**
měilì

아름답다

### 她是从头到脚都美丽的姑娘。
Tā shì cóng tóu dào jiǎo dōu měilì de gūniang.
그녀는 머리부터 발끝까지 아름다운 아가씨이다.

**90**

**可爱**
kě'ài

귀엽다

### 他一点儿都不可爱。
Tā yìdiǎnr dōu bù kě'ài.
그는 하나도 귀엽지 않다.

### 小小缺点有时也很可爱。
Xiǎoxiǎo quēdiǎn yǒushí yě hěn kě'ài.
작은 결점도 때론 귀엽다.

---

漂 떠다닐 표  亮 밝을 량  丽 고울 려(여)  可 옳을 가  爱 사랑 애      165

## 91 好看
hǎokàn

● 보기 좋다, 멋있다, 재미있다

**包装不好看。**
Bāozhuāng bù hǎokàn.
포장이 별로 안 예쁘다.

**这个人好不好看?**
Zhè ge rén hǎo bu hǎokàn?
이 사람 멋있니?

**这是一部很好看的电影。**
Zhè shì yí bù hěn hǎokàn de diànyǐng.
이것은 재미있는 영화이다.

## 92 难看
nánkàn

● 보기 흉하다, 체면이 없다, (표정, 기색이)안 좋다

**你那个帽子难看死了。**
Nǐ nà ge màozi nánkàn sǐ le.
너 그 모자 정말 보기 흉하다.

**在足球比赛上输得难看。**
Zài zúqiú bǐsàishang shū de nánkàn.
축구시합에서 형편없이 졌다.

**他的脸色很难看, 好像是生气。**
Tā de liǎnsè hěn nánkàn, hǎoxiàng shì shēngqì.
그의 표정이 안 좋은 게 화가 난 것 같다.

看 볼 간  难 어려울 난, 재앙 난

**93**
**4급** 帅
☐ shuài
☐
☐

● 잘생겼다, 멋지다, 스마트하다

**我觉得他好帅。**
Wǒ juéde tā hǎoshuài.
그는 너무 잘생긴 것 같아.

**94**
**5급** 丑
☐ chǒu
☐
☐

● 못생겼다, 밉다, 추악하다

**这产品又土又丑。**
Zhè chǎnpǐn yòu tǔ yòu chǒu.
이 제품은 촌스럽고 밉게 생겼다.

**长得很丑**
zhǎng de hěn chǒu
못생겼다.

**丑闻**
chǒuwén
(나쁜 성질의)스캔들, 추문

✎ (남녀간의)스캔들은 绯闻(fēiwén)이라고 한다.

---

95
**2급**
**快**
kuài

● 빠르다, 예리하다 (↔ 慢 màn 느리다)

**我的表快三分钟。**
Wǒ de biǎo kuài sān fēnzhōng.
내 시계는 3분 빠르다.

**他进步很快。**
Tā jìnbù hěn kuài.
그는 향상이 빠르다.

**菜刀不快，你去磨一磨。**
Càidāo bú kuài, nǐ qù mó yi mó.
식칼이 잘 안 드는데 네가 좀 갈아라.

96
**5급**
**迅速**
xùnsù

● 신속하다, 재빠르다

**信息产业发展迅速。**
Xìnxī chǎnyè fāzhǎn xùnsù.
정보산업의 발전이 빠르다.

97
**6급**
**敏捷**
mǐnjié

● 민첩하다

**反映敏捷。**
Fǎnyìng mǐnjié.
반응이 민첩하다.

**敏捷的行动**
mǐnjié de xíngdòng
민첩한 행동

---

快 빠를 쾌　迅 빠를 신　速 빠를 속　敏 민첩할 민　捷 빠를 첩

## 98
**5급** **灵活**
línghuó

● 민첩하다, 재빠르다, 융통성 있다

### 他是个头脑灵活的人。
Tā shì ge tóunǎo línghuó de rén.
그는 두뇌회전이 빠른 사람이다.

### 人要有灵活性。
Rén yào yǒu línghuóxìng.
사람은 융통성이 있어야 한다.

## 99
**2급** **慢**
màn

● 느리다 (↔ 快 kuài 빠르다)

### 车速太慢了。
Chēsù tài màn le.
차 속도가 너무 느리다.

### 有的人天生慢性子。
Yǒu de rén tiānshēng mànxìngzi.
어떤 사람은 천성이 느린 성격이다.

✐ '太(tài)＋형용사＋了(le)'는 '너무~하다'라는 뜻으로 정도의 심함을 나타낸다.

✐ 慢慢(mànmàn, mànmān)
형용사 慢을 중복하여 쓰게 되면 '천천히, 차츰'이란 뜻의 부사가 된다. 뒤에 儿을 붙여 慢慢儿이라고 쓰기도 한다.

· 我慢慢习惯了这里的生活。
Wǒ mànmān xíguàn le zhèli de shēnghuó.
나는 이곳의 생활에 차츰 익숙해졌다.

· 慢慢来。
Mànmān lái.
천천히 해라.

## 100 缓慢
huǎnmàn

完만하다, 느리다

世界经济复苏缓慢。
Shìjiè jīngjì fùsū huǎnmàn.
세계 경제 회복이 느리다.

## 101 迟
chí

느리다, 굼뜨다, 둔하다, 늦다

你为什么迟迟不来?
Nǐ wèishénme chíchí bù lái?
너 왜 꾸물거리고 안 오니?

反映迟钝。
Fǎnyìng chídùn.
반응이 느리다

我上学总是迟到。
Wǒ shàngxué zǒngshì chídào.
나는 학교 갈 때마다 지각이다.

缓 느릴 완, 느슨할 완   迟 더딜 지

**102 早**
zǎo

이르다, 빠르다 (↔ 晚 wǎn 늦다)

**他上班早来几分钟。**
Tā shàngbān zǎolái jǐ fēnzhōng.
그는 몇 분 빨리 출근한다.

**时间还早，慢慢走吧。**
Shíjiān hái zǎo, mànmān zǒu ba.
시간이 아직 이르니 천천히 가자.

형용사

**103 晚**
wǎn

늦다, 뒤이은 (↔ 早 zǎo 이르다)

**今年的春天来得晚。**
Jīnnián de chūntiān lái de wǎn.
올해 봄은 늦게 왔다.

**晚走不如早走。**
Wǎn zǒu bùrú zǎo zǒu.
늦게 가는 것은 일찍 가느니만 못하다.

**晚辈** wǎnbèi ↔ **长辈** zhǎngbèi
(가족, 친척 가운데)
손아래 항렬 ↔ 손위 항렬

**104 忙**
2급
máng

바쁘다 (↔ 闲 xián 한가하다)

**你忙什么?**
Nǐ máng shénme?
너 뭐가 바쁘니?

**忙不过来**
máng bu guòlái
너무 정신 없이 바쁘다.

**我整天忙碌工作。**
Wǒ zhěngtiān mánglù gōngzuò.
나는 하루종일 바쁘게 일한다.

**105 闲**
xián

한가하다 (↔ 忙 máng 바쁘다)

**家里没事闲着玩儿。**
Jiāli méishì xiánzhe wánr.
집에서 할 일없이 빈둥거리며 놀다.

**106 紧**
중 jǐn

꼭 끼나, 쌩팽하다, (생활이)어렵다

**这条牛仔裤太紧。**
Zhè tiáo niúzǎikù tài jǐn.
이 청바지는 너무 꼭 낀다.

**绳子拉得很紧。**
Shéngzi lā de hěn jǐn.
끈을 팽팽히 잡아당기다.

**握紧拳头**
wòjǐn quántou
주먹을 꽉 쥐다.

**日子过得很紧。**
Rìzi guò de hěn jǐn.
어렵게 생활하다.

闲 한가할 한   紧 팽팽할 긴, 굳을 긴

## 107 松
sōng

느슨하다, (경제적)여유가 있다, 부드럽다

### 你的鞋带松了。
Nǐ de xiédài sōng le.
네 신발 끈이 풀어졌어.

### 这个月我手头松一些。
Zhè ge yuè wǒ shǒutou sōng yì xiē.
이번 달에는 좀 여유가 있다.

### 点心松脆舌口。
Diǎnxīn sōngcuì shékǒu.
디저트가 부드럽고 바삭바삭한 게 입에 맞다.

点心松脆舌口。

**108**
**1급** 高兴
gāoxìng

기쁘다

**认识大家，很高兴。**
Rènshi dàjiā, hěn gāoxìng.
여러분을 알게 되어 기쁩니다.


**109**
**2급** 快乐
kuàilè

즐겁다, 유쾌하다

**希望你每天幸福快乐。**
Xīwàng nǐ měitiān xìngfú kuàilè.
네가 매일 행복하고 기쁘길 바라.


**110**
**4급** 愉快
yúkuài

유쾌하다

**心情不愉快。**
Xīnqíng bù yúkuài.
기분이 별로 좋지 않다.


**111**
**5급** 痛快
tòngkuài

통쾌하다, 유쾌하다, (성격이)시원스럽다

**今天玩儿得真痛快。**
Jīntiān wánr de zhēn tòngkuài.
오늘 정말 유쾌하게 놀았다.

**他很痛快地答应了我们的要求。**
Tā hěn tòngkuài de dāying le wǒmen de yāoqiú.
그는 시원스럽게 우리의 요구에 응낙했다.

兴 일어날 흥, 흥취 흥　乐 즐길 락(낙), 풍류 악, 좋아할 요　愉 기뻐할 유

✏️ 痛快(tòngkuài)가 동사로 쓰일 때 '마음껏 ~하다'란 뜻이 있다.

喝个痛快 hē ge tòngkuài 마음껏 마시다
吃个痛快 chī ge tòngkuài 실컷 먹다
哭个痛快 kū ge tòngkuài 실컷 울다

112 **爽**
□ shuǎng
□
□

● 기분 좋다, 상쾌하다

### 真让人心情不爽。
Zhēn ràng rén xīnqíng bù shuǎng.
기분 정말 구질구질하다.

### 秋高气爽
qiū gāo qì shuǎng
가을 하늘은 높고 날씨는 상쾌하다.

113 **爽快**
6급 shuǎngkuai
□
□

● 상쾌하다, 개운하다, (성격이)시원스럽다

### 洗个澡，身体爽快多了。
Xǐ ge zǎo, shēntǐ shuǎngkuai duō le.
목욕을 하고 나니 몸이 많이 개운해졌다.

### 他爽快地答应了要求。
Tā shuǎngkuai de dāying le yāoqiú.
그는 요구에 흔쾌히 응했다.

## 114 舒服

**3급**

shūfu

● 편안하다, 안락하다, 개운하다

**这张沙发很舒服。**
Zhè zhāng shāfā hěn shūfu.
이 소파는 참 편안하다.

**你哪儿不舒服?**
Nǐ nǎr bù shūfu?
어디 몸이 안 좋으니?

**跟你聊聊以后, 心里舒服多了。**
Gēn nǐ liáoliao yǐhòu, xīnli shūfu duō le.
너랑 얘기하고 나니까 속이 많이 후련해졌어.

你哪儿不舒服?

舒 펼서, 조용할 서  服 옷 복, 먹을 복

**115**
**6급** **开朗**
kāilǎng

● 명랑하다, 쾌활하다

## 我变得开朗乐观起来了。
Wǒ biàn de kāilǎng lèguān qǐlái le.
나는 명랑하고 낙관적으로 바뀌기 시작했다.

형용사

**116** **明朗**
mínglǎng

● 명랑하다, 분명하다, 밝다

## 性格明朗外向。
Xìnggé mínglǎng wàixiàng.
성격이 명랑하고 외향적이다.

## 等事情明朗了一点再说。
Děng shìqíng mínglǎng le yìdiǎn zài shuō.
일이 좀 더 분명해진 뒤 다시 얘기하자.

## 金融市场的前景不太明朗。
Jīnróng shìchǎng de qiánjǐng bú tài mínglǎng.
금융시장의 전망이 그다지 밝지 않다.

**117** **活泼**
**4급**
huópō

● 활발하다

## 我有一个活泼可爱的女儿。
Wǒ yǒu yí ge huópō kě'ài de nǚ'ér.
나는 활발하고 귀여운 딸이 있다.

---

开 열 개, 벌릴 개, 펼 개   朗 밝을 랑(낭)   泼 뿌릴 발   **177**

**严肃** ● 근엄하다

**5급**

□ yánsù
□

他是一个非常严肃的人。
Tā shì yí ge fēicháng yánsù de rén.
그는 대단히 근엄한 사람이다.

会场的气氛很严肃。
Huìchǎng de qìfēn hěn yánsù.
회의장의 분위기가 엄숙하다.

119 **坦率** ● 솔직하다, 담백하다

**5급**

□ tǎnshuài
□

为人坦率热情。
Wéirén tǎnshuài rèqíng.
사람 됨됨이가 솔직하고 열정적이다.

120 **直爽** ● 솔직하다, 시원시원하다

□
□ zhíshuǎng

他很直爽, 心里怎么想, 嘴上就怎么说。
Tā hěn zhíshuǎng, xīnli zěnme xiǎng, zuǐshang jiù zěnme shuō.
그는 솔직해서 마음 속으로 생각한 말을 그대로 말한다.

✏ '想(xiǎng)~就(jiù)~'는 '~하고 싶으면 곧 ~하다'란 뜻
이다.

· 想去就去
  xiǎng qù jiù qù
  가고 싶으면 가다(가라)

· 想吃什么就吃什么
  xiǎng chī shénme jiù chī shénme
  먹고 싶은 대로 먹다(먹어라)

严 엄할 엄, 굳셀 엄  肃 엄숙할 숙  坦 평평할 탄  率 거느릴 솔  直 곧을 직

## 121 积极
**4급**
jījí

적극적이다, 긍정적이다 (↔ 消极 xiāojí 소극적이다)

### 起着积极的作用
qǐzhe jījí de zuòyòng
적극적인(긍정적인) 역할을 하다.

### 他做事很积极。
Tā zuòshì hěn jījí.
그는 적극적으로 일한다.

## 122 消极
**5급**
xiāojí

소극적이다, 부정적이다 (↔ 积极 jījí 적극적이다)

### 对此表示消极的态度。
Duì cǐ biǎoshì xiāojí de tàidù.
이것에 대해 소극적인(부정적인) 태도를 보였다.

### 消极因素
xiāojí yīnsù
부정적 요소

消极因素

---

积 쌓을 적  极 극극, 용마루 극  消 사라질 소, 쓸 소

179

---

**123 痛**
□ tòng
□

● 아프다

### 被同学踢了一脚，感觉很痛。
Bèi tóngxué tī le yì jiǎo, gǎnjué hěn tòng.
친구한테 한 대 걷어 차여 너무 아프다.

> 🖉 朋友(péngyou)는 일반적인 친구를 말하고, 同学(tóngxué)는 같이 공부하면서 서로 알고 지내는 반이나 학교 친구, 校友(xiàoyǒu)는 같은 학교를 다니거나 졸업한 동창을 말한다.

---

**124 悲哀**
6급
□ bēi'āi
□

● 슬프다

### 心有余但力不足是悲哀的。
Xīn yǒu yú dàn lì bù zú shì bēi'āi de.
마음은 있지만 힘이 모자란 건 정말 슬프다.

---

**125 悲痛**
□ bēitòng
□

● 슬프다, 비통하다

### 怀着悲痛万分的心情。
Huáizhe bēitòng wànfēn de xīnqíng.
너무나도 비통한 심정을 품고 있다.

---

**126 伤心**
4급
□ shāngxīn
□

● 슬퍼하다, 마음 아파하다

### 如果你伤心，我也会心疼的。
Rúguǒ nǐ shāngxīn, wǒ yě huì xīnténg de.
네가 슬퍼하면 내 마음도 아플 거야.

---

痛 아플 통　悲 슬플 비　哀 슬플 애　伤 다칠 상　心 마음 심

## 127
**5급** 痛苦
tòngkǔ

● 괴롭다

### 人生本身就是痛苦的。
Rénshēng běnshēn jiù shì tòngkǔ de.
인생 자체가 괴로운 거야.

### 我内心深处很痛苦。
Wǒ nèixīn shēnchù hěn tòngkǔ.
나는 마음 깊이 너무 고통스럽다.

## 128
**3급** 难过
nánguò

● 괴롭다, 슬프다, 고생스럽다

### 你别难过，我一直都在你身边。
Nǐ bié nánguò, wǒ yìzhí dōu zài nǐ shēnbiān.
슬퍼하지마, 내가 네 옆에 항상 있을게.

### 最近没有收入，日子难过。
Zuìjìn méiyǒu shōurù, rìzi nánguò.
요즘 수입이 없어서 생활이 어렵다.

## 129
**4급** 难受
nánshòu

● 괴롭다, 견디기 어렵다

### 浑身疼得好难受。
Húnshēn téng de hǎo nánshòu.
온 몸이 견딜 수 없이 아프다.

### 我知道你心里很难受。
Wǒ zhīdào nǐ xīnli hěn nánshòu.
네 마음이 괴롭다는 걸 잘 알아.

---

苦 쓸바귀 고, 괴로워할 고  过 넘을 과, 지날 과  受 받을 수

**130** 累
2급
lèi

● 피곤하다, 지치다

**昨晚熬夜工作，觉得很累。**
Zuówǎn áoyè gōngzuò, juéde hěn lèi.
어젯밤 밤새 일했더니 너무 피곤하다.

**我走累了。**
Wǒ zǒulèi le.
나 걷기 지쳤어.

**131** 疲劳
5급
píláo

● 피로하다, 피곤하다

**长时间坐在电脑前，眼睛很疲劳。**
Cháng shíjiān zuò zài diànnǎo qián, yǎnjing hěn píláo.
장시간 컴퓨터 앞에 앉아 있었더니 눈이 피로하다.

**132** 疲倦
6급
píjuàn

● 피곤하다, 지치다

**你脸那么憔悴，显得很疲倦。**
Nǐ liǎn nàme qiáocuì, xiǎnde hěn píjuàn.
너 얼굴이 너무 초췌한 게 피곤해 보인다.

**133** 困
4급
kùn

● 졸리다

**我坐车很困，睡得很死。**
Wǒ zuò chē hěn kùn, shuì de hěn sǐ.
나는 차에서 졸려 죽은 듯이 잤다

累 누끼칠루   疲 고달플 피   劳 일할 로   倦 고달플 권   困 곤할 곤

## 134 无力
wúlì

· 힘이 없다, 나른하다, 무력하다

**全身酸软无力。**
Quánshēn suānruǎn wúlì.
온 몸이 노곤하고 나른하다.

**像我这样无力的人能干什么?**
Xiàng wǒ zhèyàng wúlì de rén néng gàn shénme?
나처럼 이렇게 무기력한 사람이 뭘 할 수 있을까?

## 135 有力
yǒulì

· 힘이 있다, 강력하다, 유력하다

**他从头到尾说得都很有力。**
Tā cóng tóu dào wěi shuō de dōu hěn yǒulì.
그는 처음부터 끝까지 힘있게 말했다.

**中国经济有力支持资本市场。**
Zhōngguó jīngjì yǒulì zhīchí zīběn shìchǎng.
중국 경제는 자본시장을 강력히 지지하고 있다.

**提供有力的证据**
tígōng yǒulì de zhèngjù
유력한 증거를 제공하다.

## 136 痒
5급
yǎng

· 가렵다, 근질근질하다

**后背痒痒自己没法挠。**
Hòubèi yǎngyang zìjǐ méi fǎ náo.
등이 가려운데 스스로 긁을 방법이 없다.

**挠痒痒** náo yǎngyang
가려운 데를 긁다.

---

无 없을 무   力 힘력   有 있을 유, 가질 유   痒 가려울 양      **183**

## 你骨头痒了, 不是吗?

Nǐ gǔtou yǎng le, bú shì ma?

너 맞고 싶어 몸이 근질근질하구나, 아냐?

## 脚痒痒想跳舞。

Jiǎo yǎngyang xiǎng tiàowǔ.

발이 근질근질한 게 춤을 추고 싶다.

✍ 여러 가지 아픈 증상 표현

头晕 tóu yūn 머리가 어지럽다

恶心 ěxīn 속이 메슥거린다, 구역질 난다

肚子疼 dùzi téng 배가 아프다

嗓子疼 sǎngzi téng 목이 아프다

发烧 fā shāo 열이 난다

发高烧 fā gāoshāo 고열이 나다

流鼻涕 liú bítì 콧물이 난다

鼻塞了 bí sāi le 코가 막혔다

有痰 yǒu tán 가래가 있다

咳嗽 késou 기침하다

有恶寒 yǒu èhán 오한이 난다

呕吐了 ǒutù le 구토를 했다

酸疼 suānténg 시큰시큰 쑤시고 아프다

直冒冷汗 zhí mào lěnghàn 식은땀을 계속 흘린다

拉肚子 lā dùzi / 泻肚 xièdù / 闹肚子 nào dùzi
배탈이 나다, 설사를 하다

有过敏反应 yǒu guòmǐn fǎnyìng 알레르기가 있다

没胃口 méi wèikǒu 입맛이 없다

得了食物中毒 dé le shíwùzhòngdú
식중독에 걸렸다

出血 chūxiě(xuè) / 流血 liúxiě(xuè) 피가 나다

137 **有意思**
yǒuyìsi

● (내용 등이)재미있다

### 日本的卡通片很有意思。
Rìběn de kǎtōngpiàn hěn yǒuyìsi.
일본 애니메이션은 재미있다.

### 我一个人去没意思了。
Wǒ yí ge rén qù méiyìsi le.
나 혼자 가는 건 재미없다.

138 **好玩**
hǎowán

● (활동, 놀이 등이)재미있다

### 网络游戏真好玩儿。
Wǎngluò yóuxì zhēn hǎowánr.
인터넷 게임은 정말 재미있다.

✐ 有意思(yǒuyìsi)는 주로 책, 이야기, 영화 등의 내용이
재미있을 때 쓰고, 好玩(hǎowán)은 직접 참여하여 할
수 있는 놀이, 활동 등이 재미있다고 할 때 쓴다.

139 **有趣**
4급
yǒuqù

● 재미있다, 흥미가 있다

### 给你讲一个有趣的故事。
Gěi nǐ jiǎng yí ge yǒuqù de gùshì.
너한테 재미있는 얘기 하나 해줄게.

### 他真是个有趣的人。
Tā zhēn shì ge yǒuqù de rén.
그는 정말 재미있는 사람이다.

---

意 뜻 의, 헤아릴 의   思 생각할 사   玩 장난할 완, 익힐 완   趣 뜻 취   **185**

## 140 无聊
**4급**
wúliáo

● 지루하다, 따분하다, 한심하다

没什么事可做，又觉得很无聊。
Méi shénme shì kě zuò, yòu juéde hěn wúliáo.
할 일도 없고 또 심심하기도 하다.

你很无聊!
Nǐ hěn wúliáo!
너는 너무 따분해!

老谈爱情，太无聊了。
Lǎo tán àiqíng, tài wúliáo le.
늘 사랑 타령만 하고 너무 한심하다.

## 141 好听
hǎotīng

● 듣기 좋다

这音乐很好听。 Zhè yīnyuè hěn hǎotīng.
이 음악은 듣기 좋다.

千万不要说不好听的话。
Qiānwàn bú yào shuō bù hǎotīng de huà.
절대 듣기 나쁜 말을 하면 안 된다.

## 142 难听
nántīng

● 듣기 싫다, 거슬리다

骂了一句相当难听的话。
Mà le yí jù xiāngdāng nántīng de huà.
상당히 기분 나쁜 욕을 한마디 했다.

唱得不怎么样，真难听死了。
Chàng de bù zěnmeyàng, zhēn nántīng sǐ le.
노래가 그저 그런 게 정말 거슬려 죽겠다.

　　　聊 힘입을 료, 편안할 료　听 들을 청

형용사

**143**
**5급** **可怕**
kěpà

● 두렵다, 무섭다

**得了病并不可怕, 怕的是失去勇气。**
Dé le bìng bìngbù kěpà, pà de shì shīqù yǒngqì.
병을 얻는 것은 결코 두렵지 않으나 두려운 것은 용기를 잃는 것이다.

**可怕的战争**
kěpà de zhànzhēng
무서운 전쟁

**144**
**3급** **害怕**
hàipà

● 무섭다, 두렵다

**害怕走夜路。**
Hàipà zǒu yèlù.
밤길을 가는 게 무섭다.

**不要害怕, 有我在。**
Bú yào hàipà, yǒu wǒ zài.
무서워 마, 내가 있잖아.

**很多女性害怕发胖。**
Hěn duō nǚxìng hàipà fāpàng.
많은 여성들이 살찔 것을 두려워한다.

**145**
**6급** **恐怖**
kǒngbù

● 무섭다, 공포스럽다

**他发脾气, 好恐怖!**
Tā fā píqi, hǎo kǒngbù!
그가 화를 내니까 정말 무섭다!

---

怕 두려워할 파   害 해칠 해, 시기할 해   恐 두려워할 공   怖 두려워할 포

我不喜欢恐怖电影。
Wǒ bù xǐhuan kǒngbù diànyǐng.
나는 공포영화를 별로 안 좋아한다.

**恐怖分子** kǒngbù fēnzi 테러리스트

**反恐怖主义** fǎn kǒngbù zhǔyì 반 테러리즘

### 146 危险
4급
□ wēixiǎn
□
□

● 위험하다

开发核武器的计划是很危险的想
法。
Kāifā héwǔqì de jìhuà shì hěn wēixiǎn de xiǎngfǎ.
핵무기 개발계획은 위험한 발상이다.

冒着危险救人。
Màozhe wēixiǎn jiùrén.
위험을 무릅쓰고 사람을 구하다.

### 147 安全
4급
□ ānquán
□
□

● 안전하다

转基因食品会安全吗?
Zhuǎnjīyīn shípǐn huì ānquán ma?
유전자 변형식품은 안전한가?

要注意发生安全事故。
Yào zhùyì fāshēng ānquán shìgù.
안전사고 발생에 주의해야 한다.

**安全第一** ānquán dìyī 안전제일

**安全带** ānquándài 안전벨트

危 위태할 위　险 험할 험　安 편안할 안　全 온전할 전, 온통 전

# 不安

● 불안하다

## 伊拉克危机让世界感到不安。
Yīlākè wēijī ràng shìjiè gǎndào bù'ān.
이라크 위기는 세계를 불안하게 하고 있다.

형용사

## 忐忑不安
tǎntè bù'ān
마음이 안절부절 불안하다.

## 坐立不安
zuò lì bù'ān
안절부절 못하다.

## 总甩不掉不安心理。
Zǒng shuǎi bu diào bù'ān xīnli.
불안한 마음을 아무래도 떨쳐버릴 수가 없다.

**149**
6급 惊讶
jīngyà

● 놀라다, 의아해하다

世界杯揭幕战结果让人惊讶。
Shìjièbēi jiēmùzhàn jiéguǒ ràng rén jīngyà.
월드컵 개막전 결과는 사람들을 놀라게 했다.

人们对他的举动感到十分惊讶。
Rénmen duì tā de jǔdòng gǎndào shífēn jīngyà.
사람들은 그의 행동에 매우 놀라며 의아해했다.

**150**
4급 吃惊
chījīng

● 놀라다

大吃一惊
dà chī yì jīng
크게 놀라다.

故意装作吃惊的样子。
Gùyì zhuāngzuò chījīng de yàngzi.
일부러 짐짓 놀란 척하다.

**151**
6급 惊奇
jīngqí

● 이상하게 여기다

以惊奇的眼光看着。
Yǐ jīngqí de yǎnguāng kànzhe.
이상한 눈초리로 보다.

**152**
3급 奇怪
qíguài

● 이상하다, 뜻밖이다

这儿有奇怪的东西。
Zhèr yǒu qíguài de dōngxi.
여기 이상한 물건이 있다.

---

惊 놀랄 경   讶 놀랄 아   奇 기이할 기, 짝 기, 심히 기   怪 의심할 괴

真奇怪, 这里的生意为什么这么好?

Zhēn qíguài, zhèli de shēngyì wèishénme zhème hǎo?

정말 이상하다, 여기 장사가 왜 이렇게 잘되지?

## 153 可惜
4급
kěxī

섭섭하다, 애석하다, 아쉽다, 아깝다

### 我特意抽空来这儿, 可是见不到你, 真可惜。

Wǒ tèyì chōukòng lái zhèr, kěshì jiàn bu dào nǐ, zhēn kěxī.

특별히 시간을 내서 여기 왔는데 널 못 봐 정말 섭섭하다.

### 这次没拿到奖金很可惜。

Zhè cì méi nádào jiǎngjīn hěn kěxī.

이번에 보너스를 못 받아 아쉽다.

## 154 遗憾
5급
yíhàn

유감스럽다

### 错过好机会很遗憾。

Cuòguò hǎo jīhuì hěn yíhàn.

좋은 기회를 놓치게 되어 유감이다.

### 我们对此深感遗憾。

Wǒmen duì cǐ shēngǎn yíhàn.

우리는 이에 대해 깊은 유감을 느낍니다.

✎ 遗憾(yíhàn)은 외교문서에서 불만과 항의를 나타낼 때 자주 쓰는 말이다.

---

惜 아낄 석   遗 남을 유, 잃을 유   憾 한할 감

## 155 惋惜
**6급**
wǎnxī

애석해하다, 안타깝다

**他突然逝世, 真让人惋惜。**
Tā tūrán shìshì, zhēn ràng rén wǎnxī.
그가 갑자기 세상을 떠나 참 애석하다.

**一个很有前途的年轻人自杀身亡, 真让人感到惋惜。**
Yí gè hěn yǒu qiántú de niánqīngrén zìshā shēnwáng, zhēn ràng rén gǎndào wǎnxī.
앞날이 밝은 젊은이가 자살로 목숨을 끊다니 참으로 안타깝다.

惋 한탄할 완

형용사

**156**
4급 **正常**
☐ zhèngcháng
☐
☐

● 정상적이다

### 要正常活动需要一个礼拜。
Yào zhèngcháng huódòng xūyào yí ge lǐbài.
정상적으로 활동하려면 1주일은 있어야 한다.

**157**
6급 **异常**
☐ yìcháng
☐
☐

● 이상하다

### 近年来全球出现气候异常现象。
Jìnnián lái quánqiú chūxiàn qìhòu yìcháng xiànxiàng.
최근 몇 년 들어 전 세계에 이상기후 현상이 나타났다.

### 那天他的眼神很异常。
Nàtiān tā de yǎnshén hěn yìcháng.
그 날 그의 눈빛이 이상했다.

**158**
6급 **反常**
☐ fǎncháng
☐
☐

● 이상하다, 정상이 아니다

### 天气反常。
Tiānqì fǎncháng.
날씨가 이상하다.

### 弟弟今天有一点儿反常。
Dìdi jīntiān yǒu yìdiǎnr fǎncháng.
남동생이 오늘은 좀 이상하다.

---

常 항상 상   异 다를 이(리)   反 돌이킬 반, 뒤집을 반

**159**
**6급** 神奇
shénqí

○ 신기하다

妈妈一回来, 孩子就神奇地不哭了。
Māma yì huílái, háizi jiù shénqí de bù kū le.
엄마가 돌아오자 아이는 신기하게 울음을 그쳤다.

神奇的世界七大奇迹
shénqí de shìjiè qī dà qíjì
신기한 세계 7대 불가사의

**160**
**5급** 平常
píngcháng

○ 보통이다, 평범하다

小孩子们打架是很平常的事。
Xiǎoháizimen dǎjià shì hěn píngcháng de shì.
아이들이 싸우는 것은 일상적인 일이다.

**161**
**3급** 一般
yìbān

○ 보통이다 일반적이다, 같다

味道怎么样?　　一般。
Wèidao zěnmeyàng?　Yìbān.
맛이 어때?　　보통이야.

我一般不吃早饭。
Wǒ yìbān bù chī zǎofàn.
나는 보통 아침을 먹지 않는다.

一般来说 yìbān lái shuō
일반적으로 말해서

他个子跟我一般高。
Tā gèzi gēn wǒ yìbān gāo.
그는 키가 나만 하다.

　　神 귀신 신, 정기 신　平 평평할 평, 고를 평　般 일반 반

## 162 普通
pǔtōng

● 보통이다, 일반적이다, 평범하다

### 用手机上网成了很普通的事。
Yòng shǒujī shàngwǎng chéng le hěn pǔtōng de shì.
휴대폰으로 인터넷에 접속하는 것은 보통일이 됐다.

### 我是个普通人。
Wǒ shì ge pǔtōng rén.
나는 평범한 사람이다.

## 163 普遍
4급
pǔbiàn

● 보편적이다

### 普遍现象
pǔbiàn xiànxiàng
보편적인 현상

### 人们普遍认为, 浪漫是要讲钱的。
Rénmen pǔbiàn rènwéi, làngmàn shì yào jiǎng qián de.
사람들은 보편적으로 낭만을 즐기려면 돈이 든다고 여긴다.

味道怎么样?

一般。

---

普 넓을 보　通 통할 통　遍 두루 편　　　195

**164 笨**
4급
bèn

○ 어리석다, 서투르다 (↔ 聪明 cōngming 똑똑하다)

**他很笨。**
Tā hěn bèn.
그는 우둔하다(멍청하다).

**笨手笨脚**
bèn shǒu bèn jiǎo
동작이 굼뜨고 서투르다.

**他嘴笨。** Tā zuǐ bèn.
그는 말주변이 없다.

**165 傻**
5급
shǎ

○ 어리석다, 멍청하다

**那个人有点儿傻里傻气。**
Nà ge rén yǒu diǎnr shǎli shǎqì.
그 사람은 좀 어리버리하다.

**装痴卖傻**
zhuāng chī mài shǎ
멍청한 척하다.

**166 呆**
5급
dāi

○ 멍청하다, 미련하다, 멍하다, 어리둥절하다

**你发什么呆呀?**
Nǐ fā shénme dāi ya?
너 멍하니 뭐 하는 거야?

**你怎么这会儿变得呆呆笨笨的?**
Nǐ zěnme zhè huìr biàn de dāidaibènbèn de?
너 어째 이번엔 미련해졌냐?

✐ 呀(ya)는 어기조사로 어기조사 啊(a) 앞에 a, e, i, o, ü
가 왔을 때 啊 대신 呀를 쓴다. 문장 끝에 쓰여 감정을
더해 주는 역할을 한다.

**167 蠢**
chǔn

● 어리석다, 우둔하다

## 想问一个很蠢的问题。
Xiǎng wèn yí ge hěn chǔn de wèntí.
어리석은 질문 하나 하고 싶어요.

## 我们说很多蠢话，做很多蠢事。
Wǒmen shuō hěn duō chǔnhuà, zuò hěn duō chǔnshì.
우리는 많은 어리석은 말과 미련한 짓을 한다.

**168 愚**
yú

● 어리석다, 바보 같다, 우둔하다, 미련하다

## 只能怪我头脑愚笨。
Zhǐ néng guài wǒ tóunǎo yúbèn.
그저 내 머리가 우둔한 걸 탓할 수밖에 없다.

## 这种做法太愚蠢。
Zhè zhǒng zuòfǎ tài yúchǔn.
이런 방법은 너무나 어리석다.

## 169 糊涂
**5급**
hútu

● 얼떨떨하다, 혼란스럽다, 엉망이다, 뒤범벅이다

### 我一时糊涂，做了不该做的事。
Wǒ yì shí hútu, zuò le bù gāi zuò de shì.
내가 잠시 정신이 나가서 해서는 안될 일을 해버렸다.

### 听了他的解释以后，我更糊涂了。
Tīng le tā de jiěshì yǐhòu, wǒ gèng hútu le.
그의 설명을 듣고 나서 더 혼란스러워졌다.

### 上个星期忙得一塌糊涂。
Shàng ge xīngqī máng de yìtāhútu.
지난주는 바빠서 온통 정신이 없었다.

我一时糊涂，
做了不该做的事。

糊 풀 호, 바를 호    涂 바를 도, 진흙 도

**170**
**3급** **聪明**
cōngming

● 똑똑하다, 총명하다

### 看来你还算聪明。
Kànlái nǐ hái suàn cōngming.
보아하니 너는 그래도 똑똑한 것 같다.

### 每个人生下孩子, 都希望头脑聪明。
Měi ge rén shēngxià háizi, dōu xīwàng tóunǎo cōngming.
누구나 자식을 낳으면 머리가 똑똑하기를 바란다.

### 被聪明误一生。
Bèi cōngming wù yìshēng.
똑똑함으로 인해 일생을 망치다.

**171** **精明**
jīngmíng

● 총명하다, 기민하다

### 现在的消费者越来越精明。
Xiànzài de xiāofèizhě yuèláiyuè jīngmíng.
지금의 소비자들은 날로 똑똑해지고 있다.

**172** **机灵**
**6급**
jīlíng

● 영리하다, 눈치가 있다

### 我还记得那个又机灵又懂事的孩子。
Wǒ hái jì de nà ge yòu jīlíng yòu dǒngshì de háizi.
나는 그 영리하고 철이 든 아이를 아직 기억한다.

### 他机灵地说, "还是你好!"。
Tā jīlíng de shuō, 'Háishi nǐ hǎo!'.
그는 눈치 빠르게 '역시 네가 최고야!'라고 말했다.

---

聪 밝을 총  精 자세할 정  机 틀 기  灵 신령 령          199

## 173 狡猾
**5급** jiǎohuá

○ 교활하다

狐狸再狡猾也斗不过好猎手。
Húli zài jiǎohuá yě dòu bu guò hǎo lièshǒu.
여우가 아무리 교활해도 훌륭한 사냥꾼을 당해낼 수 없다.

## 174 阴险
yīnxiǎn

○ 음험하다, 음흉하다

他们心计多端, 阴险狡诈。
Tāmen xīnjì duōduān, yīnxiǎn jiǎozhà.
그들은 꿍꿍이 속셈이 많고 음험하며 교활하다.

阴险毒辣
yīnxiǎn dúlà
음험하고 악랄하다.

## 175 纯真
chúnzhēn

○ 순진하다

少年时期的梦是最美最纯真的。
Shàonián shíqī de mèng shì zuì měi zuì chúnzhēn de.
소년시절의 꿈은 가장 아름답고 가장 순진하다.

## 176 天真
**5급** tiānzhēn

○ 천진하다, 순진하다, 꾸밈없다

天真无邪的眼神
tiānzhēn wúxié de yǎnshén
순진하고 악의 없는 눈빛

这种想法多么天真!
Zhè zhǒng xiǎngfǎ duōme tiānzhēn!
이 얼마나 유치한 생각인가!

　狡 간교할 교　猾 교활할 활　阴 음기음　险 험할 험　纯 순수할 순

**177** 白
2급
bái

● 희다, 아무것도 없다, 순수하다

### 头发发白了。
Tóufa fābái le. 머리카락이 하얗게 세다.

### 头脑好像一片空白, 什么都想不起来。
Tóunǎo hǎoxiàng yí piàn kòngbái, shénme dōu xiǎng bu qǐlái.

머리가 텅 빈 것처럼 아무것도 생각나지 않는다.

**白开水** báikāishuǐ 끓인 물

형용사

✎ 白가 동사로서 '헛되이, 쓸데없이'의 뜻일 때는 부사적인 용법으로 쓰인다.

| 白跑一趟 | bái pǎo yí tàng | 헛걸음을 하다. |
| 白费力气 | bái fèi lìqì | 헛수고하다. |
| 白忙了一天 | bái máng le yì tiān | 하루를 헛수고하다. |
| 白活一辈子 | bái huó yíbèizi | 평생을 헛살다. |

**178** 黑
2급
hēi

● 까맣다, 어둡다, 비밀의(주로 불법적인 경우), 나쁘다, 고약하다

**乌黑的头发** wūhēi de tóufa 새까만 머리카락

### 天黑了。
Tiān hēi le.
날이 어두워졌다.

**黑市** hēishì 암시장

### 那家伙心很黑。
Nà jiāhuo xīn hěn hēi.
그 녀석은 속이 검다.

---

白 흰빛 백　黑 검을 흑, 어두울 흑　　201

**179 漆黑**
qīhēi

● 칠흑같이 깜깜하다

**漆黑的夜晚**
qīhēi de yèwǎn
칠흑같이 어두운 밤


**180 暗**
5급
àn

● 어둡다, 숨기고 드러나지 않는

**天色渐渐暗了下来。**
Tiānsè jiànjiàn àn le xiàlái.
하늘이 점점 어두워졌다.

**明人不做暗事。**
Míngrén bú zuò ànshì.
떳떳한 사람은 부정한 일을 하지 않는다.


**181 暗淡**
àndàn

● (빛, 색 등이)어둡다, 선명하지 않다, 암담하다

**光线暗淡。** Guāngxiàn àndàn.
빛이 어둡다.

**暗淡的未来** àndàn de wèilái
암담한 미래


**182 黑暗**
hēi'àn

● 어둡다, 깜깜하다, (사회나 정치)암흑의, 암담한

**黑暗的尽头是光明。**
Hēi'àn de jìntóu shì guāngmíng.
어둠의 끝은 광명이다.

漆 옻나무 칠, 검을 칠   暗 어두울 암   淡 엷을 담

# 亮
liàng

○ 밝다, 환하다, 빛나다

## 天亮了。
Tiān liàng le.
날이 밝았다.

## 灯不亮。
dēng bú liàng.
등이 밝지 않다.

## 明亮的眼睛
míngliàng de yǎnjing
빛나는 눈

형용사

天亮了。

---

亮 밝을 량

**184** **清楚**
3급
☐ qīngchu
☐
☐

● 분명하다, 뚜렷하다, 알다, 이해하다

说话很清楚。
Shuōhuà hěn qīngchu.
말이 분명하고 뚜렷하다.

我现在仍然记得清清楚楚。
Wǒ xiànzài réngrán jì de qīngqingchǔchǔ.
나는 지금 여전히 똑똑하게 기억하고 있다.

这件事我不太清楚。
Zhè jiàn shì wǒ bú tài qīngchu.
이 일은 잘 모른다.

**185** **清醒**
6급
☐ qīngxǐng
☐
☐

● (머릿속이) 맑고 깨끗하다, 뚜렷하다, 분명하다

我们要有清醒的认识。
Wǒmen yào yǒu qīngxǐng de rènshi.
우리는 냉철한 인식이 있어야 한다.

**186** **明显**
5급
☐ míngxiǎn
☐
☐

● 분명하다, 명확하다, 뚜렷하다

取得了明显的效果。
Qǔdé le míngxiǎn de xiàoguǒ.
뚜렷한 효과를 거두었다.

　　楚 가시나무 초, 아플 초, 초나라 초　　醒 깰 성, 깨달을 성　　显 밝을 현

**187**
**6급** **分明**
☐ fēnmíng
☐
☐

● 분명하다, 뚜렷하다, 확실하다, 명확하다

### 做事要公私分明。
Zuòshì yào gōngsī fēnmíng.
일할 때는 공사가 분명해야 한다.

**188**
**6급** **鲜明**
☐ xiānmíng
☐
☐

● 선명하다, 명확하다, 뚜렷하다

### 颜色鲜明。
Yánsè xiānmíng.
색깔이 선명하다.

### 他在北韩核问题上立场鲜明。
Tā zài běihán hé wèntíshang lìchǎng xiānmíng.
그는 북 핵문제에 있어서 입장이 뚜렷하다.

**189**
**5급** **模糊**
☐ móhu
☐
☐

● 모호하다, 분명하지 않다

### "好"和"坏"的概念是非常模糊的。
'Hǎo' hé 'huài' de gàiniàn shì fēicháng móhu de.
좋고 나쁨의 개념은 매우 모호한 것이다.

**190**
**4급** **正确**
☐ zhèngquè
☐
☐

● 정확하다, 올바르다, 옳다

### 我们要作出一项正确的决定。
Wǒmen yào zuòchū yí xiàng zhèngquè de juédìng.
우리는 정확한 결정을 내려야 한다.

---

分 나눌 분, 본분 분   鲜 고울 선   模 법 모   糊 풀 호   确 단단할 확, 확실할 확

政府应该正确认识当前的失业问题。
Zhèngfǔ yīnggāi zhèngquè rènshi dāngqián de shīyè wèntí.
정부는 현재의 실업문제를 반드시 정확히 인식해야 한다.

正确的选择
zhèngquè de xuǎnzé
올바른 선택

## 准确
zhǔnquè

정확하다, 확실하다, 틀림없다

准确地把握世界科技发展的趋势。
Zhǔnquè de bǎwò shìjiè kējì fāzhǎn de qūshì.
세계 과학기술의 발전 추세를 정확히 파악하다.

准确的统计
zhǔnquè de tǒngjì
정확한 통계

准确的 real!!

准 법도 준

형용사

**192 对**
2급
duì

● 맞다, 옳다, 정확하다

**你说得对。**
Nǐ shuō de duì.
네 말이 맞다.

**我哪儿不对?**
Wǒ nǎr bú duì?
내가 어디가 잘못됐니?

**数目不对, 少了一个。**
Shùmù bú duì, shǎo le yí ge.
수가 맞지 않고, 하나가 모자라다.

**193 错**
2급
cuò

● 틀리다

**我错了什么?**
Wǒ cuò le shénme?
내가 뭘 틀린 거니?

✎ 没错(méicuò) 와 不错(búcuò)
모두 '맞다, 옳다, 틀림없다'란 뜻을 가지고 있으나 不错는 이 외에도 '괜찮다, 좋다, 잘했다'라는 뜻이 있다.

· **你这样打扮, 真不错!**
Nǐ zhèyàng dǎban, zhēn búcuò!
너 이렇게 차리고 나니까 정말 괜찮은데!

**194 错误**
5급
cuòwù

● 잘못된, 틀린

**错误的判断会导致错误的结果。**
Cuòwù de pànduàn huì dǎozhì cuòwù de jiéguǒ.
잘못된 판단은 잘못된 결과를 야기할 수 있다.

---

对 마주볼 대, 대답할 대  错 어긋날 착, 번갈아 착, 꾸밀 착  误 잘못할 오  **207**

**195** 同
tóng

● 같다

大同小异 dà tóng xiǎo yì   대동소이하다.

同工同酬 tónggōng tóngchóu
차별 없이 같은 일을 하고 같은 보수를 받다.

享受同等的待遇
xiǎngshòu tóngděng de dàiyù
동등한 대우를 누리다.

我们都是同样的一个民族。
Wǒmen dōu shì tóngyàng de yí ge mínzú.
우리는 모두 같은 민족이다.

肤色不同。 Fūsè bù tóng. 피부색이 다르다.

**196** 一样
3급
yíyàng

● 동일하다

我的意见跟你一样。
Wǒ de yìjiàn gēn nǐ yíyàng.
내 의견은 너와 같다.

文化背景不一样。
Wénhuà bèijǐng bù yíyàng.
문화적 배경이 다르다.

**197** 差不多
4급
chàbuduō

● (정도, 시간, 거리 등)거의 비슷하다, 대충 되다

价格差不多。 Jiàgé chàbuduō. 가격이 비슷하다.

时间差不多了。 Shíjiān chàbuduō le.
시간이 거의 다됐다.

同 한가지 동   样 본 양, 모양 양   差 틀릴 차, 들쑥날쑥할 치

**198** 健康
3급
jiànkāng

● 건강하다, 건전하다, 정상이다

**祝你身体健康!**
Zhù nǐ shēntǐ jiànkāng!
건강하세요!

**股市低迷影响经济的健康发展。**
Gǔshì dīmí yǐngxiǎng jīngjì de jiànkāng fāzhǎn.
주식시장의 침체가 경제의 건전한 발전에 영향을 끼친다.

**199** 健壮
jiànzhuàng

● 건장하다

**体格十分健壮。**
Tǐgé shífēn jiànzhuàng.
체격이 매우 건장하다.

**200** 健全
6급
jiànquán

● (병이나 탈 없이)온전하고 건강하다, (사물이)건전하다

**身心健全。**
Shēnxīn jiànquán.
심신이 건전하다.

**努力形成健全的社会体制。**
Nǔlì xíngchéng jiànquán de shèhuì tǐzhì.
노력하여 건전한 사회체제를 이루다.

**201** **5급** 结实
jiēshi

● 튼튼하다, 단단하다, 질기다

**他的身体很结实。**
Tā de shēntǐ hěn jiēshi.
그의 몸은 튼튼하다.

**这双鞋很结实。**
Zhè shuāng xié hěn jiēshi.
이 신발은 아주 튼튼하다.

**202** 衰弱
shuāiruò

● (몸, 기력 등이)쇠약하다

**体力很衰弱。**
Tǐlì hěn shuāiruò.
체력이 쇠약하다.

**心脏很衰弱。**
Xīnzàng hěn shuāiruò.
심장이 쇠약하다.

**203** 虚弱
xūruò

● 허약하다, 쇠약하다

**我很虚弱, 身体再也好不了。**
Wǒ hěn xūruò, shēntǐ zài yě hǎo bu liǎo.
난 쇠약해졌어, 몸이 다시는 좋아질 수 없어.

**经济依然虚弱。** Jīngjì yīrán xūruò.
경제가 여전히 허약하다.

**我体质虚弱, 吃补药也没用。**
Wǒ tǐzhì xūruò, chī bǔyào yě méi yòng.
허약 체질이라서, 보약을 먹어도 소용없어요.

结 맺을 결, 매듭 결  实 열매 실  衰 쇠할 쇠  虚 빌 허, 헛될 허

**204**
**6급** 衰退
shuāituì

● 쇠퇴하다

### 记忆力衰退了。
Jìyìlì shuāituì le.
기억력이 쇠퇴하였다.

### 今年的经济再度衰退的可能性很大。
Jīnnián de jīngjì zàidù shuāituì de kěnéngxìng hěn dà.
올해 경제가 다시 쇠퇴할 가능성이 크다.

记忆力衰退了。

**205**
**5급** 发达
□ fādá
□
□

● 발달하다, 번성하다

**韩国经济很发达, 生活水平也很高。**
Hánguó jīngjì hěn fādá, shēnghuó shuǐpíng yě
hěn gāo.
한국의 경제는 매우 발달했고 생활수준도 높다.

**206**
**5급** 繁荣
□ fánróng
□
□

● 번영하다

**目前韩国电影业很繁荣。**
Mùqián Hánguó diànyǐngyè hěn fánróng.
현재 한국의 영화산업은 번창하고 있다.

**207**
**6급** 繁华
□ fánhuá
□
□

● 번화하다

**明洞是一个繁华的商业区。**
Míngdòng shì yí ge fánhuá de shāngyèqū.
명동은 번화한 상업지구이다.

**208**
**6급** 兴旺
□ xīngwàng
□
□

● 번창하다, 왕성하다

**国内汽车市场很兴旺。**
Guónèi qìchē shìchǎng hěn xīngwàng.
국내 자동차시장이 번창하다.

**人气兴旺**
rénqì xīngwàng
인기가 높다.

发 필발  达 통할 달  繁 번거로울 번  荣 성할 영  旺 성할 왕

兴衰 xīngshuāi = 盛衰 shèngshuāi
융성과 쇠퇴

## 209 热闹
**4급**
rènao

시끌벅적하다, 왁자지껄하다, 번화하다

### 我喜欢夜市热闹的气氛。
Wǒ xǐhuan yèshì rènao de qìfēn.
나는 야시장의 시끌벅적한 분위기를 좋아한다.

### 今晚有聚会，你也来凑个热闹!
Jīnwǎn yǒu jùhuì, nǐ yě lái còu gè rènao!
오늘 밤 모임이 있는데 너도 와서 껴라!

## 210 吵
**5급**
chǎo

시끄럽다, 떠들썩하다

### 把孩子吵醒了。 Bǎ háizi chǎoxǐng le.
시끄럽게 해서 애가 깼다.

### 你很吵闹，小声一点。
Nǐ hěn chǎonào, xiǎoshēng yìdiǎn.
너 참 시끄럽다, 목소리 좀 줄여라.

## 211 喧
xuān

떠들썩하다, 시끌시끌하다, 왁자하다

### 消息传出，媒体一片喧哗。
Xiāoxī chuánchū, méitǐ yí piàn xuānhuá.
소식이 전해나가자 언론 매체들이 떠들썩해졌다.

### 我不想去喧闹的地方。
Wǒ bù xiǎng qù xuānnào de dìfang.
나는 떠들썩한 곳에는 가고 싶지 않다.

---

闹 시끄러울 뇨  吵 울 묘, 시끄러울 초  喧 떠들썩할 훤  213

## 212
**3급** 安静
ānjìng

● 조용하다, 평온하다

学生要安静舒适的学习环境。
Xuésheng yào ānjìng shūshì de xuéxí huánjìng.
학생들은 조용하고 쾌적한 학습환경을 필요로 한다.

过了几年安静的生活。
Guò le jǐ nián ānjìng de shēnghuó.
몇 년간 평온한 생활을 보냈다.

# 哪里看球最热闹?

어디에서 축구를 보는 게 가장 흥겨울까?
(잡지에서 식당과 술집을 소개하는 문구 中)

静 조용할 정

형용사

**213**
**5급** **了不起**
liǎobuqǐ

● 뛰어나다, 대단하다

### 韩国打入世界杯四强, 真了不起!
Hánguó dǎrù shìjièbēi sìqiáng, zhēn liǎobuqǐ!
한국이 월드컵 4강에 들다니 정말 대단하다!

### 你有什么了不起?
Nǐ yǒu shénme liǎobuqǐ?
네가 뭐 그렇게 대단하니(잘났어)?

**214**
**5급** **出色**
chūsè

● 훌륭하다, 보통을 뛰어넘다

### 他在工作中比其他人表现得出色。
Tā zài gōngzuò zhōng bǐ qítā rén biǎoxiàn de chūsè.
그는 업무에서 다른 사람들보다 탁월한 모습을 보였다.

**215**
**6급** **卓越**
zhuóyuè

● 탁월하다

### 为人类文明作出卓越的贡献。
Wèi rénlèi wénmíng zuòchū zhuóyuè de gòngxiàn.
인류문명을 위해 탁월한 공헌을 하다.

### 卓越的成就
zhuóyuè de chéngjiù
탁월한 업적

---

出 나갈 출, 달아날 출  色 색 색  卓 높을 탁  越 넘을 월, 월나라 월

**216** **优良**
yōuliáng

● (품종, 품질, 성적, 기풍 등이)우수하다, 훌륭하다

**让业绩优良的企业顺利上市。**
Ràng yèjì yōuliáng de qǐyè shùnlì shàngshì.
업적이 우수한 기업은 순조롭게 상장하게 한다.

**优良的传统** yōuliáng de chuántǒng
훌륭한 전통

**217** **优秀**
4급
yōuxiù

● (품행, 학문, 성적 등이)뛰어나다, 우수하다

**希望你成为杰出的优秀人才。**
Xīwàng nǐ chéngwéi jiéchū de yōuxiù réncái.
네가 걸출한 우수 인재가 될 바란다.

**成绩优秀** chéngjì yōuxiù    성적이 뛰어나다.

**218** **低劣**
dīliè

● (질이)낮다

**生产质量低劣的产品**
shēngchǎn zhìliàng dīliè de chǎnpǐn
질이 나쁜 제품을 생산하다.

**服务水平低劣。** Fúwù shuǐpíng dīliè.
서비스 수준이 떨어진다.

**219** **恶劣**
5급
èliè

● 아주 나쁘다, 열악하다

**用最恶劣的方法表现不满。**
Yòng zuì èliè de fāngfǎ biǎoxiàn bùmǎn.
가장 나쁜 방법으로 불만을 표시하다.

优 뛰어날 우  秀 팰수, 뛰어날 수  劣 못할 렬(열)  恶 나쁠 악, 미워할 오

## 飞机在天气恶劣的情况下也安全着陆。

Fēijī zài tiānqì èliè de qíngkuàng xià yě ānquán zhuólù.

비행기는 날씨가 열악한 상황에서도 안전하게 착륙했다.

不良企业 bùliáng qǐyè 　부실 기업

恶毒流言 èdú liúyán 　　악성 루머

(＝恶毒谣言 èdú yáoyán)

恶劣的天气

220 **优雅**
yōuyǎ

우아하다

**巴黎是一个优雅浪漫的城市。**
Bālí shì yí ge yōuyǎ làngmàn de chéngshì.
파리는 우아하고 낭만적인 도시다.

**优雅的姿态**
yōuyǎ de zītài
우아한 자태

**优雅的芭蕾舞**
yōuyǎ de bālěiwǔ
우아한 발레

221 **文雅**
6급
wényǎ

(말, 행동 등이)우아하고 고상하다, 점잖다

**他温和文雅。**
Tā wēnhé wényǎ.
그는 온화하고 점잖다.

**她说话文雅, 好像受过良好的教育。**
Tā shuōhuà wényǎ, hǎoxiàng shòuguo liánghǎo de jiàoyù.
그녀는 말을 고상하게 하는 것이 좋은 교육을 받은 것 같다.

222 **优美**
5급
yōuměi

우아하고 아름답다

**风景优美。**
Fēngjǐng yōuměi.
풍경이 아름답다.

优 뛰어날 우, 넉넉할 우  雅 바를 아, 우아할 아  文 글월 문

营造优美的城市景观。

Yíngzào yōuměi de chéngshì jǐngguān.

아름다운 도시경관을 만들다.

优美的舞蹈动作

yōuměi de wǔdǎo dòngzuò

우아한 무용 동작

223 高尚
6급
gāoshàng

고상하다

他具有高尚的道德精神。

Tā jùyǒu gāoshàng de dàodé jīngshén.

그는 고상한 도덕정신을 갖추고 있다.

这是让人羡慕的高尚职业。

Zhè shì ràng rén xiànmù de gāoshàng zhíyè.

이것은 남들이 부러워하는 고상한 직업이다.

224 崇高
6급
chónggāo

숭고하다, 고상하다

共同推进世界和平是崇高的事业。

Gòngtóng tuījìn shìjiè hépíng shì chónggāo de shìyè.

함께 세계평화를 추진하는 것은 숭고한 사업이다.

品格崇高。

Pǐngé chónggāo.

성품이 고상하다.

杀身成仁的崇高精神

shāshēn chéngrén de chónggāo jīngshén

살신 성인의 숭고한 정신.

# 神圣

□
□ shénshèng
□

● 신성하다

**我国的神圣领土不容侵犯。**
Wǒ guó de shénshèng lǐngtǔ bùróng qīnfàn.
우리나리의 신성한 영도를 침범하는 것을 용납할 수 없다.

**用自己神圣的一票选出总统。**
Yòng zìjǐ shénshèng de yí piào xuǎnchū zǒngtǒng.
자신의 신성한 한 표로 대통령을 뽑다.

神圣的一票

圣 성인 성

형용사

226
**稳重**
wěnzhòng

침착하다, 점잖다

想找一个稳重、成熟、体贴的对象。

Xiǎng zhǎo yí ge wěnzhòng、chéngshú、tǐtiē de duìxiàng.

진중하고, 성숙하며, 자상한 (결혼, 연애)상대를 만나고 싶다.

227
6급
**从容**
cóngróng

(태도가)침착하다

从容面对激烈的竞争。

Cóngróng miànduì jīliè de jìngzhēng.

침착하게 치열한 경쟁에 맞서다.

她从容地回答了挑剔的记者们的提问。

Tā cóngróng de huídá le tiāotī de jìzhěmen de tíwèn.

그녀는 까다로운 기자들의 질문에 침착하게 대답했다.

228
4급
**冷静**
lěngjìng

침착하다, 냉정하다

你冷静一点儿, 没什么解决不了的事。

Nǐ lěngjìng yìdiǎnr, méi shénme jiějué bu liǎo de shì.

진정 좀 해, 해결되지 못할 일은 없어.

冷静下来, 好好儿想一想。

Lěngjìng xiàlái, hǎohāor xiǎng yi xiǎng.

진정하고 잘 좀 생각해 봐.

---

稳 안온할 온   重 무거울 중, 중할 중   从 좇을 종, 따를 종   容 받아들일 용

## 229

6급

☐ 慎重
☐
☐ shènzhòng

신중하다

慎重考虑投资问题。
Shènzhòng kǎolǜ tóuzī wèntí.
투자문제를 신중히 고려하다.

我想要再慎重考虑一下。
Wǒ xiǎng yào zài shènzhòng kǎolǜ yíxià.
신중하게 다시 생각해 봐야 할 것 같습니다.

## 230

5급

☐ 谨慎
☐ jǐnshèn

신중하다 (↔ 轻率 qīngshuài 경솔하다)

以谨慎的态度对待风险。
Yǐ jǐnshèn de tàidù duìdài fēngxiǎn.
신중한 태도로 리스크에 대처하다.

开车时要谨慎小心。
Kāichē shí yào jǐnshèn xiǎoxīn.
운전할 때는 신중하고 조심해야 한다.

## 231

☐ 轻率
☐ qīngshuài

경솔하다 (↔ 谨慎 jǐnshèn 신중하다)

他的发言太随便和轻率。
Tā de fāyán tài suíbiàn hé qīngshuài.
그의 발언은 너무 무책임하고 경솔하다.

千万不要轻率地作出决定。
Qiānwàn bú yào qīngshuài de zuòchū juédìng.
절대 경솔하게 결정을 내리지 마라.

慎 삼갈 신  谨 삼갈 근  率 비율 률(율), 거느릴 솔

## 232 粗心
4급 cūxīn

● 세심하지 못하다

### 我姐姐很粗心，经常丢皮包。
Wǒ jiějie hěn cūxīn, jīngcháng diū píbāo.
우리 언니는 덜렁대서 자주 가방을 잃어버린다.

### 粗心大意 cū xīn dà yì
세심하지 못하다, 꼼꼼하지 않다.

## 233 马虎
4급 mǎhu

● 소홀하다, 건성으로 하다

### 听课懒散，作业马虎。
Tīngkè lǎnsǎn, zuòyè mǎhu.
수업태도가 산만하고 숙제도 건성으로 한다.

### 完事不可马马虎虎。
Wánshì bùkě mǎmahūhū.
일을 마무리 짓는 데 있어 대충대충 해서는 안 된다.

✎ 马虎를 충첩하여 쓴 马马虎虎(mǎmahūhū)는 '건성
이다, 대충하다'는 뜻 이외에 '그저 그렇다'란 뜻이 있다.

A : 最近过得怎么样? Zuìjìn guò de zěnmeyàng?
요즘 어떻게 지내?

B : 马马虎虎。 Mǎmahūhū.
그저 그래.

偷工减料 tōugōng jiǎnliào

❶ (부당 이익을 얻기 위해) 노력과 자재를 규정보다 적게 들이다.

❷ 일을 대강대강 하다, 겉치레만 하다

施工队偷工减料搭了一座桥。
Shīgōngduì tōugōng jiǎnliào dā le yí zuò qiáo.
시공팀은 부실공사로 교량을 하나 가설하였다.

---

粗 거칠 조    马 말 마    虎 호랑이 호                223

**234 细心**
xìxīn

세심하다, 주의 깊다

**他细心听取了市民的心声。**
Tā xìxīn tīngqǔ le shìmín de xīnshēng.
그는 시민들의 마음의 소리를 세심히 귀기울여 들었다.

**细心地照顾病人。**
Xìxīn de zhàogù bìngrén.
세심하게 환자를 돌보다.

**235 周到**
5급
zhōudào

꼼꼼하다, 세심하다, 빈틈이 없다

**考虑得周到**
kǎolǜ de zhōudào
꼼꼼히 따져보다.

**服务周到。**
Fúwù zhōudào
서비스가 빈틈이 없다.

**236 详细**
4급
xiángxì

자세하다, 상세하다

**详细分析研究的结果。**
Xiángxì fēnxī yánjiū de jiéguǒ.
연구 결과를 면밀히 분석하다.

**详细说明注意事项。**
Xiángxì shuōmíng zhùyì shìxiàng.
주의사항을 자세히 설명하다.

细 가늘 세   周 두루 주, 주나라 주   到 이를 도   详 상세할 상

## 237 仔细
**4급**
zǐxì

자세하다, 꼼꼼하다, 세밀하다

**付钱时要仔细看账单。**
Fùqián shí yào zǐxì kàn zhàngdān.
돈을 낼 때 계산서를 자세히 봐야 한다.

## 238 简单
**3급**
jiǎndān

간단하다, 단순하다, (이해, 사용, 처리가)쉽다,
(경력, 능력 등이)평범하다(주로 부정문 형식)

(↔ 复杂 fùzá)

**这不是简单的问题。**
Zhè bú shì jiǎndān de wèntí.
이건 간단한 문제가 아니다.

**这个年轻人真不简单!**
Zhè ge niánqīngrén zhēn bù jiǎndān!
이 젊은이 보통이 아닌데!

## 239 复杂
**4급**
fùzá

복잡하다 (↔ 简单 jiǎndān 간단하다)

**问题复杂。**
Wèntí fùzá.
문제가 복잡하다.

**大城市的交通很复杂。**
Dàchéngshì de jiāotōng hěn fùzá.
대도시 교통은 복잡하다.

---

仔 자세할 자  简 대쪽 간  单 홀 단  复 다시 부, 회복할 부  杂 섞일 잡   225

**240** 4급 **严格**
yángé

- 엄격하다, 엄하다

**严格遵守交通法规。**
Yángé zūnshǒu jiāotōng fǎguī.
교통법규를 엄격히 준수하다.

**241** 6급 **严密**
yánmì

- 엄밀하다, 엄격하다, 빈틈없다, 치밀하다

**经过严密的调查，作出结论。**
Jīngguò yánmì de diàochá, zuòchū jiélùn.
엄격한 조사를 거쳐서 결론을 내놓다.

**严密的安全措施**
yánmì de ānquán cuòshī
빈틈없는 안전조치.

严密的 安全 措施

严 엄할 엄, 굳셀 엄 **格** 이를 격, 막을 각 **密** 빽빽할 밀, 몰래 밀

형용사

**242**
**3급**
**认真**
☐ rènzhēn
☐
☐

● 진지하다, 성실하다

**认真讨论这些问题。**
Rènhēn tǎolùn zhè xiē wèntí.
이 문제들을 진지하게 토론하다.

**他做什么事都很认真。**
Tā zuò shénme shì dōu hěn rènzhēn.
그는 어떤 일을 하든 참 성실하다.

**243**
**5급**
**老实**
☐ lǎoshi
☐
☐

● 성실하다, 솔직하다, 정직하다, 온순하다

**老实干活。**
Lǎoshi gànhuó.
성실하게 일하다.

**老实说心里也没底。**
Lǎoshi shuō xīnli yě méi dǐ.
솔직히 말해 아무런 생각(계산)도 없다.

**老老实实地听话。**
Lǎolaoshíshí de tīnghuà.
고분고분 말을 듣다.

**244**
**4급**
**诚实**
☐ chéngshí
☐
☐

● 솔직하다

**他诚实地向妈妈承认了考试考得不好。**
Tā chéngshí de xiàng māma chéngrèn le kǎoshì kǎo de bù hǎo.
그는 엄마에게 시험을 잘 못 봤다고 솔직히 인정했다.

---

认 알 인  老 늙을로, 어른 로, 익숙할로  实 열매 실  诚 정성 성  **227**

**245**
**6급** 勤劳
qínláo

● 근면하다

他很勤劳俭朴。
Tā hěn qínláo jiǎnpǔ.
그는 부지런하고 검소하다.

**246**
**6급** 懒惰
lǎnduò

● 게으르다

怎么这么懒惰自私呢?
Zěnme zhème lǎnduò zìsī ne?
어쩜 이렇게 게으르고 이기적이니?

**247**
**5급** 亲切
qīnqiè

● 친근하다, 친밀하다, 친절하다, 다정하다

老师亲切地接待了我们。
Lǎoshī qīnqiè de jiēdài le wǒmen.
선생님은 우리들을 친절하게 맞이해 주셨다.

两个人亲切地握手了。
Liǎng ge rén qīnqiè de wòshǒu le.
두 사람이 다정하게 악수를 하였다.

亲切感 qīnqiègǎn
친밀감

**248**
**6급** 亲热
qīnrè

● 다정하다, 친절하다

亲热得像一家人一样。
Qīnrè de xiàng yìjiārén yíyàng.
한 가족처럼 다정하다.

勤 부지런할 근   劳 일할 로   懒 게으를 라   惰 게으를 타   亲 친할 친

## 249 亲密

**6급** qīnmì

● 친밀하다, 사이가 좋다

### 亲密的关系
qīnmì de guānxi
친밀한 관계

### 他一向和我非常亲密。
Tā yíxiàng hé wǒ fēicháng qīnmì.
그는 항상 나와 사이가 매우 좋다.

甜蜜蜜(Tiánmìmì, 첨밀밀) 邓丽君(Dèng Lìjūn, 등려군)

甜蜜蜜 你 笑得 甜蜜蜜
tiánmìmì nǐ xiào de tiánmìmì

好像 花儿 开 在 春风里 开 在 春风里
hǎoxiàng huār kāi zài chūnfēngli kāi zài chūnfēngli

在 哪里 在 哪里 见过 你
zài nǎli zài nǎli jiànguo nǐ

你 的 笑容 这样 熟悉 我 一时 想 不 起
nǐ de xiàoróng zhèyàng shúxī wǒ yìshí xiǎng bu qǐ

啊 在 梦里
ā zài mèngli

梦里 梦里 见过 你 甜密 笑 得 多 甜密
mèngli mèngli jiànguo nǐ tiánmì xiào de duō tiánmì

是 你 是 你 梦见 的 就 是 你
shì nǐ shì nǐ mèngjiàn de jiù shì nǐ

在 哪里 在 哪里 见过 你
zài nǎli zài nǎli jiànguo nǐ

你 的 笑容 这样 熟悉 我 一时 想 不 起
nǐ de xiàoróng zhèyàng shúxī wǒ yìshí xiǎng bu qǐ

啊 在 梦里
ā zài mèngli

---

密 빽빽할 밀, 몰래 밀

**250**
**3급** **热情**
□ rèqíng
□

● 열정적이다, 친절하다, 마음이 따뜻하다

**球迷很热情。**
Qiúmí hěn rèqíng.
축구팬들이 열정적이다.

**她待人很热情。**
Tā dàirén hěn rèqíng.
그녀는 사람들에게 친절하다.

**251**
**5급** **热心**
□ rèxīn
□

● 열심이다, 열성적이다, 적극적이다, 친절하다

**热心为群众服务。**
Rèxīn wèi qúnzhòng fúwù.
대중을 위해 열심히 봉사하겠습니다.

**谢谢你这么热心地帮我解决问题。**
Xièxie nǐ zhème rèxīn de bāng wǒ jiějué wèntí.
이렇게 친절하게 나를 도와 문제를 해결해 줘서 고맙다.

**252**
**5급** **冷淡**
□ lěngdàn
□

● 쌀쌀맞다, 냉정하다, 무관심하다, 한산하다, 불경기다

**他的态度非常冷淡。**
Tā de tàidù fēicháng lěngdàn.
그의 태도는 너무나 쌀쌀맞다.

**生意冷淡。**
Shēngyì lěngdàn.
장사가 별로다(불경기다).

冷 찰 랭(냉)   淡 싱거울 담, 엷을 담

## 253 热烈
**5급** rèliè

- 열렬하다

### 北韩拉拉队受到了热烈的欢迎。
Běihán lālāduì shòudào le rèliè de huānyíng.
북한 응원단은 열렬한 환영을 받았다.

### 响应热烈。
Xiǎngyìng rèliè.
호응이 열렬하다.

## 254 激烈
**5급** jīliè

- 격렬하다, 치열하다, 맹렬하다

### 双方展开了激烈的争论。
Shuāngfāng zhǎnkāi le jīliè de zhēnglùn.
양측은 격렬한 논쟁을 벌였다.

### 现在国际竞争非常激烈。
Xiànzài guójì jìngzhēng fēicháng jīliè.
현재 국제경쟁은 대단히 치열하다.

## 255 猛烈
**6급** měngliè

- 맹렬하다, 세차다, 급격하다

### 猛烈攻击敌人。
Měngliè gōngjī dírén.
적을 맹렬히 공격하다.

### 心脏猛烈跳动。
Xīnzàng měngliè tiàodòng.
심장이 급격히 뛰다.

---

烈 세찰 렬   激 부딪칠 격, 과격할 격   猛 사나울 맹, 돌연할 맹

## 256 强烈

**5급**

qiángliè

● 강렬하다, 선명하다, 강경하고 격렬하다

### 夏天阳光很强烈。
Xiàtiān yángguāng hěn qiángliè.
여름은 햇볕이 강렬하다.

### 相对颜色形成强烈的对比配色。
Xiāngduì yánsè xíngchéng qiángliè de duìbǐ pèisè.
보색은 선명한 대비의 배색을 이룬다.

### 强烈反对
qiángliè fǎnduì
강력히 반대하다.

夏天阳光很强烈。

强 강할 강, 억지로 강

**257** **4급** **可怜**
kělián

● 가엾다, 불쌍하다, (수량이 적거나 질이 나빠서)거론할 가치가 없다

### 到底谁更可怜?
Dàodǐ shéi gèng kělián?
도대체 누가 더 불쌍한가?

### 经验少得可怜。
Jīngyàn shǎo de kělián.
경험이 거의 없다.

형용사

**258** **6급** **可恶**
kěwù

● 얄밉다, 가증스럽다, 밉살스럽다, 괘씸하다

### 更可恶的是随意给人扣帽子的。
Gèng kěwù de shì suíyì gěi rén kòu màozi de.
더욱 괘씸한 것은 제멋대로 사람에게 누명을 씌우는 것이다.

### 真可恶! 有机会一定把他教训一顿。
Zhēn kěwù! Yǒu jīhuì yídìng bǎ tā jiàoxùn yí dùn.
정말 가증스럽군! 기회가 되면 꼭 그를 단단히 혼내줘야겠다.

**259** **6급** **可笑**
kěxiào

● 우습다, 가소롭다

### 想起来真是可笑!
Xiǎng qǐlái zhēnshì kěxiào!
생각하자니 정말 가소롭다!

---

怜 불쌍히여길 련(연)    扣 두드릴 구, 덜 구    233

## 260 讨厌
**4급**
tǎoyàn

● 싫다, 밉살스럽다

**谁在这儿吐了？真讨厌!**
Shéi zài zhèr tǔ le? Zhēn tǎoyàn!
누가 여기다 토해놨어? 정말 싫다!

**这个人真讨厌!**
Zhè ge rén zhēn tǎoyàn!
이 사람 정말 싫다!

## 261 耐心
**4급**
nàixīn

● 인내심이 강하다, 참을성이 있다

**他耐心地回答了好几个类似的问题。**
Tā nàixīn de huídá le hǎo jǐ ge lèisì de wèntí.
그는 여러 가지 비슷한 문제에 인내심 있게 대답했다.

**处理任何事都要专心，耐心。**
Chǔlǐ rènhé shì dōu yào zhuānxīn, nàixīn.
어떤 일을 처리할 때는 전심을 다하고 끈기가 있어야 한다.

## 262 耐烦
nàifán

● 인내하다, 잘 참다

**他耐烦地听我说话。**
Tā nàifán de tīng wǒ shuōhuà.
그는 내가 말하는 것을 잘 참고 들어 준다.

**我已经等得不再耐烦了。**
Wǒ yǐjīng děng de bú zài nàifán le.
나는 이제 더 이상 참고 기다릴 수 없다.

讨 칠토  厌 싫어할 염  耐 견딜 내, 능할 능  烦 번민할 번

## 263 6급 耐用
nàiyòng

● (내구성이 좋아)오래 가다, 질기다, 오래 쓸 수 있다

### 这个电池很耐用。
Zhè ge diànchí hěn nàiyòng.
이 건전지는 오래 간다.

### 耐用的布料
nàiyòng de bùliào
질기고 오래 가는 옷감.

### 耐用商品
nàiyòng shāngpǐn
내구성 제품.

这个电池很耐用。

**264** 惭愧
5급
cánkuì

● 부끄럽다, 면구스럽다

**他惭愧地低下了头。**
Tā cánkuì de dīxià le tóu.
그는 부끄러운 듯 머리를 떨구었다.

**265** 不好意思
bùhǎoyìsi

● 부끄럽다, 쑥스럽다, 멋쩍다, 민망하다, 미안하다

**在很多人面前说话真不好意思。**
Zài hěn duō rén miànqián shuōhuà zhēn bùhǎoyìsi.
여러 사람 앞에서 말하는 건 정말 쑥스럽다.

**不好意思, 这是我的座位。**
Bùhǎoyìsi, zhè shì wǒ de zuòwèi.
죄송하지만, 여긴 제 자리인데요.

**266** 羞耻
6급
xiūchǐ

● 수치스럽다

**这是在我一生中最羞耻的一件事。**
Zhè shì zài wǒ yīshēng zhōng zuì xiūchǐ de yí jiàn shì.
이건 내 일생에 가장 수치스러운 일이다.

**羞耻心**
xiūchǐxīn
수치심

惭 부끄러울 참　愧 부끄러워할 괴　羞 부끄러워할 수　耻 부끄러울 치

**267**
**4급** 害羞
☐ hàixiū
☐
☐

● 부끄러워하다, 수줍어하다

### 他说这话时脸上出现了害羞的表情。

Tā shuō zhè huà shí liǎnshang chūxiàn le hàixiū de biǎoqíng.

그가 이 말을 할 때 얼굴에 수줍어하는 표정이 나타났다.

**268**
**6급** 无耻
☐ wúchǐ
☐
☐

● 염치없다, 후안무치하다

### 他是个无耻的骗子。

Tā shì ge wúchǐ de piànzi.

그는 염치를 모르는 사기꾼이다.

✎ 厚脸皮 hòuliǎnpí 철면피, 파렴치한

**269**
☐ 不要脸
☐ búyàoliǎn
☐

● 뻔뻔스럽다, 염치없다, 파렴치하다

### 有人为了钱不要脸。

Yǒu rén wèi le qián búyàoliǎn.

어떤 사람은 돈을 위해서라면 파렴치해진다.

**270**
**6급** 挑剔
☐ tiāotī
☐
☐

● 까다롭다

### 你干吗这么挑剔?

Nǐ gànma zhème tiāotī?

너 왜 이렇게 까다롭니?

### 不要那么挑剔。

Bú yào nàme tiāotī.

그렇게 까다롭게 굴지 마. (유난 떨지 마.)

---

害 해칠 해, 시기할 해  脸 뺨 검  挑 멜 조, 기릴 조  剔 뼈바를 척, 깎을 체

### 271 不像样
búxiàngyàng

꼴사납다, 꼴불견이다, 형편없다, 한심하다

我们吃了一顿很不像样的饭，感到
不高兴。

Wǒmen chī le yí dùn hěn búxiàngyàng de fàn,
gǎndào bù gāoxìng.

우리는 형편없는 밥을 먹고 기분이 나빴다.

### 272 不像话
6급
búxiànghuà

(언어나 행동이)말이 안된다, 꼴불견이다

怎么敢打自己的老婆，太不像话了。

Zěnme gǎn dǎ zìjǐ de lǎopó, tài búxiànghuà le.

어떻게 감히 자기 아내를 때릴 수 있는지 정말 말도 안
된다.

不像样的饭

像 꼴 상   样 본양, 모양 양

형용사

### 273 4급 麻烦
□ máfan
□

● 귀찮다, 성가시다, 번거롭다, 불편하다

### 一点也不麻烦。
Yìdiǎn yě bù máfan.
조금도 귀찮지 않아요.

✎ 麻烦(máfan)이 동사로 쓰일 때는 '번거롭게 하다, 성가시게 하다, 수고스럽게 하다'란 의미이다.

**麻烦你帮我拿一下行李。**
Máfan nǐ bāng wǒ ná yíxià xíngli.
수고스럽지만 짐 좀 들어 주세요.

### 274 3급 方便
□ fāngbiàn
□

● 편리하다, (형편에)알맞다, 적절하다, 적합하다

### 笔记本电脑很方便。
Bǐjìběn diànnǎo hěn fāngbiàn.
노트북 컴퓨터는 편리하다.

### 在这儿说话不太方便。
Zài zhèr shuōhuà bú tài fāngbiàn.
여기서 얘기하기엔 그다지 적절치 않다.

### 275 6급 便利
□ biànlì
□

● 편리하다

### 交通便利。
Jiāotōng biànlì.
교통이 편리하다.

---

麻 삼 마, 참깨 마, 마비할 마   烦 번민할 번   便 곧 편, 편할 편

**276**
4급
适合
shìhé

어울리다, 적합하다, 알맞다

这个发型很适合你。
Zhè ge fàxíng hěn shìhé nǐ.
이 헤어스타일 너한테 잘 어울린다.

**277**
4급
合适
héshì

적당하다, 알맞다

病房的温度正合适。
Bìngfáng de wēndù zhèng héshì.
병실의 온도가 딱 알맞다.

**278**
适当
shìdàng

적당하다, 적절하다

在适当的时候说出真实情况。
Zài shìdàng de shíhou shuōchū zhēnshí qíngkuàng.
적당한 시기에 진실을 말하겠다.

**279**
6급
恰当
qiàdàng

알맞다, 적절하다, 적당하다

举个恰当的例子。
Jǔ ge qiàdàng de lìzi.
적절한 예를 들다.

**280**
不当
búdàng

부당하다, 적절치 않다

使用不当
shǐyòng búdàng
사용이 적절치 못하다.

适 맞을 적　合 합할 합, 맞을 합　当 맡을 당, 마땅할 당, 당할 당, 덮을 당

**281 有益**
yǒuyì

● 유익하다, 도움이 되다

**有氧运动有益降血压。**
Yǒuyǎng yùndòng yǒuyì jiàng xuèyā.
유산소 운동은 혈압을 낮추는 데 도움이 된다.

형용사

**282 有害**
yǒuhài

● 유해하다, 해롭다

**手机的辐射会对身体有害。**
Shǒujī de fúshè huì duì shēntǐ yǒuhài.
휴대폰의 전자파는 몸에 해로울 수 있다.

**有害无益**
yǒuhài wúyì
해만 되고 이로운 것은 없다.(백해무익하다.)

✎ **百害而无一利** bǎihài ér wú yílì 백해무익하다.

**283 无害**
wúhài

● 무해하다, 해롭지 않다

**怎样服用人参才有益无害呢?**
Zěnyàng fúyòng rénshēn cái yǒuyì wúhài ne?
인삼을 어떻게 복용해야 비로소 이롭고 해가 없는가?

**对身体无害。**
Duì shēntǐ wúhài.
인체에 무해하다.

---

益 더할 익, 이로울 익  无 없을 무

## 284 有利
**5급**
yǒulì

● 유리(유익)하다

**充分利用有利的周边环境。**
Chōngfèn lìyòng yǒulì de zhōubiān huánjìng.
유리한 주변환경을 충분히 이용하다.

**目前的情况对我们有利。**
Mùqián de qíngkuàng duì wǒmen yǒulì.
현재의 상황은 우리에게 유리하다.

## 285 不利
búlì

● 불리하다

**还存在不利因素。** Hái cúnzài búlì yīnsù.
불리한 요인이 아직도 있다.

**政治的不稳定给经济带来不利影响。**
Zhèngzhì de bù wěndìng gěi jīngjì dàilái búlì yǐngxiǎng.
정치의 불안정은 경제에 불리한 영향을 가져온다.

> ✎ 给 ~带来 ~影响 gěi ~dàilái ~yǐngxiǎng
> ~에 ~한 영향을 가져오다(미치다).

> ✎ 对 ~造成 ~影响 duì ~zàochéng ~yǐngxiǎng
> (주로 부정적 의미)~에 ~한 영향을 끼치다(초래하다).

## 286 有效
yǒuxiào

● 유효하다, 효력이 있다

**采取有效的措施** cǎiqǔ yǒuxiào de cuòshī
효과적인 조치를 취하다.

**两个月内有效。** Liǎng ge yuè nèi yǒuxiào.
2개월 간 유효하다.

利 날카로울 리  效 본받을 효, 힘쓸 효

## 无效
wúxiào

무효이다, 효력이 없다, 효과가 없다

### 送医院抢救无效而死亡。
Sòng yīyuàn qiǎngjiù wúxiào ér sǐwáng.
병원에 호송하여 응급조치를 하였으나 효력 없이 사망하다.

### 不超过半数而宣布无效。
Bù chāoguò bànshù ér xuānbù wúxiào.
과반수를 넘지 못하여 무효를 선포하다.

> ✎ 而(ér)은 접속사로 순접과 역접을 나타낼 수 있다. 이 외에도 긍정과 부정으로 서로 보충하는 성분을 접속시키기도 한다.
>
> **这杯咖啡香而不烈, 浓而不苦。**
> Zhè bēi kāfēi xiāng ér bú liè, nóng ér bù kū.
> 이 커피는 향기롭지만 강하지 않으며 진하지만 쓰지 않다.

**288**
[3급]
## 重要
□ zhòngyào
□

● 중요하다

**具有重要意义**
jùyǒu zhòngyào yìyì
중요한 의미를 지니다.

**这是重要的原因之一。**
Zhè shì zhòngyào de yuányīn zhī yī.
이것은 중요한 원인 중의 하나이다.

**289**
[3급]
## 主要
□ zhǔyào
□

● 주요하다

**这次采访的主要目的是什么?**
Zhè cì cǎifǎng de zhǔyào mùdì shì shénme?
이번 인터뷰의 주요목적은 무엇인가?

**主要任务**
zhǔyào rènwù
주요임무

**290**
## 紧要
□ jǐnyào
□

● 긴요하다, 중대하다

**在这一紧要的时刻**
zài zhè yì jǐnyào de shíkè
이 긴요한 시간에

**到了一个紧要的关头。**
Dào le yí ge jǐnyào de guāntóu.
중대한 고비에 이르다.

　　要 구할 요, 중요할 요　主 주인 주, 임금 주　紧 팽팽할 긴, 굳을 긴

这是一个又敏感又紧要的事件。
Zhè shì yí ge yòu mǐngǎn yòu jǐnyào de shìjiàn.
이것은 민감하고 중대한 사건이다.

**291 次要** 5급
cìyào

이차적인, 부차적인

内容是主要的, 形式是次要的。
Nèiróng shì zhǔyào de, xíngshì shì cìyào de.
중요한 것은 내용이고 형식은 부차적인 것이다.

**292 严重** 4급
yánzhòng

심각하다, 엄중하다

病情严重。 Bìngqíng yánzhòng.
병세가 심각하다.

许多国家面临着严重的水危机。
Xǔduō guójiā miànlínzhe yánzhòng de shuǐwēijī.
많은 국가가 심각한 물 위기에 직면해 있다.

严重的警告 yánzhòng de jǐnggào
엄중한 경고

**293 要紧**
yàojǐn

중요하다, 중하다

救人是最要紧的。
Jiùrén shì zuì yàojǐn de.
사람을 구하는 게 가장 중요하다.

输了一场比赛是不要紧的。
Shū le yì chǎng bǐsài shì bú yàojǐn de.
시합에서 한 번 진 것은 별로 중요하지 않다.

我的伤不要紧。

Wǒ de shāng bú yàojǐn.

내 상처는 괜찮다(심하지 않다).

✎ 不要紧(bú yàojǐn)은 '괜찮다, 상관없다'라는 의미로 이
와 비슷한 단어에 没关系(méi guānxi), 没事儿(méi
shìr)이 있다.

## 顺利
shùnlì

순조롭다

顺利达到预期的目标。

Shùnlì dádào yùqī de mùbiāo.

예기한 목적을 순조롭게 달성하다.

祝你一切顺利。

Zhù nǐ yíqiè shùnlì.

모든 것이 순조롭기를 바랍니다.

✎ '모든 일이 잘 되기를 바랍니다'는 祝你万事如意.
(Zhù nǐ wànshì rúyì)이다.

顺 순할 순

# 43 | 절박하다 · 긴장하다 · 특별하다

MP3 2-43

형용사

## 295 迫切
5급 pòqiè

● 절박하다, 절실하다

### 迫切需要实质性的改革政策。
Pòqiè xūyào shízhìxìng de gǎigé zhèngcè.
실질적인 개혁정책이 절실히 필요하다.

### 迫切的心情
pòqiè de xīnqíng
절박한 심정

## 296 紧迫
6급 jǐnpò

● 긴박하다, 급박하다

### 时间非常紧迫。
Shíjiān fēicháng jǐnpò.
시간이 대단히 급박하다.

### 紧迫感
jǐnpògǎn
긴박감

## 297 紧急
5급 jǐnjí

● 긴급하다, 절박(긴박)하다

### 召开紧急会议
zhàokāi jǐnjí huìyì
긴급 회의를 열다.

### 跟总部紧急联系。
Gēn zǒngbù jǐnjí liánxì.
본부와 긴급히 연락하다.

紧急状态

---

迫 핍박할 박, 닥칠 박  切 벨 절, 절박할 절, 온통 체  急 급할 급  247

● 바쁘다, 긴박하다, (정신적으로)긴장하다, 불안
하다, (경제적으로)부족하다

### 工作紧张。
Gōngzuò jǐnzhāng.
일이 바쁘다.

### 缓和韩半岛的紧张局势。
Huǎnhé Hánbàndǎo de jǐnzhāng júshì.
한반도의 긴장상태를 완화하다.

### 心里有一点儿紧张。
Xīnli yǒu yìdiǎnr jǐnzhāng.
마음이 좀 긴장된다.

### 供水、供气紧张。
Gōngshuǐ、qōngqì jǐnzhāng.
수도와 가스 공급이 부족하다.

299 吃紧
chījǐn

● (군사 · 정치형세 · 금융시장 등이)급박하다, 위
기에 처해 있다, 절박하다

### 随着战局的吃紧
suízhe zhànjú de chījǐn
전쟁 국면이 급박해짐에 따라

### 国际原油市场吃紧。
Guójì yuányóu shìchǎng chījǐn.
국제원유시장의 상황이 경색돼 있다.

### 银根吃紧。
Yíngēn chījǐn.
자금(돈줄)이 궁하다.

紧 팽팽할 긴, 굳을 긴   张 펼 장, 베풀 장

## 300 特别
**3급**
tèbié
☐
☐

● 특별하다, 특이하다, 별다르다

### 周末有什么特别的计划吗?
Zhōumò yǒu shénme tèbié de jìhuà ma?
주말에 뭐 특별한 계획이 있니?

### 印度菜的吃法很特别。
Yìndùcài de chīfǎ hěn tèbié.
인도 요리의 먹는 방법은 특이하다.

## 301 特殊
**5급**
tèshū
☐
☐

● 특수하다, 특별하다

### 特殊领域的企业
tèshū lǐngyù de qǐyè
특수분야의 기업

### 身份特殊。
Shēnfen tèshū.
신분이 특수하다.

印度菜的吃法
很特别。

---

**特** 유다를 특   **殊** 벨 수, 뛰어날 수

**302** 够
**4급**
□ gòu
□

○ 충분하다, 넉넉하다

**一个就够了。**
Yí ge jiù gòu le.
하나면 충분해.

**时间不够用。**
Shíjiān búgòu yòng.
시간이 부족해.

**我已经受够了!**
Wǒ yǐjīng shòugòu le!
나는 이미 참을 만큼 참았어!

**303** 足够
□
□ zúgòu
□

○ 충분하다, 족하다

**必须做好足够的准备。**
Bìxū zuòhǎo zúgòu de zhǔnbèi
반드시 충분한 준비를 해야 한다.

**304** 充分
**5급**
□ chōngfèn
□

○ 충분하다(주로 추상적인 사물에 쓰임)

**给你充分的机会。**
Gěi nǐ chōngfèn de jīhuì.
너에게 충분한 기회를 주겠다.

**充分发挥应有的作用。**
Chōngfèn fāhuī yīngyǒu de zuòyòng.
제 역할을 충분히 발휘하다.

够 많을 구  足 발족, 족할족  充 가득찰 충

**305 充足**
6급
chōngzú

충분하다(주로 구체적인 사물에 쓰임)

**货币供应量比较充足。**
Huòbì gōngyìngliàng bǐjiào chōngzú.
화폐 공급량이 비교적 충분하다.

**资金充足。** Zījīn chōngzú.
자금이 충분하다.

**306 满**
4급
mǎn

그득하다, 가득하다, 온

**看台上坐满了人。**
Kàntáishang zuòmǎn le rén.
관람석에 사람들이 가득 앉아 있다.

**客满** kèmǎn 만원

**满身是汗。** Mǎnshēn shì hàn.
온 몸이 땀투성이다.

**满不在乎** mǎnbúzàihu
전혀 개의치 않다.

**307 丰富**
4급
fēngfù

풍부하다, 많다

**旅游资源非常丰富。**
Lǚyóu zīyuán fēicháng fēngfù.
관광자원이 매우 풍부하다.

**丰富多彩的节目**
fēngfù duōcǎi de jiémù
풍부하고 다채로운 프로그램

满 찰 만　丰 풍년들 풍　　251

**308**
**3급 满意**
□ mǎnyì
□

○ 만족하다, 만족스럽다

**我很满意现在的工作。**
Wǒ hěn mǎnyì xiànzài de gōngzuò.
나는 지금의 일에 만족한다.

**我说对不起, 这样你满意了吧!**
Wǒ shuō duìbuqǐ, zhèyàng nǐ mǎnyì le ba!
내가 미안하다, 이제 됐니(화를 낼 때)

**309**
**5급 满足**
□ mǎnzú
□

○ 만족하다

**只要不亏本, 我就满足了。**
Zhǐyào bù kuīběn, wǒ jiù mǎnzú le.
밑지지만 않는다면 나는 만족한다.

✎ 只要(zhǐyào)는 '~하기만 하면, 만약~라면'이란 뜻의
접속사로 주로 뒤에 就(jiù)가 따라나온다.

**310**
**5급 大方**
□ dàfang
□
□

○ (재물 문제에 있어)인색하지 않다, (말이나 행
동이)시원스럽다, 거침없다, 대범하다

**他很大方, 不计较这点儿小钱。**
Tā hěn dàfang, bú jìjiào zhè diǎnr xiǎoqián.
그는 화통해서 이런 작은 돈은 따지지 않는다.

**性格开朗大方。**
Xìnggé kāilǎng dàfang.
성격이 명랑하고 시원스럽다.

足 발 족, 족할 족

落落大方 luòluò dàang
(성격이)솔직담백하고 시원스럽다.

**311**
**5급** 小气
xiǎoqi

인색하다, 쩨쩨하다, 통이 좁다, 옹졸하다

**干吗那么小气啊!**
Gànma nàme xiǎoqi a!
뭐 그렇게 쩨쩨하냐!

**小气鬼** xiǎoqiguǐ 쩨쩨한 놈, 인색한 놈.

**312**
**6급** 吝啬
lìnsè

인색하다

**大方一些, 别那么吝啬。**
Dàfang yì xiē, bié nàme lìnsè.
좀 대범해져라, 그렇게 인색하게 굴지 말고.

**在买书的问题上,我毫不吝啬。**
Zài mǎi shū de wèntíshang, wǒ háobù lìnsè.
책 사는 문제에 있어선 난 조금도 인색하지 않다.

**吝啬鬼** lìnsèguǐ 구두쇠, 쩨쩨한 놈.

**313**
**5급** 谦虚
qiānxū

겸손하다, 겸허하다

**他很谦虚, 诚恳。**
Tā hěn qiānxū, chéngkěn.
그는 겸손하고 성실하다.

✐ 谦受益, 满招损。 Qiān shòu yì, mǎn zhāo sǔn.
겸손은 이익을 가져오고 자만은 손해를 초래한다.

## 314

**⑤급** 虚心
xūxīn

● 허심하다, 겸허하다

**虚心学习别人的长处。**
Xūxīn xuéxí biérén de chángchù.
다른 사람의 장점을 겸허하게 배우다.

254

虚 빌 허, 헛될 허

**315**
**4급** **勇敢**
yǒnggǎn

● 용감하다

**只要勇敢, 世上难事都能解决的。**
Zhǐyào yǒnggǎn, shìshàng nánshì dōu néng jiějué de.
용감하기만 하면 세상의 어려운 일을 모두 해결할 수 있다.

형용사

**316**
**6급** **英勇**
yīngyǒng

● 용감하다, 영특하고 용맹하다

**英勇的战士**
yīngyǒng de zhànshì
용감한 전사

**为祖国英勇献身。**
Wèi zǔguó yīngyǒng xiànshēn.
조국을 위해 용감히 몸을 바치다.

**317**
**大胆**
dàdǎn

● 대담하다

**大胆改革价格体系。**
Dàdǎn gǎigé jiàgé tǐxì.
가격시스템을 대담하게 개혁하다.

**318**
**胆小**
dǎnxiǎo

● 담이 작다, 겁이 많다, 소심하다, 배짱이 없다
(↔ 胆大 dǎndà 대담하다)

**胆小爱哭** dǎnxiǎo ài kū
겁이 많고 울기를 좋아한다.

**胆小鬼** dǎnxiǎoguǐ
겁쟁이

---

勇 용감할 용  敢 굳셀 감  胆 쓸개 담

**319** 胆大
dǎndà

담이 크다, 대담하다 (↔ 胆小 dǎnxiǎo 겁이 많다)

**胆大包天**
dǎndà bāotiān
매우 대담하다, 간덩이가 부었다.
(주로 부정적인 의미에 쓰임)

**320 4급** 骄傲
jiāo'ào

거만하다, 교만하다, 자랑스럽다

**真讨厌他那骄傲的态度。**
Zhēn tǎoyàn tā nà jiāo'ào de tàidù.
그의 저 거만한 태도가 정말 싫다.

**我为你而感到骄傲。**
Wǒ wèi nǐ ér gǎndào jiāo'ào.
나는 너로 인해 자랑스러움을 느낀다.

✎ 为(wèi)는 '~를 위해서'라는 뜻 외에 '~때문에, ~으로 인하여'라는 원인을 나타내기도 한다.

**321 6급** 自满
zìmǎn

자만하다, 자신만만하다

**我们没有任何理由骄傲自满。**
Wǒmen méiyǒu rènhé lǐyóu jiāo'ào zìmǎn.
우리는 잘난 척 할 어떤 이유도 없다.

骄 교만할 교   傲 업신여길 오   自 몸 자, 스스로 자, 부터 자

형용사

## 322 伟大
**5급** wěidà
☐
☐

● 위대하다

### 取得伟大的成就
qǔdé wěidà de chéngjiù
위대한 성과를 거두다.

## 323 平凡
**6급** píngfán
☐
☐

● 평범하다 (= 平平凡凡 píngpingfánfán)

### 在平凡的岗位上做出不平凡的业绩。
Zài píngfán de gǎngwèishang zuòchū bù píngfán de yèjì.

평범한 자리에서 평범하지 않은 업적을 만들어 내다.

✏️ 岗位(gǎngwèi)는 직장이나 어떤 단체 내에서의 직책 이나 직분을 말한다.

## 324 有名
**3급** yǒumíng
☐
☐

● 유명하다

### 这儿就是有名的王府井夜市。
Zhèr jiù shì yǒumíng de Wángfǔjǐng yèshì.
여기가 바로 유명한 왕푸징 야시장이다.

## 325 闻名
☐ wénmíng
☐
☐

● 유명하다

### 闻名世界的万里长城
wénmíng shìjiè de Wànlǐ Chángchéng
세계적으로 유명한 만리장성

---

**326**
**4급** 著名
zhùmíng

● 저명하다, 유명하다

他是著名的经济学家。
Tā shì zhùmíng de jīngjì xuéjiā.
그는 유명한 경제학자이다.

**327** 无名
wúmíng

● 이름 없다, 알 수 없다

无名的英雄
wúmíng de yīngxióng
무명의 영웅

感到无名的恐惧
gǎndào wúmíng de kǒngjù
알 수 없는 공포를 느끼다.

**328**
**0급** 尴尬
gāngà

● (입장이)난처하다, 거북하다, 부자연스럽다, 어색하다

目前处境实在尴尬。
Mùqián chǔjìng shízài gāngà.
지금의 상황이 정말로 난처하다.

和他的关系有一点尴尬。
Hé tā de guānxi yǒu yìdiǎn gāngà.
그와의 관계가 좀 거북하다.

著 나타날 저   尴 걸끄러울 감   尬 절름발이 개

## 329 难为情
nánwéiqíng

● 난처하다, 딱하다, 거북하다, 부끄럽다, 창피하다

**我怕难为情，不好意思拒绝他的要求。**

Wǒ pà nánwéiqíng, bùhǎoyìsi jùjué tā de yāoqiú

나는 난처할까 봐 그의 요구를 거절하기가 미안하다.

**在很多人面前被骂，那多么难为情啊!**

Zài hěn duō rén miànqián bèi mà, nà duōme nánwéiqíng a!

많은 사람 앞에서 욕을 먹다니 얼마나 창피한가!

형용사

我怕难为情，
不好意思拒绝他的要求。

# 七步诗
### Qī bù shī

**[三国 · 魏] 曹植** [삼국 · 위] 조식
**[Sānguó · Wèi] Cáo Zhí**

| 煮 | 豆 | 燃 | 豆 | 萁, | 콩깍지를 태워 콩을 삶으니 |
| Zhǔ | dòu | rán | dòu | qí, | |

| 豆 | 在 | 釜 | 中 | 泣, | 콩이 솥 안에서 흐느껴 우는구나 |
| dòu | zài | fǔ | zhōng | qì, | |

| 本 | 是 | 同 | 根 | 生, | 본시 한 뿌리에서 나고 자랐건만 |
| běn | shì | tóng | gēn | shēng, | |

| 相 | 煎 | 何 | 太 | 急! | 서로 볶아대는 것이 어찌 그리 급할꼬! |
| xiāng | jiān | hé | tài | jí! | |

- 豆萁　dòuqí　콩깍지
- 釜　fǔ　가마, 솥
- 泣　qì　흐느껴 울다

❖ 이 시는 조식의 형 위문제 조비(魏文帝 · 曹丕)가 조식에게 일곱 발자국 내에 시를 지어내지 못하면 죽이겠다고 하자 분개하며 지은 시이다. 콩과 콩깍지는 본래 한 뿌리에서 자라난 것으로 마치 형제와 같다. 그런데 콩깍지를 태워 콩을 삶으니 모순이 아닐 수 없다. 이 시는 형이 동생을 핍박하는 것을 비유한다. 煮豆燃萁(zhǔ dòu rán qí 콩깍지를 태워 콩을 삶다. 골육상잔)란 성어와 相煎太急(xiāng jiān tài jí [형제끼리]몹시 박해하다[볶아대다])란 성어는 이 한시에서 비롯되었다.

# 03

## 부사

**01**
**1급**
很
hěn

● 매우, 아주

孩子自我意识很强。
Háizi zìwǒ yìshí hěn qiáng.
아이가 자아의식이 매우 강하다.

**02**
**4급**
挺
tǐng

● 매우, 아주, 대단히

我对现在的生活挺知足。
Wǒ duì xiànzài de shēnghuó tǐng zhīzú.
나는 현재의 생활에 대해 대단히 만족한다.

**03**
**2급**
非常
fēicháng

● 대단히, 심히, 매우

我们公司非常重视人才。
Wǒmen gōngsī fēicháng zhòngshì réncái.
우리 회사는 인재를 대단히 중요시한다.

**04**
**4급**
十分
shífēn

● 매우, 대단히, 충분히, 십분

国际之间的紧密合作十分重要。
Guójì zhījiān de jǐnmì hézuò shífēn zhòngyào.
국제간의 긴밀한 협력은 대단히 중요하다

很 매우 흔, 대단할 흔    挺 곧을 정

**05** 极
**3급**
jí

○ 아주, 지극히, 몹시, 매우

### 引起社会各界的极大关注。
Yǐnqǐ shèhuì gèjiè de jídà guānzhù.
사회각계의 지대한 관심을 불러일으키다.

✎ 极(jí)는 보어로도 쓸 수 있는데 이 때 뒤에 了가 따라 붙는다. 그러나 앞에 得는 쓸 수 없다.

好极了 hǎo jí le　　아주 좋다.
忙极了 máng jí le　몹시 바쁘다.

**06** 太
**1급**
tài

○ 아주, 매우, (부정문에 쓰여)그다지, 별로

### 负担太大。
Fùdān tài dà.
부담이 매우 크다.

### 不太现实 bú tài xiànshí
그다지 현실적이지 않다.

**07** 最
**2급**
zuì

○ 가장, 제일

### 符合最根本的利益。
Fúhé zuì gēnběn de lìyì.
가장 근본적인 이익에 부합하다.

**08** 比较
**3급**
bǐjiào

○ 비교적

### 学习压力比较大。
Xuéxí yālì bǐjiào dà.
공부에 대한 스트레스가 비교적 크다.

부
사

---

极 극극, 용마루 극　太 클 대(태)　最 가장 최　较 견줄 교, 대강 교　263

**09**
**5급**
相当
xiāngdāng

● 상당히, 무척, 꽤, 퍽

**需要相当强的勇气。**
Xūyào xiāngdāng qiáng de yǒngqì.
상당히 강한 용기가 필요하다.

**10**
**2급**
真
zhēn

● 정말(로), 참으로

**真是意外的惊喜。**
Zhēn shì yìwài de jīngxǐ.
정말 뜻밖의 (기쁨의)놀라움이다.

**11**
**4급**
实在
shízài

● 확실히, 실로, 정말, 참으로

**做女人实在不太容易了。**
Zuò nǚrén shízài bú tài róngyì le.
여자가 되기란(여자로 사는 건) 정말 쉬운 일이 아니다.

**12**
**5급**
的确
díquè

● 확실히, 분명히

**他的确是这样说的。**
Tā díquè shì zhèyàng shuō de.
그는 분명히 이렇게 말했다.

当 맡을 당, 마땅할 당, 당할 당, 덮을 당　确 단단할 확, 확실할 확

**13** **确实**
4급
☐ quèshí
☐
☐

● 확실히, 정말로

## 这件事确实不是他干的。
Zhè jiàn shì quèshí bú shì tā gàn de.
이 일은 정말 그가 한 일이 아니다.

부
사

**14** **简直**
5급
☐ jiǎnzhí
☐
☐

● 그야말로, 정말, 완전히, 실로(과장의 말투)

## 这简直是一场恶梦。
Zhè jiǎnzhí shì yì chǎng èmèng.
이건 정말 악몽이다.

**15** **果然**
5급
☐ guǒrán
☐
☐

● 과연, 역시

## 他说要停水, 晚上果然停水了。
Tā shuō yào tíngshuǐ, wǎnshang guǒrán tíngshuǐ le.
그가 단수된다고 했는데 저녁에 과연 단수가 되었다.

**16** **怪不得**
5급
☐ guàibudé
☐
☐

● 과연, 그러기에, 어쩐지

## 窗户还关着, 怪不得这么热呢。
Chuānghu hái guānzhe, guàibudé zhème rè ne.
창문이 닫혀있었군, 어쩐지 이렇게 덥더라니.

## 17 难怪

**5급** nánguài

과연, 그러기에, 어쩐지

**难怪他心情不好，原来跟朋友吵架了。**

Nánguài tā xīnqíng bù hǎo, yuánlái gēn péngyou chǎojià le.

그가 어쩐지 기분이 안 좋다 했더니 알고 보니 친구와 싸웠다.

**这个行李好重啊！难怪你不拿，留给我拿。**

Zhè ge xíngli hǎo zhòng a! Nánguài nǐ bù ná, liúgěi wǒ ná.

이 짐 정말 무겁군! 어쩐지 네가 안 들고 나한테 준다 했어.

难怪他心情不好，
原来跟朋友吵架了。

难 어려울 난, 재앙 난   怪 의심할 괴

18
3급 **突然**
☐ tūrán
☐
☐

갑자기, 돌연히

**在上空突然出现了武装直升机。**
Zài shàngkōng tūrán chūxiàn le wǔzhuāng zhíshēngjī.
상공에 무장 헬리콥터가 갑자기 나타났다.

부
사

19
5급 **忽然**
☐ hūrán
☐
☐

갑자기, 별안간

**脖子忽然转不了了。**
Bózi hūrán zhuǎn bu liǎo le.
목을 갑자기 돌릴 수 없었다.

✎ **突然**과 **忽然**은 일반적으로 바꾸어 쓸 수 있지만 **突然**이 **忽然**보다 뜻이 더 강하다.

20
6급 **顿时**
☐ dùnshí
☐
☐

바로, 문득, 일시에(과거의 사실을 서술할 때)

**全场顿时响起热烈的掌声。**
Quánchǎng dùnshí xiǎngqǐ rèliè de zhǎngshēng.
만장에 바로 열렬한 박수소리가 울리다.

---

忽 홀연히 홀, 소홀히 할 홀   顿 머무를 돈, 조아릴 돈, 흉노왕이름 돌   时 때 시   267

**21** **6급** **不料** ● 뜻밖에, 의외로
búliào

**本想打开窗户呼吸一下新鲜空气，**
**不料一阵冷风吹过来了。**
Běn xiǎng dǎkāi chuānghu hūxī yíxià xīnxiān
kōngqì, búliào yízhèn lěngfēng chuī guòlái le.
원래는 창문을 열고 신선한 공기를 마시고 싶었는데, 뜻
밖에 차가운 바람이 불어왔다.

**22** **4급** **竟然** ● 뜻밖에도, 의외로, 상상외로
jìngrán

**他犹豫了一下，竟然同意了。**
Tā yóuyù le yíxià, jìngrán tóngyì le.
그는 잠시 망설이더니 의외로 동의를 하였다.

**23** **5급** **居然** ● 뜻밖에, 생각 밖에
jūrán

**十二月的冬天居然下起雨来了。**
Shí'èr yuè de dōngtiān jūrán xiàqǐ yǔ lái le.
12월의 겨울에 뜻밖에 비가 내리기 시작했다.

**24** **5급** **偶然** ● 우연히
ǒurán

**偶然听到了人们谈起有关我的事。**
Ǒurán tīngdào le rénmen tánqǐ yǒuguān wǒ de shì.
우연히 사람들이 나에 관한 일을 말하는 것을 들었다.

料 헤아릴 료, 셀 료   竟 끝날 경, 마침내 경   居 살 거   偶 짝수 우, 만날 우

**25** **经常**
3급
jīngcháng

늘, 항상, 자주 (↔ 偶尔 ǒu'ěr 이따금)

**我经常梦见他。**
Wǒ jīngcháng mèngjiàn tā.
나는 꿈에서 자주 그를 본다.

부
사

**26** **常常**
chángcháng

항상, 종종

**我常常感到束手无策。**
Wǒ chángcháng gǎndào shù shǒu wú cè.
나는 종종 속수무책임을 느낀다.

> 常常(chángcháng)의 부정은 주로 不常(bùcháng)이
> 많이 쓰이고 不常常(bùchángcháng)은 거의 쓰지 않
> 는다.

**27** **时常**
6급
shícháng

늘, 자주

**时常帮妈妈做家务。**
Shícháng bāng māma zuò jiāwù.
자주 엄마를 도와 집안일을 한다.

**28** **偶尔**
4급
ǒu'ěr

간혹, 이따금, 때때로 (↔ 经常 jīngcháng 자주)

**偶尔去电影院看电影。**
Ǒu'ěr qù diànyǐngyuàn kàn diànyǐng.
이따금 영화를 보러 영화관에 간다.

经 날 경, 지경 경   尔 너 이, 그러할 이

## 29 往往
**4급** wǎngwǎng

● 때때로, 이따금, 종종

**好事往往变成坏事。**
Hǎoshì wǎngwǎng biànchéng huàishì.
좋은 일이 때때로 나쁜 일로 변하기도 한다.

---

### 往往과 常常의 차이점

往往은 주로 과거의 자주 반복된 일을 말할 때 쓰고, 주관적인 생각, 바람, 미래의 상황에는 常常을 사용한다.

我一定常常(X 往往)给你写信。
Wǒ yídìng chángcháng gěi nǐ xiěxìn.
편지 꼭 자주 쓸게.

往往은 동작의 반복이 대체적으로 일정한 규칙성을 띠며 동작과 관계 있는 상황, 조건, 결과를 밝혀줘야 하지만 常常은 이런 제한이 없다.

他常常(X 往往)喝酒。
Tā chángcháng hējiǔ.
그는 자주 술을 마신다.

他往往(O 常常)跟朋友喝酒。
Tā wǎngwǎng gēn péngyou hējiǔ.
그는 종종 친구와 술을 마신다.

好事往往
变成坏事。

往 갈 왕, 일찍 왕

30
**3급** **总是**
zǒngshì

● 늘, 언제나

**他出门总是忘带钥匙。**
Tā chūmén zǒngshì wàngdài yàoshi.
그는 외출할 때 늘 열쇠를 가지고 나오는 것을 잊는다.

31 **老是**
lǎoshi

● 언제나, 늘, 항상

**北京的交通为什么老是那么堵?**
Běijīng de jiāotōng wèishénme lǎoshi nàme dǔ?
북경의 교통은 어째서 늘 그렇게 막히니?

32
**5급** **始终**
shǐzhōng

● 처음부터 한결같이, 언제나

**遇到困难, 他始终回避问题。**
Yùdào kùnnán, tā shǐzhōng huíbì wèntí.
어려움에 부딪치면 그는 언제나 문제를 회피한다.

**始终如一**
shǐ zhōng rú yī
한결같이 변함이 없다, 시종일관.

33
**3급** **一直**
yìzhí

● 계속해서, 줄곧, 내내, 곧바로

**雨一直下了一天一夜。**
Yǔ yìzhí xià le yì tiān yí yè.
비가 밤낮으로 종일 계속해서 내렸다.

부
사

---

**总** 합할 총  **始** 처음 시, 비로소 시  **终** 끝 종, 마칠 종  271

一直走, 然后往右拐。
Yìzhí zǒu, ránhòu wǎng yòu guǎi.
곧바로 간 다음 우회전하세요.

**34**
**6급** 一向
☐ yíxiàng
☐
☐

● (이전부터 오늘까지)줄곧, 내내

我一向努力工作。
Wǒ yíxiàng nǔlì gōngzuò.
나는 줄곧 열심히 일해 왔다.

### 一直와 一向의 차이점

一向은 동작이나 작용이 과거부터 현시점까지 계속되는 것을 말하나 一直는 현시점이라는 제한이 없다. 또한 一直는 과거의 시점에서 상당 시간 계속되는 것을 나타내며, 시간이 길 수도 있고 짧을 수도 있지만 一向은 항상 오랜 시간까지 미치는 것을 말한다.

· 今天下午一直(Ｖ 一向)在图书馆学习。
Jīntiān xiàwǔ yìzhí (X yíxiàng) zài túshūguǎn xuéxí.
오늘 오후 계속 도서관에서 공부했다.

· 几年以来, 我一直(一向)在政府机构做工作。
Jǐ nián yǐlái, wǒ yìzhí (yíxiàng) zài zhèngfǔ jīgòu zuò gōngzuò.
몇 년 동안 나는 줄곧 정부기관에서 일하였다.

我一向努力
工作。

**35** **从来**
4급
cónglái

지금껏, 여태껏(주로 부정문형태로 쓰임)

**我从来没(有)见过这些东西。**
Wǒ cónglái méi(yǒu) jiànguo zhè xiē dōngxi.
나는 지금껏 이런 물건을 본 적이 없다.

**他从来不乱花一分钱。**
Tā cónglái bú luànhuā yì fēn qián.
그는 여태껏 돈 한푼 함부로 쓴 적이 없다.

**36** **向来**
6급
xiànglái

본래부터, 여태까지, 줄곧

**中国人向来重视团圆。**
Zhōngguórén xiànglái zhòngshì tuányuán.
중국 사람은 본래부터 가족이 함께 모이는 것을 중시해왔다.

**37** **仍然**
4급
réngrán

변함없이, 여전히, 아직도

**基础设施仍然相当薄弱。**
Jīchǔ shèshī réngrán xiāngdāng bóruò.
인프라가 아직도 상당히 취약하다.

**38** **依然**
5급
yīrán

여전히

**政治腐败依然是国民关注的问题。**
Zhèngzhì fǔbài yīrán shì guómín guānzhù de wèntí.
정치부패는 여전히 국민이 관심을 가지는 문제이다.

부
사

---

从 좇을 종, 따를 종   仍 인할 잉, 자주 잉   273

**39**
**3급** **还是**
□ háishi
□

● 아직도, 여전히

### 到现在我还是不明白。
Dào xiànzài wǒ háishi bù míngbai.
지금까지도 나는 여전히 모르겠다.

**40**
**4급** **原来**
□ yuánlái
□

● 원래, 본래, 알고 보니(실제상황을 알아냈을 때)

### 他还是原来的样子。
Tā hái shì yuánlái de yàngzi.
그는 아직도 원래 그 모습이다.

### 他原来是中国人。
Tā yuánlái shì Zhōngguórén.
그는 알고 보니 중국 사람이었다.

原来是中国人

依 의지할 의   还 돌아올 환, 갚을 환   原 근원 원, 들 원

## 41 本来
**4급** běnlái

本래, 원래, 당연히, 응당

### 我本来打算去欧洲，可是改变计划去了美国。
Wǒ běnlái dǎsuan qù Ōuzhōu, kěshì gǎibiàn jìhuà qù le Měiguó.

나는 원래 유럽에 가려고 했는데 계획을 바꿔 미국으로 갔다.

### 这些重要的问题本来早就应该解决的。
Zhè xiē zhòngyào de wèntí běnlái zǎojiù yīnggāi jiějué de.

이렇게 중요한 문제는 당연히 진작 해결했어야 했다.

# 中关村仍然坚挺。

**数码大厦，中关村南大街2号。**
**中关村最具规模的成熟办公社区，已有200余家企业在这里成就梦想。**

중관춘은 여전히 탄탄합니다.
디지털 빌딩, 중관춘 난따지에 2호.
중관춘에서 규모가 가장 큰 훌륭한 사무공간, 이미 200여 기업이 여기에서
꿈을 이뤄가고 있습니다.

---

本 근본 본  来 돌아올 래

**42**
2급 **也**
yě

~도 또한, 게다가

## 在家也可以做运动。
Zài jiā yě kěyǐ zuò yùndòng.
집에서도 운동을 할 수 있다.

## 专利权也是一种资本。
Zhuānlìquán yě shì yì zhǒng zīběn.
특허권도 일종의 자본이다.

## 这个也好，那个也好。
Zhè ge yě hǎo, nà ge yě hǎo.
이것도 좋고 저것도 좋다.

## 左想也不是，右想也不是。
Zuǒxiǎng yě bú shì, yòuxiǎng yě bú shì.
이리 생각해 봐도 아니고 저리 생각해 봐도 아니다.

## 聊也难受不聊也难受。
Liáo yě nánshòu bù liáo yě nánshòu.
얘기를 해도 괴롭고 얘기를 안 해도 괴롭다.

## 一句话也不说
yí jù huà yě bù shuō
한마디도 말하지 않다.

## 连他也不知道。
Lián tā yě bù zhīdào.
그조차도 모른다.

## 这也不错。
Zhè yě búcuò.
이것도 괜찮다.

## 43 还
**2급**
hái

● 아직, 더, 그런대로

### 半夜了，他还在工作。
Bànyè le, tā hái zài gōngzuò.
밤이 깊었는데 그는 아직도 일하고 있다.

### 今天比昨天还冷。
Jīntiān bǐ zuótiān hái lěng.
오늘이 어제보다 더 춥다.

### 干不好，还有什么可说的。
Gàn bu hǎo, hái yǒu shénme kě shuō de.
잘 하지도 못했는데 또 무슨 할말이 있겠니?

### 最近过得怎么样？　　还好。
Zuìjìn guò de zěnmeyàng?　　Hái hǎo.
요즘 어떻게 지내?　　그런대로 잘 지내.

## 44 更
**3급**
gèng

● 더욱, 일층 더

### 他们提出了更高的要求。
Tāmen tíchū le gèng gāo de yāoqiú.
그들은 더 높은 요구를 내놓았다.

### 更上一层楼
gèng shàng yì céng lóu
한층 더 오르다(수준이나 실력 등이 한 단계 더 오르다, 발전하다)

更上一层楼

---

## 45 再
**2급**
zài

☐
☐

● 재차, 다시, 더, 아무리, 이 이상~한다면, ~한 뒤

### 再来一次!
Zài lái yí cì!
한 번 데!

### 再试一试。
Zài shì yi shì.
다시 한번 해 봐라.

### 多点儿, 再多点儿。
Duō diǎnr, zài duō diǎnr.
좀 많이, 좀더 많이.

### 世上再也没有比这个好的。
Shìshàng zài yě méiyǒu bǐ zhè ge hǎo de.
세상에 이보다 더 좋은 것은 없다.

### 如果再不努力, 就没有机会了。
Rúguǒ zài bù nǔlì, jiù méiyǒu jīhuì le.
만약 더 노력하지 않는다면 기회는 더 이상 없을 거야.

### 生活再难也要继续学习。
Shēnghuó zài nán yě yào jìxù xuéxí.
생활이 아무리 어려워도 계속 공부해야 한다.

### 我饿死了, 先吃饭再说。
Wǒ è sǐ le, xiān chīfàn zài shuō.
나 배고파 죽겠으니까 우선 밥이나 먹고 나서 얘기하자.

再 두번 재

## 又
yòu

(반복, 연속)또, (역접)그러나 또, (又~又~)~
하면서 (또한)~하다, (모순된 두 가지의 상황)
~하기도 하나 ~하기도 하다

### 我找了又找, 可还是找不到了。
Wǒ zhǎo le yòu zhǎo, kě háishi zhǎo bu dào le.
나는 찾고 또 찾아봤지만 여전히 찾을 수 없었다.

### 又是你吗?
Yòu shì nǐ ma?
또 너니?

### 他是企业家, 又是政治家。
Tā shì qǐyèjiā, yòu shì zhèngzhìjiā.
그는 기업가이자 또한 정치가이다.

### 又香又脆
yòu xiāng yòu cuì
향긋하고 (또한) 바삭하다.

### 天很黑, 又下着雨, 路更难找了。
Tiān hěn hēi, yòu xiàzhe yǔ, lù gèng nánzhǎo le.
하늘은 어두워지고 또 비까지 내리니 길을 찾기 더 어려
워졌다.

### 好像在哪儿见过他, 可是一时又想不起来了。
Hǎoxiàng zài nǎr jiànguo tā, kěshì yìshí yòu xiǎng
bu qǐlái le.
어디선가 그를 본 것 같은데 잠시 또 생각이 나질 않는다.

### 你又不是外人, 干吗这么客气?
Nǐ yòu bú shì wàirén, gànma zhème kèqi?
너는 또 모르는 사람도 아닌데 뭘 이렇게 예의를 차리니?

## 我又想去, 又不想去, 拿不定主意。

Wǒ yòu xiǎng qù, yòu bùxiǎng qù, ná bu dìng zhǔyì.

나는 가고 싶기도 하고 또 안 가고 싶기도 해서 결정을 내릴 수가 없다.

✎ 주의: 이미 중복된 동작은 又를 쓰고 장차 중복될 동작 은 再를 쓴다.

这本书前几天我又看了一遍, 以后有时间我还要 再读一遍。

Zhè běn shū qián jǐ tiān wǒ yòu kàn le yí biàn, yǐhòu yǒu shíjiān wǒ hái yào zài dú yí biàn.

이 책은 며칠 전에 또 한 번 읽었었는데 나중에 시간이 있으면 다시 한 번 읽으려고 한다.

我们又想去, 又不想去, 拿不定主意。

**47** **渐渐**
jiànjiàn

● 점점, 점차

### 过了十点钟以后, 马路上的人渐渐少起来了。
Guò le shí diǎnzhōng yǐhòu, mǎlùshang de rén jiànjiàn shǎo qǐlái le.

10시가 지난 후 길거리의 사람들이 점점 줄어들었다.

**부 사**

**48** 5급 **逐步**
zhúbù

● 차츰차츰

### 逐步解决失业问题。
Zhúbù jiějué shīyè wèntí.

차츰차츰 실업문제를 해결하다.

### 逐步改善
zhúbù gǎishàn

점차적으로 개선하다.

**49** 5급 **逐渐**
zhújiàn

● 점차, 차츰차츰, 점점

### 目前地球很多地区逐渐沙漠化。
Mùqián dìqiú hěn duō dìqū zhújiàn shāmòhuà.

현재 지구의 많은 지역이 점점 사막화되고 있다.

---

渐 차차 점  逐 쫓을 축  步 걸음 보

**50** 越
3급
☐ yuè
☐
☐

● 점점, 더욱더, (越~越~) ~할수록 ~하다

## 富人越富, 穷人越穷。
Fùrén yuè fù, qióngrén yuè qióng.
부자는 더욱 부유해지고 가난한 사람은 더욱 가난해진다.(부익부 빈익빈)

## 存款越多越好。
Cúnkuǎn yuè duō yuè hǎo.
저금은 많이 할수록 좋다.

**51** 越来越
☐
☐ yuèláiyuè
☐

● (시간이 지남에 따라)점점, 더욱더

## 收入越来越高, 房子也越来越大。
Shōurù yuèláiyuè gāo, fángzi yě yuèláiyuè dà.
수입이 점점 높아지면서 집도 점점 더 커진다.

## 人们的思想和生活方式越来越开放。
Rénmen de sīxiǎng hé shēnghuó fāngshì yuèláiyuè kāifàng.
사람들의 생각과 생활방식이 점점 개방되고 있다.

**52** 已经
2급
☐ yǐjīng
☐
☐

● 이미, 벌써(주로 문장 끝에 '了'를 동반함)

## 游戏已经结束了。
Yóuxì yǐjīng jiéshù le.
게임은 이미 끝났다.(비유적인 의미)

## 他们已经来了。
Tāmen yǐjīng lái le.
그들은 벌써 왔다.

**53**
**5급** **曽经**
□ céngjīng
□
□

● 일찍이, 이전에 이미

## 这里曾经闹过水灾。
Zhèli céngjīng nàoguo shuǐzāi.
여기는 예전에 수해가 난 적이 있다.

**54** **早已**
□ zǎoyǐ
□
□

● 훨씬 전에, 벌써부터

## 我早已知道会有这种结果。
Wǒ zǎoyǐ zhīdào huì yǒu zhè zhǒng jiéguǒ.
나는 벌써부터 이런 결과가 있으리란 걸 알고 있었다.

부
사

富人越富,
穷人越穷。

**55**
3급 **终于**
□ zhōngyú
□
□

● 마침내, 결국, 끝내

**实验终于成功了。**
Shíyàn zhōngyú chénggōng le.
실험이 드디어 성공하였다.

**我终于忍不住, 哭了起来。**
Wǒ zhōngyú rěn bu zhù, kū le qǐlái.
나는 끝내 참지 못하고 울음을 터뜨렸다.

**56**
5급 **总算**
□ zǒngsuàn
□
□

● 겨우, 간신히, 마침내, 대체로 ～한 편이다

**想了半天, 我总算想到了一个好办法。**
Xiǎng le bàntiān, wǒ zǒngsuàn xiǎngdào le yí ge
hǎo bànfǎ.
한참을 생각한 끝에 마침내 좋은 방법을 생각해 냈다.

**总算又过了一关。**
Zǒngsuàn yòu guò le yìguān.
그럭저럭 또 한 고비를 넘겼다.

实验终于成功了。

　　　　**总** 합할총　**算** 수산,셈산

**57** 结果
4급 jiéguǒ

결국

他天天来找我求一件事，结果我答应了。

Tā tiāntiān lái zhǎo wǒ qiú yí jiàn shì, jiéguǒ wǒ dāing le.

그가 매일 나를 찾아와 일을 부탁하여 결국 승낙하였다.

**58** 毕竟
5급 bìjìng

결국, 필경, 어차피

假的毕竟是假的。

Jiǎ de bìjìng shì jiǎ de.

가짜는 결국 가짜다.

**59** 终究
6급 zhōngjiū

결국, 필경

我们个人的力量终究有限。

Wǒmen gèrén de lìliàng zhōngjiū yǒuxiàn.

우리 개인의 힘은 결국 한계가 있다.

**60** 到底
4급 dàodǐ

도대체(의문문에 쓰임)

这到底怎么回事?

Zhè dàodǐ zěnme huí shì?

이게 도대체 어떻게 된 일이니?

我到底哪里不如他?

Wǒ dàodǐ nǎli bùrú tā?

내가 도대체 어디가 그보다 못하냐?

---

毕 마칠 필　究 궁구할 구　底 밑 저, 바닥 저　　285

# 究竟
jiūjìng

● (의문문에서)도대체, 대관절, 결국, 어쨌든

## 他究竟发生了什么事?
Tā jiūjìng fāshēng le shénme shì?
그에게 도대체 무슨 일이 생긴 거니?

## 究竟姜是老的辣。
Jiūjìng jiāng shì lǎo de là.
어쨌든 구관이 명관이다.

> ✎ 주의: 究竟은 '~吗?'로 끝나는 의문문에는 쓰이지 않는다.
>
> 你究竟答应吗?　　　　(X)
> Nǐ jiūjìng dāying ma?
>
> 你究竟答应还是不答应? (O)
> Nǐ jiūjìng dāying háishi bù dāying?
> 도대체 응낙하는 거니 안 하는 거니?

　究 궁구할 구　竟 끝날 경, 마침내 경

**62**
**4급**
## 正好
□ zhènghǎo
□

● 마침, 때마침

### 我身上正好有十块钱。
Wǒ shēnshang zhènghǎo yǒu shí kuài qián.
나한테 때마침 10위안이 있다.

부
사

**63**
## 恰好
□ qiàhǎo
□

● 바로, 마침, 마침 잘

### 我当时恰好在场。
Wǒ dāngshí qiàhǎo zài chǎng.
나는 그 당시 마침 현장에 있었다.

**64**
## 凑巧
□ còuqiǎo
□

● 때마침, 마침, 공교롭게

### 我正想去找他, 凑巧他来了。
Wǒ zhèng xiǎng qù zhǎo tā, còuqiǎo tā lái le.
내가 그를 찾아가려고 했는데 때마침 그가 왔다.

**65**
## 不凑巧
□ bú còuqiǎo
□

● 공교롭게도

### 真不凑巧, 我已经跟别人有约了。
Zhēn bú còuqiǎo, wǒ yǐjīng gēn biérén yǒu yuē le.
정말 공교롭게도 이미 다른 사람과 약속이 있다.

---

恰 꼭 흡  凑 항구 주, 모일 주  巧 재주 교, 공교할 교

**66** 刚好
gānghǎo

● 때마침, 알맞게

他刚好在这儿，你问吧。
Tā gānghǎo zài zhèr, nǐ wèn ba.
그가 마침 여기 있으니까 물어봐라.

**67** 偏偏
6급
piānpiān

● (기대와 정반대 될 때)마침, 공교롭게도, 기어
코, 일부러, 유독, 하필

想给你打电话时，你偏偏不在家。
xiǎng gěi nǐ diànhuà shí, nǐ piānpiān bú zài jiā.
너에게 전화를 하려고 할 때 마침 네가 집에 없었다.

你为什么偏偏要走?
Nǐ wèishénme piānpiān yào zǒu?
너 왜 기어코 가려고 하는데?

早不来，晚不来，偏偏这个时候来I
Zǎo bù lái, wǎn bù lái, piānpiān zhè ge shíhou lái!
아무래도 오지 않다가 하필 이때 온다니깨!

**68** 一定
3급
yídìng

● 반드시, 꼭

我一定要实现我的目标。
Wǒ yídìng yào shíxiàn wǒ de mùbiāo.
나는 나의 목표를 반드시 실현할 것이다.

这半天还不回来，一定是没赶上
车。
Zhè bàntiān hái bù huílái, yídìng shì méi gǎnshàng
chē.
한참을 오지 않는 걸 보면 분명 차를 못 탄 거야.

## 69
**3급** 当然
☐ dāngrán
☐
☐

● 당연히, 물론

### 当然我也知道抽烟会对身体不好。
Dāngrán wǒ yě zhīdào chōuyān huì duì shēntǐ bù
hǎo.
물론 나도 흡연이 몸에 안 좋다는 건 알아.

### 理所当然
lǐ suǒ dāng rán
당연하다.

当然我也知道
抽烟会对身体不好。

当 맡을 당, 마땅할 당, 당할 당   然 그럴 연

**70**
**3급** 只
zhǐ

● 단지, 다만

**只知其一, 不知其二。**
Zhǐ zhī qí yī, bù zhī qí èr.
하나만 알고 둘은 모른다.

**71**
**4급** 光
guāng

● 다만, 오직(분량범위의 한계를 나타냄)

**不要光吃方便面。**
Bú yào guāng chī fāngbiànmiàn.
라면만 먹지 마라.

✎ 光이 형용사로써 동사 뒤에 쓰여 보어 역할을 할 때 '조금도 남지 않다, 하나도 없다'라는 뜻으로 쓰인다.

· **豆腐已经卖光了。**
　Dòufu yǐjīng màiguāng le.
　두부는 이미 다 팔렸다.

**72** 仅
jǐn

● 다만, 단지, 겨우

**仅靠植树不能遏制全球变暖。**
Jǐn kào zhíshù bù néng èzhì quánqiú biànnuǎn.
나무 심는 것에만 의존해서는 지구온난화를 억제할 수 없다.

**这仅仅是一个开始而已。**
Zhè jǐnjǐn shì yí ge kāishǐ éryǐ.
이는 단지 시작에 불과하다.

---

只 다만 지　光 빛 광　仅 겨우 근, 거의 근

**73 单**
dān

● 오직, 다만, 오로지

**单靠军事行动, 不能解决问题。**
Dān kào jūnshì xíngdòng, bù néng jiějué wèntí.
군사행동에만 의지해서는 문제를 해결할 수 없다.

**74 基本** 5급
jīběn

● 대체로, 거의

**水坝工程已经基本完成。**
Shuǐbà gōngchéng yǐjīng jīběn wánchéng.
댐 공사가 이미 거의 완성되었다.

**75 大概** 4급
dàgài

● 아마도, 대강, 대충

**大概还没有回来。**
Dàgài hái méiyǒu huílái.
아마 아직 돌아오지 않았을 것이다.

**这儿大概有十几个人。**
Zhèr dàgài yǒu shí jǐ ge rén.
여기에 대략 열 몇 명이 있다.

**这大概多少钱?**
Zhè dàgài duōshǎo qián?
이거 대충 얼마예요?

**76 大体上**
dàtǐshàng

● 대체로, 대략

**大体上有两种看法。**
Dàtǐshàng yǒu liǎng zhǒng kànfǎ.
대체로 두 가지 견해가 있다.

**77 就**
2급
jiù

곧, 즉시, (사실이 그러함을 나타냄)바로, 단지, 오로지

**稍微等一下，饭就好了。**
Shāowēi děng yíxià, fàn jiù hǎo le.
조금만 기다리세요, 밥이 곧 됩니다.

**想起来就说。**
Xiǎng qǐlái jiù shuō.
생각이 나자 바로 말하다.

**他就是犯人。** Tā jiù shì fànrén.
그가 바로 범인이다.

**就这一个了。** Jiù zhè yí ge le.
오로지 이거 하나뿐이다.

**78 刚**
4급
gāng

막 바루 마침 꼭

**他刚从国外回来。**
Tā gāng cóng guówài huílái.
그는 막 외국에서 돌아왔다.

**不大不小，刚合适。**
Bú dà bù xiǎo gāng héshì.
크지도 작지도 않고 딱 알맞다.

**79 刚才**
3급
gāngcái

방금

**对不起，你刚才说什么？**
Duìbuqǐ, nǐ gāngcái shuō shénme?
미안하지만 방금 뭐라고 하셨죠?

就 이룰 취, 나갈 취, 곧 취   才 재주 재, 겨우 재

**80**
**4급** 刚刚
☐ gānggāng
☐
☐

● 바로 지금, 막

**电影刚刚开始。**
Diànyǐng gānggāng kāishǐ.
영화가 지금 막 시작했다.

**81**
**3급** 马上
☐ mǎshàng
☐

● 곧, 즉시(뒤에 대체로 '就'를 수반함)

**别走，我马上就到。**
Bié zǒu, wǒ mǎshàng jiù dào.
가지마, 나 금방 도착할 거야.

**82**
**5급** 立刻
☐ lìkè
☐
☐

● 즉시, 곧, 당장 (= 立即 lìjí 즉시)

**请大家立刻到会议室去。**
Qǐng dàjiā lìkè dào huìyìshì qù.
여러분 즉시 회의실로 가 주세요.

**83**
**3급** 先
☐ xiān
☐

● 먼저, 미리

**你先听我讲话。**
Nǐ xiān tīng wǒ jiǎnghuà.
우선 내가 하는 말을 들어봐.

**请您先用茶，马上上菜。**
Qǐng nín xiān yòngchá, mǎshàng shàngcài.
먼저 차를 드세요, 곧 음식을 올리겠습니다.

---

立 설 립　刻 새길 각　先 먼저 선, 앞설 선　　293

**84** **都**
1급
dōu

● 모두, 이미, (连~都)~조차도

**世界各国都反对战争。**
Shìjiè gèguó dōu fǎnduì zhànzhēng.
세계 각국 모두 전쟁을 반대한다.

**你都大人了, 怎么这么不懂事?**
Nǐ dōu dàrén le, zěnme zhème bù dǒngshì?
너도 이제 어른인데 어떻게 이렇게 철이 없니?

**忙得连吃饭的时间都没有。**
Máng de lián chīfàn de shíjiān dōu méiyǒu.
바빠서 밥 먹을 시간조차 없다.

**85** **全**
quán

● 전부, 완전히, 다

**这全是我的错。**
Zhè quán shì wǒ de cuò.
이건 전부 내 잘못이다.

**86** **一共**
3급
yígòng

● 모두, 합계

**一共派了六个人到中国去。**
Yígòng pài le liù ge rén dào Zhōngguó qù.
모두 여섯 사람을 중국으로 파견하였다.

**87** **总共**
5급
zǒnggòng

● 모두, 전부, 합해서

**我们班总共有三十五个人。**
Wǒmen bān zǒnggòng yǒu sānshíwǔ ge rén.
우리 반은 전부 합해서 35명이 있다.

都 도읍 도, 모두 도  共 함께 공

**88**
**6급**
统统
tǒngtǒng

● 모두, 전부, 다 (= 通通 tōngtōng 모두)

**有什么好吃的, 统统拿出来。**
Yǒu shénme hǎochī de, tǒngtǒng ná chūlái.
뭐 맛있는 거 있으면 다 꺼내놔 봐.

**89**
差点儿
chàdiǎnr

● 하마터면, 거의

**差点儿(没)摔倒。**
Chàdiǎnr (méi) shuāidǎo.
하마터면 넘어질 뻔했다. (실제로는 넘어지지 않음)

**差点儿就买到了。**
Chàdiǎnr jiù mǎidào le.
거의 살 뻔했다. (실제로는 사지 못함)

**差点儿没买到。**
Chàdiǎnr méi mǎidào.
하마터면 못 살 뻔했다. (실제로는 샀음)

✎ 화자가 실현되기를 원하지 않을 경우 : 긍정, 부정 모두
안도의 뜻을 나타낸다.

✎ 화자가 실현되기를 원할 경우 : 긍정은 실현되지 않아
안타까움을, 부정은 가까스로 실현하였음을 나타낸다.

**90**
**3급**
几乎
jīhū

● 거의, 하마터면

**我几乎看过了成龙的所有电影。**
Wǒ jīhū kànguo le Chénglóng de suǒyǒu diànyǐng.
나는 성룡의 모든 영화를 거의 다 봤다.

---

统 합칠 통   点 점 점   儿 아이 아, 어조사 아, 성씨 예

一只眼睛几乎失明。

Yì zhī yǎnjing jīhū shīmíng.

한쪽 눈을 하마터면 실명할 뻔하다.

## 差不多
chàbuduō

거의

两个人差不多同时到达。

Liǎng ge rén chàbuduō tóngshí dàodá.

두 사람은 거의 동시에 도착하였다.

人类耕作已有差不多一万年的历史。

Rénlèi gēngzuò yǐ yǒu chàbuduō yí wàn nián de lìshǐ.

인류의 경작은 이미 거의 1만년의 역사를 지니고 있다.

我们差不多该走了吧?

Wǒmen chàbuduō gāi zǒu lo ba?

우리 갈 때가 거의 되었지?

差不多
同时到达

几 얼마 기, 거의 기   乎 어조사 호   差 어

## 15 | 비로소 · 어차피 · 특히

MP3 3-15

**92**
**才**
3급
cái

비로소, 방금, 겨우, (강조)~야말로

### 回家后才发现大衣的扣子掉了一个。

Huíjiā hòu cái fāxiàn dàyī de kòuzi diào le yí ge.

집에 돌아온 후에야 비로소 외투의 단추 하나가 떨어진
것을 알았다.

### 你怎么才来就要走?

Nǐ zěnme cái lái jiù yào zǒu?

어째서 방금 와놓고 바로 가려고 하니?

### 他今年才二十岁。

Tā jīnnián cái èrshí suì.

그는 올해 겨우 스무살이다.

### 是你偷了东西?　你才是!

Shì nǐ tōu le dōngxi?　Nǐ cái shì!

네가 물건을 훔쳤지?　너야말로!

**93**
**好不容易**
hǎoburóngyi

모처럼, 겨우, 간신히

### 好不容易在家吃顿饭。

Hǎoburóngyi zài jiā chī dùn fàn.

모처럼 집에서 밥을 먹는다.

### 我等了半天，好不容易才买到火车
票。

Wǒ děng le bàntiān, hǎoburóngyi cái mǎidào
huǒchēpiào.

한참을 기다려서야 겨우 기차표를 샀다.

---

才 재주 재, 겨우 재　易 바꿀 역, 쉬울 이

**94**
**6급** 难得
☐
☐ nándé

모처럼, 드물게

**我们难得见一次面, 今天喝个痛快!**
Wǒmen nándé jiàn yí cì miàn, jīntiān hē ge tòngkuài!
우리 모처럼 만났는데 오늘 실컷 마시자!

**95**
**5급** 反正
☐
☐ fǎnzhèng

어차피, 어쨌든, 아무튼

**反正我说了你也不信。**
Fǎnzhèng wǒ shuō le nǐ yě bú xìn.
어차피 내가 말해도 너도 믿지 않을텐데.

**90**
**3급** 特别
☐
☐ tèbié

특히, 각별히

**你有什么特别推荐的菜?**
Nǐ yǒu shénme tèbié tuījiàn de cài?
특별히 추천하는 요리가 있나요?

**97**
**5급** 格外
☐
☐ géwài

각별히, 유달리

**格外引人注目。**
Géwài yǐn rén zhùmù.
유난히 사람들의 주목을 끌다.

**格** 이룰 격, 막을 각  **外** 밖 외

## 98 特意 6급
tèyì

특별히, 일부러

**这是我为你特意亲自做的。**
Zhè shì wǒ wèi nǐ tèyì qīnzì zuò de.
이건 내가 너를 위해 특별히 손수 만든 거야.

## 99 故意 4급
gùyì

고의로, 일부러

**我故意装不懂问他。**
Wǒ gùyì zhuāng bù dǒng wèn tā.
나는 일부러 모른 체 하고 그에게 물어보았다.

**特别优待**
6月21日至27日之间，你只需购买一张$35ESTEE
LAUDER礼券（可用来折换ESTEE LAUDER美容品）
就能免费体验30分钟WhiteLight mini-facial。
这项优惠只在METRO Paragon的专卖柜台。欲知
更多详情，请电6735-1472。

특별 우대
(특별히 우대하다)

**100**
**4급**
☐ **难道**
nándào
☐
☐

● (반문의 어기를 강조)설마 ~하겠는가?

**难道要解雇我?**
Nándào yào jiěgù wǒ?
설마 날 해고하겠는가?

**作为普通市民, 难道没有发言权吗?**
Zuòwéi pǔtōng shìmín, nándào méiyǒu fāyánquán ma?
보통시민으로서 설마 발언권이 없겠는가?

✐ 难道가 나오는 문구의 마지막에 不成(bùchéng)을 써서 호응시킬 수 있다.

· **难道你疯了不成?**
Nándào nǐ fēng le bùchéng?
설마 너 미친 건 아니겠지?

· **难道我还怕你不成?**
Nándào wǒ hái pà nǐ bùchéng?
설마 내가 아직도 너를 무서워하려고?

**101**
**4급**
☐ **也许**
yěxǔ
☐
☐

● 아마, 어쩌면, 혹시

**也许有一天, 你会后悔你的做法的。**
Yěxǔ yǒu yìtiān, nǐ huì hòuhuǐ nǐ de zuòfǎ de.
아마 언젠가는 네가 한 행동을 후회하게 될 거야.

**也许有一天能真相大白。**
Yěxǔ yǒu yìtiān néng zhēn xiàng dà bái.
아마 언젠가는 진상이 똑똑히 밝혀질 수 있을 거야.

道 길 도, 말할 도   也 어조사 야   许 허락할 허, 영차 호

## 102 恐怕
**4급**
kǒngpà

● (추측과 동시에 걱정)아마~일 것이다, (추측)
아마, 대략 (= 也许 yěxǔ 아마)

### 恐怕他们也做不出来。
Kǒngpà tāmen yě zuò bu chūlái.
아마 그들도 해내지 못할 것이다.

### 他离开首尔, 恐怕还不到两个月吧?
Tā líkāi Shǒu'ěr, kǒngpà hái bú dào liǎng ge yuè
ba?
그가 서울을 떠난 지 아마 2개월이 채 안됐지?

## 103 大约
**4급**
dàyuē

● (가능성이 큼)아마, 다분히, (문장에 숫자가 나옴)
대략

### 他大约是开会去了。
Tā dàyuē shì kāihuì qù le.
그는 아마 회의하러 갔을 거야.

### 肚子疼, 大约过了半个小时。
Dùzi téng, dàyuē guò le bàn ge xiǎoshí.
배가 아픈지 대략 반시간이 넘었다.

## 104 为什么
**2급**
wèishénme

● 왜, 어째서

### 为什么故意不理我?
Wèishénme gùyì bù lǐ wǒ?
왜 일부러 날 상대 안 하는 건데?

## 中国人为什么哈韩?

Zhōngguórén wèishénme hāhán?

중국인은 왜 한국에 열광하는가?

✎ 哈韩(hāhán)은 신조어로 한국 드라마나, 영화, 노래, 상품 등 한국문화에 열광하는 것을 가리키며 그러한 사람들을 哈韩族(hāhánzú 한국 매니아)라고 부른다.

哈日　　hārì　　일본 문화에 열광하다
哈日族　hārìzú　일본 매니아

---

**105**
**4급**
**甚至**
□
shènzhì
□
□

심지어, ~까지도

## 他胖多了, 甚至有的人都说他变样了。

Tā pàngduō le, shènzhì yǒu de rén dōu shuō tā biànyàng le.

그는 살이 많이 쪄서 심지어 어떤 사람은 그가 모습까지 변했다고 말한다.

甚 무엇 심, 심할 심　至 이를 지, 지극할 지

**106**
**4급**
## 及时
jíshí

● 즉시, 제때에

### 发现问题及时处理。
Fāxiàn wèntí jíshí chǔlǐ.
문제를 발견하면 즉시 처리한다.

### 如果不及时治疗, 将会导致死亡。
Rúguǒ bù jíshí zhìliáo, jiāng huì dǎozhì sǐwáng.
만약 제때 치료하지 않으면 사망을 초래하게 될 것이다.

✎ 将(jiāng)이 동사 앞에 쓰이면 '앞으로'라는 뜻으로 미래를 나타낸다.

✎ 导致(dǎozhì)는 '(어떤 사태를)초래하다, 야기하다'라는 뜻으로 문어체에 주로 쓰인다.

**107**
**4급**
## 按时
ànshí

● 제때에, 제시간에

### 按时吃药 ànshí chīyào
시간에 맞춰 약을 먹다.

### 按时完成 ànshí wánchéng
제때에 완성하다.

**108**
**4급**
## 准时
zhǔnshí

● 정시에, 제시간에

### 每天准时来, 准时走。
Měitiān zhǔnshí lái, zhǔnshí zǒu.
매일 정시에 와서 정시에 간다.

### 列车准时到达。
Lièchē zhǔnshí dàodá.
열차가 제시간에 도착하다.

---

**109** 只好
**4급** zhǐhǎo

● 부득이, 어쩔 수 없이

(= 只得 zhǐdé 不得不 bùdebù 부득이)

**停电了, 可是没有手电筒, 只好点蜡烛。**

Tíngdiàn le, kěshì méiyǒu shǒudiàntǒng, zhǐhǎo diǎn làzhú.

정전이 됐는데 손전등이 없어서 어쩔 수 없이 촛불을 켰다.

**110** 最好
**4급** zuìhǎo

● 가장 바람직한 것은, 가장 좋기로는

**最好你自己来看。**

Zuìhǎo nǐ zìjǐ lái kàn.

네가 직접 와서 보는 게 제일 좋겠어.

**月饼最好随买随吃。**

Yuèbǐng zuìhǎo suí mǎi suí chī.

위에빙(월병)은 사는 대로 바로 먹는 게 가장 좋다.

**111** 顺便
**4급** shùnbiàn

● ~하는 김에

**下班时顺便买点儿牛奶回来。**

Xiàbān shí shùnbiàn mǎi diǎnr niúnǎi huílái.

퇴근길에 우유 좀 사와라.

**112** 顺手
shùnshǒu

● 겸사겸사, 겸해서, 하는 김에

**他进房间里, 顺手拿来香烟了。**

Tā jìn fángjiānli, shùnshǒu nálái xiāngyān le.

그는 방에 들어간 김에 담배를 가지고 왔다.

只 다만 지  顺 순할 순  手 손 수

**113**
**2급** 正在
□ zhèngzài
□
□

● 마침(한창)~하고 있는 중이다

**现在正在上课。**
Xiànzài zhèngzài shàngkè.
지금 한창 수업중이다.

**114**
**5급** 正
□ zhèng
□
□

● 마침, 한창, 막

**我正等着呢。**
Wǒ zhèng děngzhe ne.
나 지금 기다리고 있어.

**115**
**1급** 在
□ zài
□
□

● 지금(막) ~하고 있다

**你在做什么?**
Nǐ zài zuò shénme?
너 지금 뭐하고 있니?

부
사

✍ 正在, 正, 在 모두 동작의 진행이나 상태의 지속을 나
타내는 데는 기본적으로 같으나 正은 시간을, 在는 상
태를, 正在는 시간, 상태 모두를 강조하여 나타내고, 특
히 正 뒤에는 동사가 단순형식으로 올 수 없다.

**我们正讨论。**　　　(X)
Wǒmen zhèng tǎolùn.

**我们正讨论着呢。**　　(O)
Wǒmen zhèng tǎolùnzhe ne.
우리는 한창 토론하고 있다.

---

● 동사, 형용사와 다른 부사 앞에 쓰여 부정을 나타낸다

### 这种做法不合理。
Zhè zhǒng zuòfǎ bù hélǐ.
이런 방법은 비합리적이다.

### 人手不够。 Rénshǒu bú gòu. 일손이 모자라다.

### 他的脾气不很好也不很坏。
Tā de píqì bù hěn hǎo yě bù hěn huài.
그의 성격은 아주 좋지도 않고 아주 나쁘지도 않다.

### 鱼离不开水。
Yú lí bu kāi shuǐ.
물고기는 물을 떠날 수 없다.

● ~않다, 없다 (= 没有 méiyǒu 없다, 않다)

### 我没看那本杂志。
Wǒ méi kàn nà běn zázhì.
나는 그 잡지를 보지 않았다.

### 没有票了。 Méi yǒu piào le.
표가 없다.

### 银行昨天没有开门。
Yínháng zuótiān méiyǒu kāimén.
은행은 어제 문을 열지 않았다.

🖉 不는 과거, 현재, 미래에 대해 모두 부정을 나타낼 수 있지만, 没(有)는 과거나 현재의 동작상태에 대한 부정을 뜻한다. 그리고 소유에 대한 부정을 나타낼 때는 没(有)를 쓴다.

**118**
**2급** **别**
□ bié
□
□

● ~하지 말아라

## 快去，别老是迟到!
Kuài qù, bié lǎoshi chídào!
빨리 가라, 맨날 늦지 말고!

**119**
**6급** **甭**
□ béng
□
□

● ~할 필요 없다(不用을 합쳐 쓴 말로 주로 구어
에 쓰인다)

## 这些小事儿，你甭管。
Zhè xiē xiǎoshìr, nǐ béng guǎn.
이런 자잘한 일은 네가 상관할 필요 없다.

## 甭再写了。
Béng zài xiě le.
더 이상 쓰지 마라.

부
사

快去，别老是迟到!

---

甭 쓰지 않을 붕(용)

# 静夜思 정야사
## Jìng yè sī

[唐]李白 [당] 이백
[Táng] Lǐ Bái

| 床 | 前 | 明 | 月 | 光, | 평상 앞의 밝은 달빛이 |
| Chuáng | qián | míng | yuè | guāng, | |
| 疑 | 是 | 地 | 上 | 霜。 | 마치 땅 위에 내린 서리인 듯하구나. |
| yí | shì | dì | shàng | shuāng. | |
| 举 | 头 | 望 | 明 | 月, | 고개 들어 밝은 달을 바라보고 |
| Jǔ | tóu | wàng | míng | yuè, | |
| 低 | 头 | 思 | 故 | 乡。 | 고개 숙여 고향을 그리워하네. |
| dī | tóu | sī | gù | xiāng. | |

### 단어

- **疑 yí** 의심하다, ~로 (잘못)여기다
- **举 jǔ** 들다
- **思 sī** 생각하다, 그리워하다

❖ 이 시는 사람들에게 잘 알려진 유명한 시이다. 조용한 밤 홀로 침대맡에 앉아 달을 바라보는데 달빛이 너무 환하여 서리가 내린 듯하고, 또 달을 쳐다보고 있자니 멀리 고향에서도 가족들이 이 달을 보고 있을 거란 생각에 미치자 절로 고개를 떨구고 고향을 그리워한다는 내용으로, 시인은 고향을 그리는 나그네의 심정을 잘 묘사하였다.

# 04
## 양사

**01** **个**
1급
ge

(전용양사가 없는 사물에 쓰이나 전용양사가 있는 사물에 쓰이기도 함)개, 명, 사람

| 一个人 | yí ge rén | 한 사람 |
| 一个国家 | yí ge guójiā | 한 나라 |
| 一个时代 | yí ge shídài | 한 시대 |
| 一个故事 | yí ge gùshi | 한 가지 이야기 |
| 一个(只)耳朵 | yí ge (zhī) ěrduo | 한쪽 귀 |
| 一个(所)学校 | yí ge (suǒ) xuéxiào | 학교 한 곳 |

✎ 个가 동사 뒤에 쓰여 보어적인 역할을 하기도 한다.

| 吃个痛快 | chī gè tòngkuài | 실컷 먹다. |
| 看个仔细 | kàn gè zǐxì | 자세히 보다. |
| 笑个不停 | xiào ge bù tíng | 멈추지 않고 웃다. |

**02** **种**
3급
zhǒng

(주로 추상적인 사물에 쓰임)가지, 종, 개

**一种现象**
yì zhǒng xiànxiàng
일종의 현상

**三种看法**
sān zhǒng kànfǎ
세 가지 견해

**屋里有一种气味。**
Wūli yǒu yì zhǒng qìwèi.
방에 어떤 냄새가 난다.

个 낱 개  种 씨종, 심을 종

**03** 件
**2급** jiàn

● 옷, 사건, 문건, 물건 등을 세는 데 쓰임

**一件毛衣** yí jiàn máoyī     스웨터 한 벌

**一件事** yí jiàn shì     한 가지 일

**两件公文** liǎng jiàn gōngwén     공문서 두 건

**三件行李** sān jiàn xíngli     짐 세 개

✎ 단, '事件(shìjiàn)사건, 案件(ànjiàn)안건, 文件 (wénjiàn)문건, 信件(xìnjiàn)우편물' 등과 같이 명사 안에 이미 件자가 있으면 앞에 件을 양사로 쓰지 않고 个를 쓴다.

**04** 只
**3급** zhī

● 짝을 이루는 물건의 하나를 세거나, 동물, 선박 등을 세는 데 쓰임

**一只手** yì zhī shǒu     한쪽 손

**一只袜子** yì zhī wàzi     양말 한 짝

**一只鸟** yì zhī niǎo     새 한 마리

**一只老虎** yì zhī lǎohǔ     호랑이 한 마리

**一只猫** yì zhī māo     고양이 한 마리

**一只船** yì zhī chuán     배 한 척

**05** 条
**3급** tiáo

● 기다란 것을 셀 때 쓰임

**一条路** yì tiáo lù     길 하나

**三条裙子** sān tiáo qúnzi     치마 세 벌

---

件 것 건, 구분할 건   只 하나 척, 짝 척   条 가지 조, 조리 조

양
사

| 一条鱼 | yì tiáo yú | 생선 한 마리 |
| 两条狗 | liǎng tiáo gǒu | 개 두 마리 |

**06**
**5급** 根
gēn

● 가늘고 긴 모양의 물건을 셀 때 쓰임

| 一根头发 | yì gēn tóufa | 머리카락 하나 |
| 三根电线杆 | sān gēn diànxiàngān | |
| | | 전봇대 세 개 |
| 一根火柴 | yì gēn huǒchái | 성냥 한 개비 |
| 一根筷子 | yì gēn kuàizi | 젓가락 한 개 |

**07**
**5급** 支(枝)
zhī

● 꽃이나 잎이 달린 가지나 막대 모양의 용구를 셀 때 쓰임

| 一枝梅花 | yì zhī méihuā | 매화 한 가지 |
| 一支铅笔 | yì zhī qiānbǐ | 연필 한 자루 |
| 一支蜡烛 | yì zhī làzhú | 양초 한 자루 |

✎ 양사로 쓰일 때는 주로 支를 쓰고, (나무)가지를 나타낼 때만 枝를 쓴다.

一条鱼

一支铅笔

根 뿌리 근   支 가지 지   枝 가지 지, 흩어질 지, 육손이 기

### 08 对 2급
duì

● (짝을 이룬 것에 쓰임)쌍

| | | |
|---|---|---|
| 一对夫妇 | yí duì fūfù | 부부 한 쌍 |
| 一对男女 | yí duì nánnǚ | 남녀 한 쌍 |
| 一对鸟儿 | yí duì niǎor | 새 한 쌍 |
| 一对金鱼 | yí duì jīnyú | 금붕어 한 쌍 |
| 一对花瓶 | yí duì huāpíng | 꽃병 한 쌍 |
| 两对枕头 | liǎng duì zhěntou | 베개 두 쌍 |

### 09 双 3급
shuāng

● 좌우 대칭의 신체나 기관 혹은 짝을 이루어 사용되는 물건(주로 몸에 착용하는 것)에 쓰임

**一双手(脚, 眼睛)**
yì shuāng shǒu(jiǎo, yǎnjing)
양손(양발, 두 눈)

✎ 眼睛과 翅膀(chìbǎng 날개)은 双과 对가 다 양사로 쓰일 수 있다.

| | | |
|---|---|---|
| 一双鞋 | yì shuāng xié | 신발 한 켤레 |
| 两双袜子 | liǎng shuāng wàzi | 양말 두 켤레 |
| 一双筷子 | yì shuāng kuàizi | 젓가락 한 쌍 |

一双筷子

양
사

---

対 마주볼 대, 답할 대　双 쌍 쌍

✎ 对와 双은 한 물건에서 두 부분으로 나누어진 것에는
양사로 쓸 수 없다.

一对裤子 yí duì kùzi     (X)
→ 一条裤子 yì tiáo kùzi    (O)   바지 한 벌

一对剪刀 yí duì jiǎndāo     (X)
→ 一把剪刀 yì bǎ jiǎndāo    (O)   가위 한 벌

一对眼镜 yí duì yǎnjìng     (X)
→ 一副眼镜 yí fù yǎnjìng    (O)   안경 한 벌

---

**10**
6급
**串**
□ chuàn
□
□

● 꾸러미, (한 줄로 쭉 꿴 듯한)줄

**一串钥匙**   yí chuàn yàoshi    열쇠 한 꾸러미

**一串珠子**   yí chuàn zhūzi    구슬 한 꾸러미

**一串葡萄**   yí chuàn pútáo    포도 한 송이

**连成一串**   liánchéng yí chuàn   한 줄로 이어지다

---

**11**
□ **排**
□ pái
□

● 줄, 열을 이룬 것을 셀 때 쓰임

**一排椅子**
yì pái yǐzi
의자 한 열

**上下两排牙齿**
shàngxià liǎng pái yáchǐ
위아래 두 줄의 치열

---

**12** 群
**4급** qún

☐
☐

● (함께 모여 있는 사람, 동물이나 물건을 셀 때 쓰임)무리, 떼

### 一群学生
yì qún xuésheng
학생 한 무리

### 一群羊(马, 牛, 蜜蜂)
yì qún yáng (mǎ, niú, mìfēng)
(말, 소, 꿀벌)양 한 떼

양
사

**13** 批
**5급** pī

☐
☐

● (수량이 비교적 많은 물건, 편지, 문서 및 함께 행동하는 사람을 셀 때 쓰임)무더기, 무리

### 到了一批货。
Dào le yì pī huò.
물건들이 도착하다.

### 昨天来了第一批人，今天来了第二批人。
Zuótiān lái le dì yì pī rén, jīntiān lái le dì èr pī rén.
어제는 1진이 왔고, 오늘은 2진이 왔다.

✎ 批는 群과 비교했을 때 횟수의 의미가 들어 있고, 모여 있음을 뜻하지는 않는다.

---

群 무리 군, 많을 군   批 칠 비, 깎을 비

315

**14** 包
3급
☐ bāo
☐
☐

● (봉지 등에 싸여 있는 것을 셀 때 쓰임)봉지, 포대

| 一包糖 | yì bāo táng | 설탕 한 봉지 |
| 三包大米 | sān bāo dàmǐ | 쌀 세 포대 |
| 一包香烟 | yì bāo xiāngyān | 담배 한 갑 |
| 一包茶 | yì bāo cháyè | 찻잎 한 봉지 |

**15** 种
3급
☐ zhǒng
☐
☐

● 종, 종류, 가지, 부류

| 一种商品 | yì zhǒng shāngpǐn | 한 가지 제품 |
| 多种蔬菜 | duō zhǒng shūcài | 여러 가지 채소 |

**谁也不愿意和这种人打交道。**
Shéi yě bú yuànyì hé zhè zhǒng rén dǎ jiāodao.
어느 누구도 이런 부류의 사람과 사귀기를 원치 않는다.

**16** 套
5급
☐ tào
☐
☐

● 조, 벌, 세트, (제도, 기구, 방법, 재능, 언어 등) 체계를 이루고 있는 것

| 一套家具 | yí tào jiājù | 가구 한 세트 |
| 两套衣服 | liǎng tào yīfu | 옷 두 벌 |
| 一套制度 | yí tào zhìdù | 일련의 제도 |
| 一套本领 | yí tào běnlǐng | 한 솜씨 |
| 一套废话 | yí tào fèihuà | 쓸데없는 말들 |

包 쌀 포   种 씨 종, 심을 종   套 덮개 투

**一套老思想** yí tào lǎosīxiǎng
일련의 낡은 사상들

**17** **捆**
kǔn

◉ (묶음을 세는 단위)단, 묶음

**一捆柴火** yì kǔn cháihuǒ　　땔나무 한 단

**一捆报纸** yì kǔn bàozhǐ　　신문 한 뭉치(묶음)

**18** **束** 6급
shù

◉ 묶음, 다발

**一束花** yí shù huā　　꽃 한 다발

**一束玫瑰** yí shù méigui　　장미 한 다발

**19** **伙**
huǒ

◉ 무리, 패

**这伙人** zhè huǒ rén　　이 패거리

**一伙歹徒** yì huǒ dǎitú　　악당 한 패거리

一束花

---

捆 묶을 곤　束 묶을 속　伙 세간 화　　317

## 20 点
### 1급
diǎn

(의견, 희망, 내용 등)가지, (소량을 나타냄)약간

**三点意见** sān diǎn yìjiàn　　세 가지 의견

**两点希望** liǎng diǎn xīwàng　　두 가지 희망

**这包括四点内容。**
Zhè bāokuò sì diǎn nèiróng.
이것은 네 가지 내용을 포함한다.

**在这一点上他是正确的。**
Zài zhè yìdiǎnshang tā shì zhèngquè de.
이 점에서 그가 옳은 것이다.

**买点儿东西**
mǎi diǎnr dōngxi
물건을 좀 사다.

**我一点儿也不要。**
Wǒ yìdiǎnr yě bú yào.
나는 조금도 필요치 않다.

**大(小)声一点儿。**
Dà (xiǎo) shēng yìdiǎnr.
소리를 좀 크게(작게) 해라.

> ✎ 有点儿이 동사나 형용사 앞에 오면 부사 역할을 한다.
>
> **有点儿后悔。** Yǒudiǎnr hòuhuǐ.
> 좀 후회되다.
>
> **这个人有点儿面熟。** Zhè ge rén yǒudiǎnr miànshú.
> 이 사람은 낯이 좀 익다.
>
> **天气有点儿不大好。** Tiānqì yǒudiǎnr bú dà hǎo.
> 날씨가 약간 좋지 않다.

**些** ● 좀, 약간, 몇 (확정적이 아닌 적은 수량을 나타내며 앞에 오는 수사는 'ㅡ'만 쓸 수 있으며 일반적으로 생략하여 쓴다)

**说了些什么?** Shuō le xiē shénme?
무슨 말들을 했니?

**这些东西** zhè xiē dōngxi 이런 물건들

**有些人** yǒu xiē rén 어떤 사람들

**前些时候(日子, 年)**
qián xiē shíhou(rìzi, nián)
얼마 전(며칠 전, 몇 년 전)

**快些** kuài xiē 조금 빠르다

**大声些** dà shēng xiē 소리를 좀 크게 해라

---

### 些와 点의 비교

❶ 些는 셀 수 있는 사물에 쓸 수 있지만 点은 셀 수 있는 사물 앞에는 잘 쓰지 않는다. 단, '这, 那, 这么, 那么(zhè, nà, zhème, nàme)' 뒤에는 点을 쓸 수 있다.

· 一些人 yì xiē rén 몇몇 사람들 (O)
· 一点人 yì diǎn rén (X)
· 这点人在那儿够用吗?
Zhè diǎn rén zài nàr gòuyòng ma?
이 정도의 사람이면 거기서 충분하겠는가?

❷ 些가 나타내는 양은 반드시 적지 않으나 点은 소량을 나타낸다.

· 有点事 yǒu diǎn shì
약간의 일 : 거의 한 가지 일을 말함
· 有些事 yǒu xiē shì
약간의 일 : 몇 가지 일을 말함

## 22 3급 把 bǎ

(자루가 있는 도구나 손으로 드는 사물에 쓰임) 자루, (손으로 잡을 수 있는 수량, 끈으로 묶은 것도 포함)한줌, 한 움큼, (나이, 힘, 재주 등)추상적인 사물에 쓰임

| 一把刀 | yì bǎ dāo | 칼 한 자루 |
| 一把伞 | yì bǎ sǎn | 우산 한 자루 |
| 一把茶壶 | yì bǎ cháhú | 찻주전자 하나 |
| 一把钥匙 | yì bǎ yàoshi | 열쇠 하나 |
| 一把米 | yì bǎ mǐ | 쌀 한 줌 |
| 一把菠菜 | yì bǎ bōcài | 시금치 한 단 |
| 一把年纪 | yì bǎ niánjì | 지긋한 나이 |
| 一把好手 | yì bǎ hǎoshǒu | 훌륭한 손재주 |

## 23 6급 卷 juǎn

(두루마리로 된 것을 세는 단위) 두루마리, 권

| 一卷纸 | yì juǎn zhǐ | 종이 한 두루마리 |
| 一卷软片 | yì juǎn ruǎnpiàn | 필름 한 통 |

✎ 卷이 4성으로 읽힐 때는 책을 세는 단위로 쓰인다.

· 第一卷　dì yí juàn　제1권
· 上卷　shàngjuàn　상권
· 每一卷　měi yí juàn　매 권

**24**
**5급** 片
piàn

● (편편하고 얇은 사물이나 작은 조각 또는 면적, 범위가 비교적 큰 사물을 세는 단위)조각, 판, 편

| 五片花瓣儿 | wǔ piàn huābànr | 꽃잎 5장 |
| 一片白云 | yí piàn báiyún | 흰구름 한 조각 |
| 一片面包 | yí piàn miànbāo | 빵 한 쪽 |
| 两片儿药 | liǎng piànr yào | 약 두 알 |
| 一片草地 | yí piàn cǎodì | 일대 잔디 |
| 一片大海 | yí piàn dàhǎi | 너른 바다 |

**25**
**4급** 篇
piān

● (일정한 형식을 갖춘 문장을 세는 단위)편

| 一篇论文 | yì piān lùnwén | 논문 한 편 |
| 一篇文章 | yì piān wénzhāng | 문장 한 편 |

**26**
**4급** 页
yè

● (책이나 장부 등의)페이지, 면

| 第一页 | dì yī yè | 첫 페이지 |
| 一本三百页的书 | yì běn sān bǎi yè de shū | |

300페이지의 책

**27**
**5급** 滴
dī

● (둥글게 맺힌 액체 덩이를 세는 단위)방울

| 一滴水 | yì dī shuǐ | 물 한 방울 |
| 一滴汗 | yì dī hàn | 땀 한 방울 |

양
사

28 **杯**
bēi

● 잔

**一杯咖啡**　yì bēi kāfēi　　커피 한 잔

**三杯酒**　sān bēi jiǔ　　술 세 잔

**我敬你一杯。**
Wǒ jìng nǐ yì bēi.
제가 술 한 잔 올리지요.

29 **盘**
pán

● (표면이 넓은 것, 평평한 것, 장기나 바둑의 횟수, 빙빙 돌려 감은 것 등)판, 대, 그릇

**一盘炒面**　yì pán chǎomiàn　　볶음 국수 한 접시

**一盘磨**　yì pán mó　　맷돌 한 대

**下一盘棋**　xià yì pán qí　　장기를 한 판 두다.

**一盘电线**　yì pán diànxiàn　　전선 한 똬리

**一盘蚊香**　yì pán wénxiāng　　모기향 하나

30 **碗**
3급
wǎn

● 그릇, 공기, 사발 등을 세는 단위

**一碗饭**　yì wǎn fàn　　밥 한 공기

**再来一碗!** Zài lái yì wǎn!　　한 그릇 더!

　　　　**杯** 잔 배　**盘** 쟁반 반, 대야 반　**碗** 주발 완

**31** **5급** 盆 pén

● 대야, 화분 등을 세는 단위

两盆水　liǎng pén shuǐ　물 두 대야

一盆花　yì pén huā　꽃 화분 하나

**32** **3급** 篮 lán

● 바구니

一篮鸡蛋　yì lán jīdàn　계란 한 바구니

一篮鲜花　yì lán xiānhuā　생화 한 바구니

**33** 瓶 píng

● 병

一瓶啤酒　yì píng píjiǔ　맥주 한 병

一瓶药水　yì píng yàoshuǐ　물약 한 병

**34** **6급** 罐 guàn

● 캔, 깡통

一罐可乐　yí guàn kělè　콜라 한 캔

一罐糖果　yí guàn tángguǒ　캔 사탕 한 통

**35** 桶 tǒng

● 통

一桶水　yì tǒng shuǐ　물 한 통

一桶牛奶　yì tǒng niúnǎi　우유 한 통

一桶原油　yì tǒng yuányóu　원유 1배럴

양사

盆 동이 분　篮 바구니 람　瓶 병 병　罐 두레박 관　桶 통 통

**36** **身**
shēn

● 온 몸 전체

**穿戴一身名牌。**
Chuāndài yì shēn míngpái.
온 몸에 명품을 두르다.

**出了一身冷汗。**
Chū le yì shēn lěnghàn.
온 몸에 식은땀이 났다.

**一身正气的人**
yì shēn zhèngqì de rén
바른 생활의 사람

**37** **头**
tóu

● 머리 전체

**我一头混乱。** Wǒ yì tóu hùnluàn.
머리가 온통 혼란스럽다.

**出了一头血。** Chū le yì tóu xuè.
머리에 온통 피가 나다.

**一头长发** yì tóu chángfà
긴 머리

> ✎ 头가 개체양사로 쓰일 때는 가축이나 마늘을 셀 때 쓰인다.
>
> · **一头牛(猪, 羊)** yì tóu niú(zhū, yáng)
>  소(돼지, 양)한 마리
>
> · **一头蒜** yì tóu suàn
>  마늘 한 통

---

**身** 몸 신, 나라이름 견  **头** 머리 두

**38** 脸
**3급** liǎn

● 얼굴 전체

**一脸笑容**    yì liǎn xiàoróng
얼굴 가득 웃음을 짓다.

**满脸幸福**    mǎnliǎn xìngfú
얼굴에 행복이 가득하다.

**39** 手
shǒu

● 손 전체

**一手泥**   yì shǒu ní    손에 온통 진흙투성이

**一手汗**   yì shǒu hàn    손에 온통 땀투성이

**40** 肚子
**4급** dùzi

● 배 전체

**一肚子不满**    yí dùzi bùmǎn
불만으로 가득 차다.

**一肚子不高兴**    yí dùzi bù gāoxìng
온통 기분 나빠하다.

**41** 桌子
**1급** zhuōzi

● 탁자 전체

**做了一桌子饭菜。**
Zuò le yì zhuōzi fàncài.
식탁 한가득 음식을 했다.

**书、 笔、 纸摆着一桌子。**
Shū、 bǐ、 zhǐ bǎizhe yì zhuōzi.
책, 펜, 종이가 탁자 가득 늘어져 있다.

**42 里**
1급
lǐ

● 리(500미터를 1리로 함)

走一千里。 Zǒu yì qiān lǐ. 천 리를 가다.

一公里 yì gōnglǐ 1킬로미터

平方公里 píngfānggōnglǐ 제곱(평방)킬로미터

**43 米**
3급
mǐ

● 미터

百米赛跑 bǎi mǐ sàipǎo 백 미터 경주(달리기)

厘米 límǐ 센티미터

毫米 háomǐ 밀리미터

平方米 píngfāngmǐ 제곱(평방)미터

**44 斤**
jīn

● (무게 단위, 1근이 약 500그램)근

一斤猪肉 yì jīn zhūròu 돼지고기 한 근

三公斤 sān gōngjīn 3킬로그램

✎ 克 kè 그램

**45 两**
2급
liǎng

● (무게 단위, 약 37그램 정도)량

二两酒 èr liǎng jiǔ 술 두 량

**46** 公分
gōngfēn

(키를 잴 때 씀)센티미터

一百七十八公分
yìbǎi qīshíbā gōngfēn
178센티미터

**47** 升
[5급]
shēng

(용량 단위)리터, 되

一升啤酒
yì shēng píjiǔ
맥주 1리터

一升米
yì shēng mǐ
쌀 한 되

✐ 그 외 도량양사

| 公尺 | gōngchǐ | 미터 |
|---|---|---|
| 英尺 | yīngchǐ | 피트 |
| 英寸 | yīngcùn | 인치 |
| 公顷 | gōngqǐng | 헥타르 |
| 海里 | hǎilǐ | 해리 |

48
2급
次
cì

● (반복적으로 나타나는 사물이나 동작의 반복 등에 쓰임)번, 차례

**一次机会**     yí cì jīhuì    한 번의 기회

**下次会议**     xiàcì huìyì    다음 번 회의

**第二次世界大战**   dì èr cì shìjiè dàzhàn
2차 세계대전

**去过两次**     qùguo liǎng cì
두 번 가봤다.

---

✎ 동사에 목적어가 따라나오는 경우

① 동사＋목적어＋양사
인칭대명사가 목적어일 때는 반드시 이 순서를 따라야 한다.

· 去过杭州两次。
Qùguo Hángzhōu liǎng cì.
항주에 두 번 가봤다.

· 我见过他一次。
Wǒ jiànguo tā yí cì.
나는 그를 한 번 봤다.

② 동사＋양사＋목적어
· 去过两次杭州。
Qùguo liǎng cì Hángzhōu.
항주에 두 번 가봤다.

· 每周开一次会。
Měizhōu kāi yí cì huì.
매주 회의를 한 번 연다.

## 遍
biàn

(동작이 시작되어 끝날 때까지의 전 과정)번, 회

### 问了几遍
wèn le jǐ biàn
여러 번 묻다.

### 请再说一遍。
Qǐng zài shuō yí biàn.
다시 한 번 말씀해 주세요.

### 看过三遍《红楼梦》。
Kànguo sān biàn《Hónglóumèng》.
홍루몽을 세 번 읽었다.

양
사

---

**次와 遍의 비교**

遍은 동작이 시작되어 끝나는 전 과정을 강조하며 내용이 중복된다고 말할 수 있다. 그러나 次는 동작의 반복을 나타내지만 내용과는 상관이 없다.

① 我看过三次中国电影。
　 Wǒ kànguo sān cì Zhōngguó diànyǐng.
　 나는 중국 영화를 세 번 봤다.

② 这部电影我看过三遍。
　 Zhè bù diànyǐng wǒ kànguo sān biàn.
　 이 영화를 나는 세 번 봤다.

✎ 예문 ①은 단순히 중국 영화를 세 번 본 적이 있다는 경력이나 경험을 나타내지만, 예문 ②는 같은 영화를 세 번이나 봤음을 강조한다.

看过三遍
《红楼梦》。

---

**50 趙**
4급
☐ tàng
☐
☐

● (왕래하는 횟수)차례, 번

**跑了两趟**    pǎo le liǎng tàng
두 번 갔었다.

**刚开出一趟列车。**
Gāng kāichū yí tàng lièchē.
방금 (한 차례의) 열차가 떠났다.

**运了一趟煤**   yùn le yí tàng méi.
석탄을 한 차례 날랐다.

🖉 목적어가 장소를 나타낼 때는 양사를 목적어 앞이나 뒤에 쓸 수 있다.

· 想回一趟家(=想回家一趟)
xiǎng huí yí tàng jiā(xiǎng huíjiā yí tàng)
집에 한 번 가고 싶다.

**51 口**
3급
☐ kǒu
☐
☐

● (입에 들어오고 나가는 것)입, 모금

**喝了一口**    hē le yì kǒu     한 모금 마시다.

**叹了一口气**   tàn le yì kǒu qì   한숨을 쉬다.

**一口吞下**    yì kǒu tūnxià    한 입에 삼키다.

**52 下**
1급
☐ xià
☐
☐

● (동작의 횟수)번, 회

**钟敲了三下。**
Zhōng qiāo le sānxià.
시계가 3시를 쳤다.

趟 물건널 당, 뜀 쟁  口 입 구  下 아래 하, 내릴 하

## 等一下
děng yíxià
잠깐 기다려라.

## 一下(子)想起来了。
Yíxià(zi) xiǎng qǐlái le.
갑자기(단번에) 생각이 났다.

✎ 동사에 목적어가 따라나오는 경우

① 동사＋목적어＋양사(인칭대명사가 나올 경우)

· 推了我一下。 Tuī le wǒ yíxià. 나를 한 번 밀었다.
· 打了他几下。 Dǎ le tā jǐ xià. 그를 몇 차례 때렸다.

② 동사＋양사＋목적어(그 외의 경우)

· 敲了几下门。 Qiāo le jǐ xià mén.
문을 몇 번 두드렸다.

양
사

### 53 步
bù

걸음, 보

## 没走几步, 就听到后面有人叫我。
Méi zǒu jǐ bù, jiù tīngdào hòumiàn yǒu rén jiào wǒ.
몇 걸음 못 가 뒤에서 누가 나를 부르는 것을 들었다.

### 54 圈
5급
quān

바퀴

## 跑操场三圈
pǎo cāochǎng sān quān
운동장을 세 바퀴 돌다.

---

步 걸음 보　圈 동그라미 권, 우리 권

# 春晓 춘효
## Chūn xiǎo

**[唐]孟浩然** [당] 맹호연
[Táng] Mèng Hàorán

| 春 | 眠 | 不 | 觉 | 晓, | 봄날 곤히 자다 보니 날 새는 줄 모르고 |
| Chūn | mián | bù | jué | xiǎo, | |

| 处 | 处 | 闻 | 啼 | 鸟。 | 여기저기 새소리가 들려오는구나. |
| chù | chù | wén | tí | niǎo. | |

| 夜 | 来 | 风 | 雨 | 声, | 간밤에 비바람 치는 소리를 들었는데 |
| Yè | lái | fēng | yǔ | shēng, | |

| 花 | 落 | 知 | 多 | 少? | 꽃잎은 얼마나 떨어졌을까? |
| huā | luò | zhī | duō | shǎo? | |

단어

· 晓　xiǎo　새벽
· 闻　wén　듣다
· 啼　tí　　(새나 짐승이)울다

❖ 이 시는 아름다운 봄날의 한 정경을 미려한 언어로 잘 묘사했다. 봄날 춘곤증으로 깜박 잠이 들었는데 잠을 어찌나 달게 잤던지 날이 밝는 줄도 몰랐다는 내용. 지저귀는 새소리와 간밤의 비바람에 꽃잎이 떨어진 모습이 운치있게 잘 그려졌다.

# 05
## 개사

**01** **对**
2급
□
□ duì
□

~에게, ~를 향해, ~에 대하여

他对你说了些什么?
Tā duì nǐ shuō le xiē shénme?
그가 너에게 뭐라고 말했니?

他对我很好。
Tā duì wǒ hěn hǎo.
그는 나에게 잘해준다.

大家都对这个问题很感兴趣。
Dàjiā dōu duì zhè ge wèntí hěn gǎn xìngqù.

= 大家对这个问题都很感兴趣。
Dàjiā duì zhè ge wèntí dōu hěn gǎn xìngqù.

= 对这个问题, 大家都很感兴趣。
Duì zhè ge wèntí, dàjiā dōu hěn gǎn xìngqù.
모두 이 문제에 대해 흥미가 있다.

对我来说(讲) duì wǒ lái shuō(jiǎng)
나에게 있어서, 나로 말하자면

**02** **就**
2급
□
□ jiù
□

(对와 같은 뜻으로 주로 서면어에 자주 쓰임)
~에 대하여, ~에 관하여

就犯罪事件进行详细的调查。
Jiù fànzuì shìjiàn jìnxíng xiángxì de diàochá.
범죄사건에 대해 상세한 조사를 펼치다.

就我来说 = 就我而言
jiù wǒ lái shuō    jiù wǒ ér yán
나에게 있어서

**对** 마주볼 대, 대답할 대  **就** 이룰 취, 나갈 취, 곧 취

**连**
lián

● (강조의 의미)~조차도, 까지도

## 连下象棋都不会。
Lián xià xiàngqí dōu bú huì.
장기조차도 못 둔다.

## 最近连一天也没休息。
Zuìjìn lián yì tiān yě méi xiūxi.
요즘은 하루도 못 쉬었다.

## 连我都知道了, 他当然知道。
Lián wǒ dōu zhīdào le, tā dāngrán zhīdào.
나까지도 알았는데, 그도 물론 알 것이다.

**把**
bǎ

● (목적어를 동사 앞으로 끌어냄) ~을

## 把房间收拾一下。
Bǎ fángjiān shōushi yíxià.
방 정리 좀 해라.

## 把他叫进来。 Bǎ tā jiào jìnlái.
그를 들어오라고 해라.

## 把我看作外国人。
Bǎ wǒ kànzuò wàiguórén.
나를 외국 사람으로 간주하다(여기다).

**将**
jiāng

● (把와 같은 뜻으로 서면어에 쓰임) ~을

## 他将钱和药方交给我了。
Tā jiāng qián hé yàofāng jiāogěi wǒ le.
그는 나에게 돈과 처방전을 건네 주었다.

양
사

---

连 이을 련　把 잡을 파　将 장차 장, 문득 장, 장수 장

**06** 为
3급
wèi

(목적)~을 위하여, (원인)~ 때문에, ~로 인해

**为避免差错, 最好再检查一遍。**
Wèi bìmiǎn chācuò, zuìhǎo zài jiǎnchá yí biàn.
착오를 피하기 위해 다시 한번 검사하는 것이 좋다.

**为这件事烦恼。**
Wèi zhè jiàn shì fánnǎo.
이 일로 걱정하다.

**07** 为了
3급
wèile

(목적)~을 위하여

**为了培养人才, 不惜投入资金。**
Wèile péiyǎng réncái, bùxī tóurù zījīn.
인재를 육성하기 위해 자금 투자를 아끼지 않다.

**为了减肥, 许多人都尽量减少饮食中的脂肪含量。**
Wèile jiǎnféi, xǔduō rén dōu jǐnliàng jiǎnshǎo yǐnshí zhōng de zhīfáng hánliàng.
살을 빼기 위하여 많은 사람들이 음식 속의 지방 함량을 되도록 줄이고 있다.

✎ 尽量 jǐnliàng : 가능한 한, 되도록
尽量 jǐnliàng : (주로 주량, 밥의 양) 양껏하다

**请尽量吃吧。**
Qǐng jǐnliàng chī ba.
양껏 드십시오.

为了减肥…

为 할 위　了 어조사 료, 끝날 료

**08 和**
1급
hé

(동작, 작용의 대상 또는 비교, 대조의 기준)~과
(와), ~에게

### 他和大家讲他过去的经历。
Tā hé dàjiā jiǎng tā guòqù de jīnglì.
그는 모두에게 그의 과거경험을 얘기하였다.

### 柜台正和我一样高。
Guìtái zhèng hé wǒ yíyàng gāo.
계산대가 딱 나만큼 높다.

**09 与**
4급
yǔ

~과(와), ~함께

### 与此事有关。
Yǔ cǐ shì yǒuguān.
이 일과 관계 있다.

### 与困难作斗争。
Yǔ kùnnán zuò dòuzhēng.
어려움과 싸우다.

**10 跟**
3급
gēn

(동작의 대상)~과(와), ~에게, ~를 향하여, (비
교의대상)~과(와), 어떤 일과의 관계

### 我跟他住在一起。
Wǒ gēn tā zhùzài yìqǐ.
나는 그와 함께 산다.

개
사

---

和 온화할 화, 화목할 화   与 더불 여, 줄 여   跟 발꿈치 근, 뒤따를 근

有事要跟我商量。

Yǒu shì yào gēn wǒ shāngliáng.

일이 있으면 나와 상의해야 한다.

把你的想法跟大家说说。

Bǎ nǐ de xiǎngfǎ gēn dàjiā shuōshuo.

네 생각을 모두에게 말해봐라.

我跟你打听一件事。

Wǒ gēn nǐ dǎtīng yí jiàn shì.

너한테 뭐 하나만 물어보자.

我的爱好跟你差不多。

Wǒ de àihào gēn nǐ chàbuduō.

내 취미는 너와 비슷하다.

我跟这件事没有关系。

Wǒ gēn zhè jiàn shì méi yǒu guānxi.

나는 이 일과 관계가 없다.

| 위치에 따른 부정 의미변화 | |
| --- | --- |
| 不의 위치 | |
| ❶ 不가 跟 앞에 올 때 : 주관적인 바람(의지)을 나타냄. | 我不跟他说。 Wǒ bù gēn tā shuō. 나는 그와 말하지 않겠다. |
| ❷ 不가 跟 뒤에 올 때 : 객관적인 사실을 나타냄. | 我跟他不说。Wǒ gēn tā bù shuō. 나는 그와 말하지 않는다. |
| 没(有)의 위치 | |
| 没(有)가 跟 앞에 오든 뒤에 오든 뜻은 모두 동일하다. | 我没跟这个人见过面。 Wǒ méi gēn zhè ge rén jiànguo miàn. 나는 이 사람과 만난 적이 없다. = 我跟这个人没见过面。 Wǒ gēn zhè ge rén méi jiànguo miàn. |

# 同
tóng

● (동작의 대상)과(와), ~에게, (비교의 대상)~과(와)

## 同他一起去。
Tóng tā yìqǐ qù.
그와 함께 가다.

## 他上午已经同我告别了。
Tā shàngwǔ yǐjīng tóng wǒ gàobié le.
그는 오전에 이미 나에게 작별인사를 하였다.

## 我同这件事情无关。
Wǒ tóng zhè jiàn shìqíng wúguān.
나는 이 일과 관계가 없다.

## 同去年相比
tóng qùnián xiāngbǐ
작년과 비교해서

✎ 개사로 쓰일 때 회화체에서는 주로 跟을, 서면어에는
与나 同을 쓰며, 和는 주로 '~와(과)'라는 뜻의 접속사
로 쓰이고 있다.

개
사

我同这件事情无关。

12
**比**
2급
bǐ

● (상태나 정도의 비교)~보다, ~에 비해

**他比你高。** Tā bǐ nǐ gāo.  그가 너보다 크다.

**我去比你去合适。**
Wǒ qù bǐ nǐ qù héshì.
내가 가는 게 네가 가는 것보다 적합하다.

**今天比哪一天都高兴。**
Jīntiān bǐ nǎ yì tiān dōu gāoxìng.
오늘은 그 어느 때보다도 기쁘다.

**弟弟比我小三岁。**
Dìdi bǐ wǒ xiǎo sān suì.
남동생은 나보다 세 살 어리다.

**她唱得比我还要好。**
Tā chàng de bǐ wǒ hái yào hǎo.
그녀는 나보다 노래를 더 잘한다.

**= 她比我唱得还要好。**
Tā bǐ wǒ chàng de hái yào hǎo.

✎ 一 + 양사 + 比 + 一 + 양사 : 정도의 누적

生活一天比一天好。
Shēnghuó yì tiān bǐ yì tiān hǎo.
생활이 날로 좋아진다.

---

不比와 没(有)의 비교

· **他不比我高。**
Tā bù bǐ wǒ gāo.
그는 나보다 크지 않다.
(나와 비슷하다.)

· **他没(有)我高。**
Tā méi(yǒu) wǒ gāo.
그는 나만큼 크지 않다.
(그는 나보다 작다.)

---

13 **给**
2급
gěi

● ~에게, ~를 향해, ~에게 ~하도록 하다, ~에 의해 ~되다, ~대신에

**给老师行礼。** Gěi lǎoshī xínglǐ.
선생님께 인사하다.

**给他道歉。** Gěi tā dàoqiàn.
그에게 사과하다.

**把信传给他。**
Bǎ xìn chuángěi tā.
편지를 그에게 전해 줘라.

**给病人治病。** Gěi bìngrén zhìbìng.
환자에게 치료를 해 주다.

**对不起，这本书给你弄脏了。**
Duìbuqǐ, zhè běn shū gěi nǐ nòngzāng le.
미안하다, 이 책을 더럽혀서. (동작의 피해자를 이끌어냄)

**那封信他收着不给看。**
Nà fēng xìn tā shōuzhe bù gěi kàn.
그 편지는 그가 가지고서 보여주지 않는다.

**手指给刀子划破了。**
Shǒuzhǐ gěi dāozi huápò le.
손가락을 칼에 베이다.

**出去的时候给我把门关好。**
Chūqù de shíhou gěi wǒ bǎ mén guānhǎo.
나갈 때 문을 잘 닫고 나가라.

**你给我走开!**
Nǐ gěi wǒ zǒukāi!
비켜! 저리 가!

---

给 넉넉할 급, 줄 급 341

**14** 被
**3급**
☐
☐ bèi
☐

● ~에게 ~을 당하다, ~에 의해 ~되다

### 他被大家批评了一顿。
Tā bèi dàjiā pīpíng le yí dùn.
그는 모두에게 한 바탕 비난을 당했다.

### 这句话可能被人误解。
Zhè jù huà kěnéng bèi rén wùjiě.
이 말은 아마 사람들한테 오해를 살 것이다.

### 我被大家选为班代表。
Wǒ bèi dàjiā xuǎnwéi bāndàibiǎo.
나는 모두에 의해 반대표로 선출되었다.

### 我的话被他打断了。
Wǒ de huà bèi tā dǎduàn le.
내 말은 그에 의해 가로막혔다.

### 被歌声所吸引。
Bèi gēshēng suǒ xīyǐn.
노랫소리에 끌리다.

> 🖉 '被(bèi)~所(suǒ)＋동사' 형식에서 所는 为(wéi)로 바꾸어 쓸 수 있다.

**15** 叫
**1급**
☐
☐ jiào
☐

● ~에 의하여 ~되다

### 墨水瓶叫弟弟打翻了。
Mòshuǐ píng jiào dìdi dǎfān le.
동생이 잉크병을 엎질렀다.

被 이불 피, 덮힐 피  叫 부르짖을 규

## 窗口叫大树挡住了阳光。

Chuāngkǒu jiào dàshù dǎngzhù le yángguāng.

창문이 나무에 가려서 햇볕이 들어오지 않는다.

## 叫你猜对了。

Jiào nǐ cāiduì le.

네가 알아 맞혔다.

개
사

**16**
**2급** **让**
ràng

~에게 ~를 당하다, ~에 의해 ~되다

## 行李让雨给淋了。

Xíngli ràng yǔ gěi lín le.

짐이 비에 젖었다.

## 地上让他泼了一盆水。

Dìshang ràng tā pō le yì pén shuǐ.

그가 땅에 물을 한 바가지 끼얹었다.

✎ 让은 동사로서 '~로 하여금 ~하게 하다'라는 뜻이 있으며, 이와 같은 뜻으로 서면어에 자주 쓰이는 말에는 使가 있다.

· 谁让你把材料送来的?

Shéi ràng nǐ bǎ cáiliào sònglái de?

누가 너더러 재료를 가지고 오라고 했지?

· 他的技术让(使)我佩服。

Tā de jìshù ràng (shǐ) wǒ pèifú.

그의 기술은 나를 탄복시켰다.

✎ 叫와 让의 개사 용법은 기본적으로 被와 같으며, 叫와 让은 회화체에 주로 쓰이고 비교적 정중하고 엄숙한 장소에서는 被를 쓴다.

**17**
**4급** **以**
yǐ

(서면어)~로(써), ~를 근거로, ~에 따라, ~대로

**以实际行动支援灾区。**
Yǐ shíjì xíngdòng zhīyuán zāiqū.

실질적인 행동으로 재난지역을 지원하다.

**人们向来以狗骂人。**
Rénmen xiànglái yǐ gǒu mà rén.

사람들은 줄곧 개를 가지고 사람을 욕해왔다.

**以次就座**
yǐ cì jiùzuò

순서에 따라 자리에 앉다.

**18**
**4급** **按, 按照**
àn   ànzhào

~에 비추어, ~에 따라, ~대로

**按人数算。**
Àn rénshù suàn.

사람수대로 계산하다.

**按照市场规则和国际惯例办事。**
Ànzhào shìchǎng guīzé hé guójìguànlì bànshì.

시장규칙과 국제관례에 따라 일을 처리하다.

✎ **按**과 **按照**는 뒤에 따라나오는 단어의 음절수에 따라
선택해서 사용한다.

**以** 써 이, 까닭 이   **按** 누를 안   **照** 비칠 조, 비출 조

19 **从**
2급
cóng

● (기점, 시간, 범위, 변화, 근거) ~에서, ~부터

### 从这儿往右走。
Cóng zhèr wǎng yòu zǒu.
여기서 오른쪽으로 가다.

### 从早到晚
cóng zǎo dào wǎn
아침부터 저녁까지

### 从实际情况来看
cóng shíjì qíngkuàng lái kàn
실제 상황에서 봤을 때

20 **自**
zì

● (서면어에 주로 쓰여) ~에서, ~부터

### 自古以来 zìgǔ yǐlái
자고로, 예로부터

### 来自世界各国的代表团
láizì shìjiè gèguó de dàibiǎotuán
세계 각국에서 온 대표단

21 **往**
2급
wǎng

● ~쪽으로, ~을 향해

### 往前走。
Wǎng qián zǒu.
앞으로 가다.

### 公路通往山区。
Gōnglù tōngwǎng Shānqū.
도로가 산지대 쪽으로 통한다.

개
사

---

**从** 좇을 종, 따를 종  **自** 몸 자, 스스로 자, 부터 자  **往** 갈 왕, 일찍 왕

往好里想。
Wǎng hǎo lǐ xiǎng.
좋은 쪽으로 생각하다.

**22**
**3급** 向
☐ xiàng
☐
☐

● ~로, ~을 향하여

向前看。 Xiàng qián kàn.
앞을 향해 보다.

流向大海 liúxiàng dàhǎi
바다로 흘러가다.

> 🖉 向이 동사 뒤에서 개사로 쓰일 때 자주 등장하는 동사
>
> 走 zǒu(가다), 飞 fēi(날다), 冲 chōng(돌진하다), 通 tōng(통하다), 投 tóu(던지다), 转 zhuǎn(바뀌다), 推 tuī (밀다)

**23** 朝
**5급**
☐ cháo
☐
☐

● (농사 앞에만 쓰여)~늘 향하여

他朝我走来。
Tā cháo wǒ zǒu lái.
그는 나를 향해 걸어온다.

---

**向과 朝의 비교**

❶ 朝를 쓴 문구는 向을 쓸 수 있다.
❷ 向은 동사 뒤에 쓰일 수 있지만 朝는 그럴 수 없다.
❸ 朝는 사람을 가리키는 명사가 뒤에 올 때 신체 동작이나 자세 등을 나타내는 구체적인 동사만 올 수 있을 뿐 추상적인 동사는 쓰일 수 없다.
朝他学习。 Cháo tā xuéxí. (X)
向他学习。 Xiàng tā xuéxí.(O) 그를 배우다, 본받다.

向 향방향, 성상  朝 조정 조, 왕조 조, 아침 조

24
1급
在
zài

(시간, 장소, 범위, 조건을 나타냄) ~에서, ~에 있어서

### 在下午三点半到达。
Zài xiàwǔ sān diǎn bàn dàodá.
오후 세 시 반에 도착하다.

### 处在紧急状态
chǔ zài jǐnjí zhuàngtài
긴급한 상태에 처해 있다.

### 出生在一九八一年。
Chūshēng zài yī jiǔ bā yī nián.
1981년에 태어났다.

### 在黑板上写字。
Zài hēibǎnshang xiězì.
칠판에 글을 쓰다.

### 住在首尔 = 在首尔住
zhù zài Shǒu'ěr        zài Shǒu'ěr zhù
서울에 살고 있다.

🖉 어떤 문구에서는 在가 동사 앞이나 뒤에 쓰였을 때 의미가 달라지기도 한다.

· 在地上跳 zài dìshang tiào
  땅에서 뛰다.(뛰는 동작이 땅에서 발생함)

· 跳在地上 tiào zài dìshang
  (다른 곳에서)땅으로 뛰어내리다.

### 掉在地上 diào zài dìshang
땅에 떨어뜨리다.

在这方面，他是专家。
Zài zhè fāngmiàn, tā shì zhuānjiā.
이 부문에 있어서 그는 전문가이다.

室温保持在二十五度以内。
Shìwēn bǎochí zài èr shí wǔ dù yǐnèi.
실온을 25도 이내로 유지하다.

在这种情况下 zài zhè zhǒng qíngkuàng xià
이런 상황에서

## 25 当
**4급**
☐ dāng
☐
☐

(어떤 일이 일어난 바로 그 상황을 말함) ~일 때, ~할 적에

当我回来的时候，他已经睡了。
Dāng wǒ huílái de shíhou, tā yǐjīng shuì le.
내가 돌아왔을 때 그는 이미 잠들어 있었다.

当我毕业的那一年
dāng wǒ bìyè de nà yì nián
내가 졸업하던 그 해에

当场表演 dāngchǎng biǎoyǎn
즉석에서 실연하다.

### 当과 在의 비교

❶ 시간을 나타낼 때 当은 단독으로 시간사와 쓰일 수 없다.

| 当那时 | dāng nà shí | (X) | |
|--------|-------------|-----|-----|
| 在那时 | zài nà shí | (O) | 그 때 |

❷ 장소를 나타낼 때 当은 처소(장소)사나 방위사와 결합할 수 없다.

| 当我的面说 | dāng wǒ de miàn shuō | (O) | 내 앞에서 얘기하다 |
| 当我的面前说 | dāng wǒ de miànqián shuō | (X) | |
| 在我的面前说 | zài wǒ de miànqián shuō | (O) | 내 앞에서 얘기하다 |
| 在我的面说 | zài wǒ de miàn shuō | (X) | |

当 맡을 당, 마땅할 당, 당할 당

# 06
# 접속사 · 관계사

* 관계사(关联词)란 접속사(连词)와 관련 역할을 하는 부사를 통틀어 지칭하는 것으로 자주 쓰이는 부사로는 '还(hái), 再(zài), 又(yòu), 也(yě), 都(dōu), 就(jiù), 才(cái)' 등이 있다. 특히 복문을 구성할 때 서로 다른 관계사(부사)를 사용하면 문장이 나타내는 의미가 달라지기 때문에 적절한 관계사를 선택, 사용하는 데 있어 주의를 기울여야 한다.

**01**
**1급**
和
hé

● ~와(과)

**工人和农民**
gōngrén hé nóngmín
노동자와 농민

**我买了苹果、草莓和香蕉。**
Wǒ mǎi le píngguǒ、cǎoméi hé xiāngjiāo.
나는 사과, 딸기, 바나나를 샀다.

**02**
**4급**
与
yǔ

● (주로 서면어에 쓰임)~와(과)

**战争与和平**
zhànzhēng yǔ hépíng
전쟁과 평화

**03**
并
bìng

● (주로 서면어에 쓰임)그리고, 또

**我们要研究并开发环境友好产品。**
Wǒmen yào yánjiū bìng kāifā huánjìng yǒuhǎo chǎnpǐn.
우리는 친환경 제품을 연구하고 또한 개발해야 한다.

**祝你好运, 并期待着你的好消息!**
Zhù nǐ hǎoyùn, bìng qīdàizhe nǐ de hǎo xiāoxi!
행운이 있길 바란다. 그리고 좋은 소식 기대할게!

和 온화할 화, 화목할 화　与 더불어 여, 줄 여　并 어우를 병, 나란히 할 병

## 04 并且
**4급** bìngqiě

● (주로 서면어에 쓰임)그리고, 또한, 게다가

### 追究造成压力的原因, 并且解决。
Zhuījiū zàochéng yālì de yuányīn, bìngqiě jiějué.
스트레스를 일으키는 원인을 규명하여 해결하다.

### 这本书内容好, 并且写得很生动。
Zhè běn shū nèiróng hǎo, bìngqiě xiě de hěn shēngdòng.
이 책은 내용이 좋고 또한 매우 생동감 있게 쓰여졌다.

## 05 而且
**3급** érqiě

● 게다가, 뿐만 아니라, 그리고 또

### 表面柔软而且光滑。
Biǎomiàn róuruǎn érqiě guānghuá.
표면이 부드러울 뿐만 아니라 매끄럽다.

## 06 加上
jiāshang

● 게다가, 그 위에

### 生态环境脆弱, 加上经济也比较落后。
Shēngtài huánjìng cuīruò, jiāshang jīngjì yě bǐjiào luòhòu.
생태 환경이 취약하고 게다가 경제도 비교적 낙후됐다.

生态环境脆弱,
加上…

접관
속계
사사

---

且 또 차, 어조사 저  而 말이을 이, 뿐 이  加 더할 가  上 윗 상

## 然后
ránhòu

그리고 나서, ~한 후

**先讨论一下，然后再作决定。**
Xiān tǎolùn yíxià, ránhòu zài zuò juédìng.
먼저 토론을 하고 나서 다시 결정을 하자.

**设想未来，然后全力以赴去实现。**
Shèxiǎng wèilái, ránhòu quán lì yǐ fù qù shíxiàn.
미래를 구상한 후 전력을 다해 실현한다.

**首先输入自己的发件人名字，然后点击下一步。**
Shǒuxiān shūrù zìjǐ de fājiànrén míngzi, ránhòu diǎnjī xià yí bù.
먼저 자신의 발신인 이름을 입력하고 나서 다음 단계를 클릭한다.

　　　**然** 그럴 연　**后** 임금 후, 뒤 후

**08**
**何况**
5급
☐ hékuàng
☐
☐

하물며, 게다가, 더군다나

**再大的困难我们都克服了，何况这么一点儿小事呢。**

Zài dà de kùnnán wǒmen dōu kèfú le, hékuàng zhème yìdiǎnr xiǎoshì ne.

아무리 큰 어려움도 우리는 다 극복해냈다, 하물며 이런 작은 일쯤이야.

**你去接他一下，这儿不好找，何况他又是第一次来。**

Nǐ qù jiē tā yíxià, zhèr bù hǎozhǎo, hékuàng tā yòu shì dì yí cì lái.

네가 그를 마중 좀 나가라, 여기는 찾기가 쉽지 않다, 더군다나 그는 또 처음 오는 거잖니.

접관
속계
사사

**09**
**况且**
6급
☐ kuàngqiě
☐
☐

하물며, 게다가, 더구나

**错不在你，况且你也是受害者。**

Cuò bú zài nǐ, kuàngqiě nǐ yě shì shòuhàizhě.

잘못은 네게 있는 게 아니야, 게다가 너도 피해자야.

**这种可拍照手机质量好，重量很轻，况且价格也不贵。**

Zhè zhǒng kě pāizhào shǒujī zhìliàng hǎo, zhòngliàng hěn qīng, kuàngqiě jiàgé yě bú guì.

이 카메라 폰은 품질이 좋고, 무게도 가벼우며, 게다가 가격도 비싸지 않다.

✎ 何况은 반문에 쓰이거나 추가적인 이유를 나타내는데 쓰일 수 있지만, 况且는 반문의 뜻이 없으며 뒤에 '又, 也, 还'가 자주 따라 나온다.

---

**10** **再说**
zàishuō

● 게다가, 다시 말해

来不及去约他了，再说他不一定有
时间。
Lái bu jí qù yuē tā le, zàishuō tā bù yídìng yǒu
shíjiān.
그와 약속하기에는 늦었고 게다가 그가 시간이 있을지
도 확실치 않다.

**11** **可是**
4급
kěshì

● 그러나, 하지만

看上去不怎么样，可是吃起来挺不错。
Kàn shàngqù bù zěnmeyàng, kěshì chī qǐlái tǐng
búcuò.
보기에는 별로지만 먹어보면 아주 맛있다.

钱有是有，可是不多。
Qián yǒu shì yǒu, kěshì bù duō.
돈은 있긴 한데 많지는 않다.

✐ 'A是A'는 'A하기는 A하다'란 뜻으로, 흔히 뒤에 역접을
나타내는 可是나 但是(dànshì)가 따라 나온다.

**12** **但是**
2급
dànshì

● 그러나, 그렇지만

我想睡一会儿，但是睡不着。
Wǒ xiǎng shuì yìhuǐr, dànshì shuì bu zháo.
잠을 좀 자고 싶은데 잠이 오지 않는다.

不漂亮但是特别的女孩儿
bú piàoliang dànshì tèbié de nǚháir
예쁘지는 않지만 특별한 여자아이

再 두번 재  说 말씀 설, 달랠 세  可 옳을 가, 들을 가  但 다만 단

**13**
**4급** 不过
□ búguò
□
□

● 그러나, 그런데

他性子一向很急，不过现在好多了。
Tā xìngzi yíxiàng hěn jí, búguò xiànzài hǎo duō le.
그는 원래 성질이 급했지만 지금은 많이 좋아졌다.

实验失败了，不过他并不灰心。
Shíyàn shībài le, búguò tā bìng bù huīxīn.
실험은 실패했지만 그는 결코 낙담하지 않는다.

✐ 不过는 但是보다는 어기가 약하며 주로 회화체에 많이 쓰인다.

**14**
**4급** 然而
□ rán'ér
□
□

● (주로 서면어에 쓰임)그러나, 그렇지만, 그런데

我注入了许多心血，然而效果不好。
Wǒ zhùrù le xǔduō xīnxuè, rán'ér xiàoguǒ bù hǎo.
나는 많은 심혈을 기울였지만 효과는 좋지 않았다.

因为我有急事，就给他打了电话，
Yīnwèi wǒ yǒu jíshì, jiù gěi tā dǎ le diànhuà,

然而打了十几次，也没有人接。
rán'ér dǎ le shí jǐ cì, yě méi yǒu rén jiē.
급한 일이 있어서 그에게 전화를 했지만, 열 몇 번을 넘게 걸어도 아무도 받지 않았다.

✐ 然而은 기본적으로 但是와 의미나 용법은 같으며 주로 서면어에 쓰인다.

접관
속계
사사

过 넘을 과, 지날 과  然 그럴 연  而 말이을 이, 뿐 이, 어조사 이

**15**
**2급**
**因为**
yīnwèi

○ (회화체)~때문에, 왜냐하면

### 因为天气不好, 飞机改在明天起飞。

Yīnwèi tiānqì bù hǎo, fēijī gǎi zài míngtiān qǐfēi.

날씨가 나빠서 비행기는 내일 이륙하기로 바뀌었다.

### 这里无法过江, 因为水流太急。

Zhèli wúfǎ guòjiāng, yīnwèi shuǐliú tài jí.

여기는 강을 건널 방법이 없다, 왜냐하면 물살이 급하기 때문이다.

🖉 无法(wúfǎ)는 '~할 방법이(도리가) 없다, ~할 수 없다'라는 뜻의 동사이다.

**16**
**4급**
**由于**
yóuyú

○ (서면어에 주로 쓰여)~때문에, ~로 인하여

### 由于各人的观点不同, 因而意见不完全一致。

Yóuyú gèrén de guāndiǎn bù tóng, yīn'ér yìjiàn bù wánquán yízhì.

각자의 관점이 달라 의견이 완전히 일치되지 않는다.

🖉 由于와 因为의 비교

① 由于 뒤에는 所以(suǒyǐ) 외에도 因此(yīncǐ), 因而(yīn'ér)이 호응하여 쓰일 수 있지만, 因为는 所以만 호응된다.

② 由于는 뒤의 문장에 올 수 없다.
这里无法过江, 由于水流太急。  (X)
Zhèli wúfǎ guòjiāng, yóuyú shuǐliú tài jí.

因 인할 인  为 할 위  由 말미암을 유, 까닭 유  于 어조사 우, 갈 우

**17** **2급** 所以
☐ suǒyǐ
☐
☐

● 그래서, 그러니

### 因为治疗及时，所以他的伤很快就好了。

Yīnwèi zhìliáo jíshí, suǒyǐ tā de shāng hěn kuài jiù hǎo le.

치료가 제때 이뤄져 그의 상처가 빨리 회복되었다.

### 这部小说之所以很受欢迎，是因为语言生动。

Zhè bù xiǎoshuō zhīsuǒyǐ hěn shòu huānyíng, shìyīnwèi yǔyán shēngdòng.

이 소설이 인기가 있는 이유는 언어가 생동감이 있기 때문이다.

**18** **4급** 因此
☐ yīncǐ
☐
☐

● 따라서, 그래서, 그러므로

### 我们事先做了充分准备，因此会议开得很成功。

Wǒmen shìxiān zuò le chōngfèn zhǔnbèi, yīncǐ huìyì kāi de hěn chénggōng.

우리는 사전에 충분히 준비를 하여 회의는 성공적으로 개최되었다.

**19** **5급** 因而
☐ yīn'ér
☐
☐

● 그러므로, 그래서, 그런 까닭에, 따라서

### 由于经济不景气，因而许多企业纷纷倒闭了。

Yóuyú jīngjì bù jǐngqì, yīn'ér xǔduō qǐyè fēnfēn dǎobì le.

경제가 침체되면서 많은 기업이 연달아 파산했다.

所 곳 소  以 써 이, 까닭 이  此 이 차          357

## 20 于是
**4급** yúshì

● 그래서, 그리하여 (= 于是乎 yúshìhu 그래서)

### 他恳切地拜托我一件事，于是我答应了。

Tā kěnqiè de bàituō wǒ yí jiàn shì, yúshì wǒ dāying le.

그가 한가지 일을 간절히 부탁하여 승낙하였다.

### 皇后忌妒白雪公主，于是命令一个仆人杀了她。

Huánghòu jìdu báixuě gōngzhǔ, yúshì mìnglìng yí ge púrén shā le tā.

왕비는 백설공주를 질투하여 하인에게 그녀를 죽이라고 명령을 내렸습니다.

## 21 5급 万一
wànyī

● 만일, 만약, 만에 하나(라도)

### 万一下雨，还去不去?
Wànyī xiàyǔ, hái qù bu qù?
만일 비가 오면 그래도 갈거니?

### 万一他不同意呢?
Wànyī tā bù tóngyì ne?
만약 그가 동의하지 않으면(어떻게 할거니)?

✎ 万一가 명사로 쓰일 때
　防备万一 fángbèi wànyī 만일에 대비하다

## 22 3급 如果
rúguǒ

● 만일, 만약

접관
속계
사사

### 如果有什么问题，可以随时来找我。
Rúguǒ yǒu shénme wèntí, kěyǐ suíshí lái zhǎo wǒ.
만약 어떤 문제가 있으면 언제든 나를 찾아와도 좋다.

### 如果道歉有用的话，要警察干吗?
Rúguǒ dàoqiàn yǒuyòng de huà, yào jǐngchá gànma?
만약 사과가 쓸모 있다면 경찰이 뭐 하려고 있겠나?

### 如果说，20世纪是模拟时代，那么，21世纪是数字时代。
Rúguǒ shuō, èr shí shìjì shì mónǐ shídài, nàme, èr shí yī shìjì shì shùzì shídài.
만약 20세기가 아날로그 시대라면 21세기는 디지털시대이다.

---

万 일만 만, 춤이름 만　如 같을 여, 좇을 여　果 열매 과　359

## 23 倘若
**6급**
tǎngruò

(서면어에 쓰여)만약(만일)~한다면

倘若你不信，就亲自去看看吧。

Tǎngruò nǐ bú xìn, jiù qīnzì qù kànkan ba.

만약 믿지 못하겠다면 직접 가서 봐라.

## 24 不然
**5급**
bùrán

그렇지 않으면 ( = 要不然 yàoburán 그렇지 않으면)

快去吧，不然(就要)迟到了。

Kuài qù ba, bùrán (jiù yào) chídào le.

빨리 가자, 그렇지 않으면 늦을 거다.

他一定有事，不然的话，为什么这么
晚还不回来？

Tā yídìng yǒu shì, bùrán de huà, wèishénme
zhème wǎn hái bù huílái?

그는 무슨 일이 있는게 틀림없어, 그렇지 않으면 왜 이렇
게 늦도록 안 오는 거지?

## 25 否则
**4급**
fǒuzé

만약 그렇지 않으면

最好下午去，否则见不了。

Zuìhǎo xiàwǔ qù, fǒuzé jiàn bu liǎo.

오후에 가는 게 가장 좋은데, 그렇지 않으면 만나 볼 수
없다.

倘 혹시당  若 만일약  否 아닐부, 악할비  则 곧즉, 법칙칙

## 除非
chúfēi

~해야만 비로소, ~이 아니고서는

(= 只有 zhǐyǒu ~해야만)

### 除非你去, 他才会去。
Chúfēi nǐ qù, tā cái huì qù.
네가 가야만 비로소 그도 갈 것이다.

### 除非你去, 否则他不会去。
Chúfēi nǐ qù, fǒuzé tā bú huì qù.
네가 가지 않으면 그도 가지 않을 것이다.

### 他不会听的, 除非你亲自去劝他。
Tā bú huì tīng de, chúfēi nǐ qīnzì qù quàn tā.
네가 직접 가서 설득하지 않으면 그는 말을 듣지 않을 것이다.

접관
속계
사사

## 除了
chúle

~를 제외하고는, ~외에 ~도

### 他除了会说英语以外, 还会说日语。
Tā chúle huì shuō Yīngyǔ yǐwài, hái huì shuō Rìyǔ.
그는 영어를 할 줄 아는 것 외에 일어도 할 줄 안다.

✐ 除了~以外(之外 zhīwài)의 형식으로 자주 쓰인다.

✐ '除了A 就是(jiùshì) B'는 '~지 않으면 ~을 한다'는 뜻으로 A나 B 중의 꼭 하나를 한다는 뜻이다.

这几天除了刮风, 就是下雨。
Zhè jǐ tiān chúle guāfēng, jiùshì xiàyǔ.
요 며칠 바람이 불지 않으면 비가 왔다.

---

除 섬돌 제, 덜 제, 나눌 제   非 아닐 비, 그를 비

**28**
**5급** 总之
zǒngzhī

요컨대 (= 总而言之 zǒng ér yán zhī)

**蔬菜、水果、牛奶、鱼类, 总之, 都是对身体好的食品。**
Shūcài、shuǐguǒ、niúnǎi、yúlèi, zǒngzhī, dōu shì duì shēntǐ hǎo de shípǐn.
채소, 과일, 우유, 생선, 요컨대 모두 몸에 좋은 식품이다.

**详细地址记不清了, 总之在这儿附近。**
Xiángxì dìzhǐ jì bu qīng le, zǒngzhī zài zhèr fùjìn.
자세한 주소는 기억나지 않는데 하여간 여기 근처다.

**29**
**3급** (是)~还是
(shì) ~ háishi

(의문문에 쓰여 선택을 나타냄)또는, 아니면

**(是)左边还是右边?**
(Shì) zuǒbian háishi yòubian?
왼쪽인가요, 오른쪽인가요?

**吃意大利面还是吃比萨饼?**
Chī yìdàlìmiàn háishi chī bǐsàbǐng?
스파게티 먹을까 아니면 피자 먹을까?

**30**
**1급** 那
nà

그러면, 그렇다면

**喜欢吗? 那你拿走。**
Xǐhuan ma? Nà nǐ názǒu.
마음에 드니? 그럼 가져가.

总 합할 총 之 갈 지, 이를 지 还 돌아올 환, 갚을 환 那 저 나

你帮他的忙, 那我就放心了。

Nǐ bāng tā de máng, nà wǒ jiù fàngxīn le.

네가 그를 돕는다니 그럼 나는 안심이다.

## 31 那么
nàme

그러면, 그렇다면

如果你能保密, 那么我就告诉你。

Rúguǒ nǐ néng bǎomì, nàme wǒ jiù gàosu nǐ.

네가 비밀을 지킬 수 있다면 내가 말해주겠다.

那么面对这种情况, 我们到底该怎么办?

Nàme miànduì zhè zhǒng qíngkuàng, wǒmen dàodǐ gāi zěnme bàn?

그렇다면 이런 상황에 직면하여 우리는 도대체 어떻게 해야 할까?

접관속계사사

## 32 尽管
4급
jǐnguǎn

비록~라 하더라도, ~에도 불구하고

尽管现在困难重重, 但是我决不会放弃希望。

Jǐnguǎn xiànzài kùnnán chóngchóng, dànshì wǒ jué bú huì fàngqì xīwàng.

비록 지금 어려움이 거듭되고 있지만 나는 결코 희망을 포기하지 않을 것이다.

尽管跟他谈了半天, 他还是想不通。

Jǐnguǎn gēn tā tán le bàntiān, tā háishi xiǎng bu tōng.

그에게 한참을 얘기했음에도 그는 여전히 납득하지 못한다.

尽管과 호응을 이루는 접속사는 '但是, 可是, 然而, 可, 还是, 仍然(réngrán)' 등이 있다.

## 33 虽然~但是(可是，然而)

suīrán ~ dànshì (kěshì, rán'ér)

비록~일지라도(하지만), 설령~일지라도

### 虽然输了比赛，但是长了信心。

Suīrán shū le bǐsài, dànshì zhǎng le xìnxīn.

비록 시합에 지긴 했지만 자신감이 늘었다.

### 经济虽然不景气，但并没有走下坡路。

Jīngjì suīrán bù jǐngqì, dàn bìng méiyǒu zǒu xiàpōlù.

경제가 비록 불경기이긴 하지만 결코 내리막 길을 걷고 있지는 않다.

虽然输了比赛，但是长了信心。

虽 비록 수　但 다만 단

## 34 无论~也(都)
**4급**

wúlùn ~ yě(dōu)

~을 막론하고, ~에 관계없이

(= 不论~也(都) búlùn ~ yě(dōu) )

### 无论做什么工作，他都非常认真。
Wúlùn zuò shénme gōngzuò, tā dōu fēicháng rènzhēn.

어떤 일을 하든지 그는 매우 열심이다.

### 无论大事还是小事，都对我很重要。
Wúlùn dàshì háishi xiǎoshì, dōu duì wǒ hěn zhòngyào.

큰 일이든 작은 일이든 나에겐 모두 중요하다.

### 无论如何 wúlùn rúhé
어찌됐든 상관없이, 어쨌든 간에

## 35 不管~也(都)
**4급**

bùguǎn ~ yě(dōu)

~에 관계없이, ~을 막론하고

### 不管付出什么代价，也要取得胜利。
Bùguǎn fùchū shénme dàijià, yě yào qǔdé shènglì.

어떤 대가를 치르더라도 승리를 거둬야 한다.

### 不管你在哪里，都能随时上网。
Bùguǎn nǐ zài nǎli, dōu néng suíshí shàngwǎng.

네가 어디 있든지 언제나 인터넷에 접속할 수 있다.

---

无 없을무　论 논할론　也 어조사야　　　365

不管冬天还是夏天，他都坚持锻炼身体。

Bùguǎn dōngtiān háishi xiàtiān, tā dōu jiānchí duànliàn shēntǐ.

겨울, 여름 상관없이 그는 꾸준히 운동한다.

## 36 不仅~而且

**4급**

bùjǐn ~ érqiě

~일 뿐만 아니라, 또한

他不仅会开汽车，而且还会修理。

Tā bùjǐn huì kāi qìchē, érqiě hái huì xiūlǐ.

그는 차를 몰 수 있을 뿐만 아니라 수리도 할 수 있다.

## 37 不但~而且

**3급**

búdàn ~ érqiě

~뿐만 아니라, 또한

不但价格便宜，而且东西也好。

Búdàn jiàgó piányi, érqiě dōngxi yě hǎo.

가격이 쌀 뿐만 아니라 물건도 좋다.

## 38 不是~而是

bú shì ~ ér shì

~이 아니고 ~이다

我不是身体不好，而是心情不好。

Wǒ bú shì shēntǐ bù hǎo, ér shì xīnqíng bù hǎo.

나는 몸이 안 좋은 게 아니라 기분이 안 좋은 거다.

今天不是星期六，而是星期天。

Jīntiān bú shì xīngqīliù, ér shì xīngqītiān.

오늘은 토요일이 아니고 일요일이다.

仅 겨우 근, 거의 근　且 또 차, 어조사 저

## 39 不是~就是 ~이 아니면 ~이다

búshì ~ jiùshì

### 不是刮风就是下雨。
Búshì guāfēng jiùshì xiàyǔ.
바람이 불지 않으면 비가 온다.

### 他不是中国人，就是日本人。
Tā búshì Zhōngguórén, jiùshì Rìběnrén.
그는 중국 사람이 아니면 일본 사람이다.

就 이룰 취, 나갈 취, 곧 취

接冠속계사사

**40**
4급
**只要~就**
zhǐyào ~ jiù

~하기만 하면, 만약 ~라면

**只要吃了药, 感冒就会好的。**
Zhǐyào chī le yào, gǎnmào jiù huì hǎo de.
약을 먹기만 하면 감기는 좋아질 것이다.

**41**
3급
**只有~才**
zhǐyǒu ~ cái

~해야만 ~이다

**只有吃了药, 感冒才会好。**
Zhǐyǒu chī le yào, gǎnmào cái huì hǎo.
약을 먹어야만 감기가 나을 수 있다.

> '只要 A, 就 B'와 '只有 A, 才 B'
>
> '只要 A, 就 B'는 A라는 조건으로도 이미 충분하기 때
> 문에 다른 조건이 더 필요없다는 뜻이나, '只有 A, 才
> B'는 A라는 조건만이 오직 유효할 뿐 다른 조건은 안 된
> 다는 뜻을 내포하고 있다.

**42**
4급
**即使~也**
jíshǐ ~ yě

설령(설사)~하더라도(할지라도, 일지라도)

**即使他有空, 他也不会来的。**
Jíshǐ tā yǒu kòng, tā yě bú huì lái de.
설령 그가 시간이 있더라도 그는 오지 않을 것이다.

**即使下雨也不会太大。**
Jíshǐ xiàyǔ yě bú huì tài dà.
설사 비가 온다 하더라도 그리 많이 오지는 않을 것이다.

> 即使가 나타나는 조건은 아직 실현되지 않은 일이거
> 나 사실과 상반되는 일의 가능성을 나타낸다.

**43**
5급
☐
☐ **宁可**
nìngkě

● 차라리(〜하는 게 낫다), 오히려(〜할지언정)

### 我宁可吃点亏，也不占人家的便宜。
Wǒ nìngkě chī diǎn kuī, yě bú zhàn rénjiā de piányi.
내가 손해를 좀 볼지언정 남의 덕을 보지는 않겠다.

### 与其在这儿等车，我宁可走着去。
Yǔqí zài zhèr děng chē, wǒ nìngkě zǒuzhe qù.
여기서 차를 기다리느니 차라리 걸어가는 게 낫겠다.

**44**
6급
☐ **宁愿**
nìngyuàn

● 차라리(〜하고자 한다), 차라리(〜일지언정)

### 宁愿去死，也不愿向敌人低头。
Nìngyuàn qù sǐ, yě bú yuàn xiàng dírén dītóu.
차라리 죽을지언정 적에게 머리를 숙이지 않겠다.

### 宁愿多花些钱，也买这个。
Nìngyuàn duō huā xiē qián, yě mǎi zhè ge.
차라리 돈을 더 들여서라도 이걸 사겠다.

✎ 宁愿은 선택한 방법이 주로 사람의 의지에 달려 있을 때 쓴다.

**45**
5급
☐
☐ **与其~不如**
yǔqí ~ bùrú

● 〜하기보다는, 〜하느니(차라리)

### 与其治病，不如防病。
Yǔqí zhìbìng, bùrú fángbìng.
병을 치료하기보다는 예방하는 게 더 낫다.

---

宁 편안할 녕(영/령)　愿 바랄 원　与 더불 여, 줄 여　369

# 既然~也(就)

jìrán ~ yě(jiù)

이미 이렇게 된 바에야, 기왕 그렇게 된 이상

### 既然你一定要去，我也不反对。

Jìrán nǐ yídìng yào qù, wǒ yě bù fǎnduì.

네가 꼭 가겠다고 한 이상 나도 반대는 않겠다.

### 事情既然已经这样了，后悔有什么用呢？

Shìqíng jìrán yǐjīng zhèyàng le, hòuhuǐ yǒu shénme yòng ne?

일이 이미 이렇게 됐는데 후회한들 무슨 소용이 있겠냐?

✎ 既然과 호응하는 것에 '也, 就' 외에도 '那么(nàme), 还(hái)' 등이 있다.

· 这样做既然不行，那么你打算怎么办呢？

　Zhèyàng zuò jìrán bùxíng, nàme nǐ dǎsuàn zěnme bàn ne?

　이렇게 해서 안 된다면 너는 어떻게 할 생각이니?

事情既然已经这样了，
后悔有什么用呢？

既 이미 기, 다할 기

# 07

## 속담·성어·관용어

01 **指手划脚** zhǐ shǒu huà jiǎo 감 놓아라 배 놓아라 한다.

02 **五十步笑百步** wǔ shí bù xiào bǎi bù
똥 묻은 개가 겨 묻은 개를 나무란다. 오십보 백보.

03 **以卵击石** yǐ luǎn jī shí
계란으로 바위 치기.

04 **鼓不打不响, 话不说不明**
gǔ bù dǎ bù xiǎng, huà bù shuō bù míng
고기는 씹어야 맛이고 말은 해야 맛이다.

05 **城门失火, 殃及池鱼**
chéng mén shī huǒ, yāng jí chí yú
고래 싸움에 새우 등 터진다. 성문에 불이 나면 연못의 물을 퍼다 써 연못의 고기에게까지 재앙이 미친다.

06 **苦尽甘来** kǔ jìn gān lái
고생 끝에 낙이 온다.

07 **因噎废食** yīn yē fèi shí
구더기 무서워 장 못 담그다. 목이 멘다고 먹기를 그만두다.

08 **玉不琢, 不成器** yù bù zhuó, bù chéng qì
구슬이 서 말이라도 꿰어야 보배.

09 **吴牛喘月**
wú niú chuǎn yuè
국에 덴 놈은 물 보고도 불고 마신다. 더위 먹은 소 달 보고도 헐떡거린다.

---

殃 재앙 앙   鱼 고기 어   噎 목멜 열   吴 오나라 오

### 10 车到山前必有路
chē dào shānqián bì yǒu lù
궁하면 통한다. 수레가 산 앞에 이르면 반드시 길이 있게 마련이다.

### 11 龙生龙, 凤生凤 (= 有其父必有其子)
lóng shēng lóng fèng shēng fèng (= yǒu qí fù bì yǒu qí zǐ)
그 아비에 그 자식. 용은 용을 낳고 봉황은 봉황을 낳는다.

### 12 一举两得 (= 一箭双雕) yì jǔ liǎng dé (= yí jiàn shuāng diāo)
일거양득. 일석이조. 꿩 먹고 알 먹기.

### 13 比登天还难 bǐ dēng tiān hái nán
낙타 바늘구멍 들어가기.

### 14 不识一丁 (= 目不识丁) bù shí yì dīng(= mù bù shí dīng)
낫 놓고 기역자도 모른다. 일자무식.

### 15 隔墙有耳 (= 隔窗有耳) géqiáng yǒu ěr(= géchuāng yǒu ěr)
벽에도 귀가 있다. 낮 말은 새가 듣고 밤 말은 쥐가 듣는다.

### 16 喝凉水剔牙缝 hē liángshuǐ tī yáféng  냉수 먹고 이 쑤신다.

### 17 易如反掌 yì rú fǎn zhǎng  누워서 떡 먹기. 식은 죽 먹기.

### 18 功亏一篑 gōng kuī yí kuì  다 된 밥에 코 빠뜨린다.

### 19 做贼心虚 (= 作贼心虚)
zuò zéi xīn xū (= zuò zéi xīn xū)
도둑이 제 발 저리다.

**20  半斤八两** bàn jīn bā liǎng
도토리 키재기

**21  丈八灯台照远不照近**
zhàngbā dēngtái zhào yuǎn bú zhào jìn
등잔 밑이 어둡다. 높은 촛대는 먼 곳은 비추나 가까운 곳은 비추지 않는다.

**22  喝凉水都塞牙** hē liángshuǐ dōu sāiyá
뒤로 자빠져도 코가 깨진다. 냉수를 마셔도 이에 낀다.

**23  人外有人, 天外有天 (=人上有人, 天上有天)**
rén wài yǒu rén, tiān wài yǒu tiān (rén shàng yǒu rén, tiān shàng yǒu tiān)
뛰는 놈 위에 나는 놈 있다.

**24  长痛不如短痛** cháng tòng bùrú duǎn tòng
매도 먼저 맞는 놈이 낫다.

**25  远亲不如近邻** yuǎn qīn bùrú jìn lín
먼 친척보다 가까운 이웃이 낫다. 이웃사촌.

**26  眼不见, 心不烦 (=耳不听, 心不烦)**
yǎn bú jiàn, xīn bù fán (= ěr bù tīng, xīn bù fán)
모르는 게 약이다.

**27  挑雪填井** tiāo xuě tián jǐng
밑 빠진 독에 물 붓기. 헛수고하다. 눈을 날라 우물을 메우다.

**28  火烧眉毛** huǒ shāo méi máo
발등에 불이 떨어지다. 불이 눈썹을 태우다.

塞 막을 색, 변방 새  邻 이웃 린  烧 태울 소

29 **百闻不如一见** (= 眼见是实, 耳闻是虚)
bǎiwén bùrú yíjiàn (= yǎnjiàn shì shí, ěrwén shì xū)
백문이 불여일견.

30 **众擎易举** zhòng qíng yì jǔ
백지장도 맞들면 낫다. 여러 사람이 함께 들어올리면 쉽게 들린다.

31 **快如闪电** (= 急如流星) kuài rú shǎndiàn (= jí rú liúxīng)
번갯불에 콩 볶아 먹는다.

32 **打一巴掌揉三下儿** (= 打一下揉三揉)
dǎ yì bāzhang róu sānxiar (= dǎ yí xià róu sān róu)
병 주고 약 주다. 따귀 한 대 때리고 세 번 어루만져 준다.

33 **秀外惠中** xiù wài huì zhōng 보기 좋은 떡이 먹기도 좋다.

34 **火上加油** (= 火上浇油)
huǒ shàng jiā yóu ( = huǒ shàng jiāo yóu)
불난 집에 부채질하다.

35 **华而不实** (= 虚有其表而无其实)
huá ér bù shí (= xū yǒu qí biǎo ér wú qí shí)
빛 좋은 개살구. 겉만 번지르르하고 내용이 없다.

36 **人多就乱, 龙多就旱** rén duō jiù luàn, lóng duō jiù hàn
사공이 많으면 배가 산으로 간다. 사람이 많으면 혼란해지고 용이 많으면 가문다.

37 **久病成良医** jiǔbìng chéng liángyī
서당개 삼 년이면 풍월을 읊는다. 오래 병을 앓으면 의사가 된다.

---

**38** **从小看大，三岁到老** cóng xiǎo kàn dà, sān suì dào lǎo

세 살 버릇 여든까지 간다.

**39** **天下无不是的父母** tiānxià wú bú shì de fùmǔ

세상에 나쁜 부모는 없다.

**40** **对牛弹琴** duì niú tán qín 소 귀에 경 읽기

**41** **一个碗不响，两个碗叮当**

yí ge wǎn bùxiǎng, liǎng ge wǎn dīngdāng

손뼉도 마주쳐야 소리가 난다.

**42** **无风不起浪** (= 无风不草动)

wú fēng bù qǐ làng (= wú fēng bù cǎo dòng)

아니 땐 굴뚝에 연기날까. 바람이 없으면 파도가 일지 않는다.

**43** **知人知面不知心** (= 画虎画皮难画骨)

zhī rén zhī miàn bù zhī xīn (= huà hǔ huà pí nán huà gǔ)

열 길 물 속은 알아도 한 길 사람 속은 모른다.

**44** **因好致好** yīn hǎo zhì hǎo 가는 정이 있어야 오는 정이 있다.

**45** **美中不足** měi zhōng bù zú 옥의 티.

**46** **三分人材，七分打扮** sān fēn réncái, qī fēn dǎbàn

옷이 날개다. 볼품 없는 인물도 옷을 잘 입으면 돋보인다.

**47** **坐井观天** (= 井底之蛙) zuò jǐng guān tiān (jǐng dǐ zhī wā)

우물 안 개구리.

**48** 冤家路窄 yuān jiā lù zhǎi
원수는 외나무다리에서 만난다.

**49** 人有错手, 马有失蹄 rén yǒu cuò shǒu, mǎ yǒu shī tí
원숭이도 나무에서 떨어질 때가 있다.

**50** 良药苦口, 忠言逆耳 liáng yào kǔ kǒu, zhōng yán nì ěr
좋은 약은 입에 쓰고, 충언은 귀에 거슬린다.

**51** 一朝被蛇咬, 十年怕井绳 (= 惊弓之鸟)
yì zhāo bèi shé yǎo, shí nián pà jǐngshéng (= jīng gōng zhī niǎo)
자라보고 놀란 가슴 솥뚜껑보고 놀란다. 뱀에 물린 적이 있는 사람은 우물 두레
박줄을 보고도 무서워한다.

**52** 姜还是老的辣 jiāng háishi lǎo de là
구관이 명관이다. 생강은 여문 것이 맵다.

**53** 为人作嫁 wèi rén zuò jià 죽 쑤어 개 좋은 일 하다.

**54** 搬起石头打自己的脚 bān qǐ shítou dǎ zìjǐ de jiǎo
제 도끼에 발등 찍힌다. 제 발등을 제가 찍다.

**55** 江山易改, 本性难移 jiāngshān yì gǎi, běnxìng nán yí
제 버릇 개 못 준다.

**56** 金石为开 jīn shí wéi kāi 지성이면 감천이다.

**57** 一口吃个胖子 yìkǒu chī ge pàngzi 첫술에 배부르랴.

58 **一知半解** yì zhī bàn jiě
수박 겉 핥기. 깊이 있게 알지 못하다.

59 **种瓜得瓜, 种豆得豆** zhòng guā dé guā, zhòng dòu dé dòu
콩 심은 데 콩 나고 팥 심은 데 팥 난다.

60 **积少成多 (= 积土成山 / 积水成渊)**
jī shǎo chéng duō(= jī tǔ chéng shān / jī shuǐ chéng yuān)
티끌 모아 태산. .

61 **皇天不负苦心人** huángtiān bú fù kǔ xīn rén
하늘은 스스로 돕는 자를 돕는다.

62 **海里捞针(= 海底捞针)**
hǎi lǐ lāo zhēn (= hǎi dǐ lāo zhēn)
하늘의 별 따기, 바다 밑에서 바늘 찾기

63 **天无绝人之路** tiān wú jué rén zhī lù
하늘이 무너져도 솟아날 구멍이 있다.

64 **覆水难收** fù shuǐ nán shōu
한 번 엎지른 물은 다시 담지 못한다.

65 **豹死留皮, 人死留名** bào sǐ liú pí, rén sǐ liú míng
호랑이는 죽어서 가죽을 남기고 사람은 죽어서 이름을 남긴다.

66 **说曹操, 曹操就到** shuō Cáo Cāo, Cáo Cāo jiù dào
호랑이도 제 말 하면 온다. 조조를 얘기하니 조조가 온다.

渊 못연 捞 잡을로 豹 표범표

**01** **供过于求** gōng guò yú qiú  공급이 수요를 초과하다.

**02** **供不应求** gōng bú yìng qiú  공급이 수요를 따르지 못하다.

**03** **刮目相看** (= 刮目相待)
guā mù xiāng kàn(= guā mù xiāng dài)
눈을 비비고 다시 보다. 새로운 안목으로 대하다. 괄목상대하다.

**04** **求之不得** qiú zhī bù dé
구하려 해도 얻을 수 없다. 매우 얻기 어려운 기회. 매우 열망하던 것

**05** **屈指可数** qū zhǐ kě shǔ
손꼽아 셀 수 있다. 손꼽아 헤아릴 수 있을 정도의 소수.

**06** **急功近利** jí gōng jìn lì  눈앞의 이익에만 급급하다.

**07** **机不可失, 时不再来**
jī bù kě shī, shí bú zài lái
기회를 놓치지 말아라, 때는 다시 오지 않는다.

**08** **杞人忧天** qǐ rén yōu tiān  기우. 쓸데없는 걱정.

**09** **大开眼界** dà kāi yǎn jiè  식견·견문을 크게 넓히다.

**10** **大惊小怪** dà jīng xiǎo guài  하찮은 일에 크게 놀라다.

**11** **大势所趋** dà shì suǒ qū  대세의 흐름.

**12** **大失所望** dà shī suǒ wàng  크게 실망하다.

성어

---

势 세력 세  趋 추창할 추, 재촉할 촉

13 **大错特错** dà cuò tè cuò 크게(완전히) 틀리다.

14 **掉以轻心** diào yǐ qīng xīn
대수롭지 않게 여기다. 소홀히 하다. 경솔한 태도를 취하다.

15 **得不偿失** dé bù cháng shī 얻는 것보다 잃는 것이 많다.

16 **无稽之谈** wú jī zhī tán 터무니없는 말.

17 **无一例外** wú yí lì wài 예외없이 모두.

18 **半途而废** bàn tú ér fèi 중도에 그만두다.

19 **半信半疑** (= 将信将疑) bàn xìn bàn yí(= jiāng xìn jiāng yí)
반신반의하다.

20 **防患未然** fáng huàn wèi rán 미연에 방지하다.

21 **别有用心** bié yǒu yòng xīn
달리 나쁜 생각을 품고 있다. 다른 꿍꿍이 속셈이 있다.

22 **步人后尘** bù rén hòu chén
남이 한 것을 답습하다. 남의 걸음을 따라 걷다.

23 **付诸东流** fù zhū dōng liú
수포로 돌아가다. 헛수고하다.

24 **不管三七二十一** bùguǎn sān qī èrshíyī
앞뒤를 가리지 않고 무턱대고. 다짜고짜로. 물불을 가리지 않고.

25 **不了了之** bù liǎo liǎo zhī 중간에 흐지부지 그만두다.

26 **不切实际** bú qiè shí jì
실제와 맞지 않다. 현실에 부합하지 않다.

27 **不胜枚举** bú shèng méi jǔ (너무 많아서) 일일이 다 셀 수 없다.

28 **不识时务** bù shí shí wù
시대의 흐름을 모르다. 세상물정에 어둡다.

29 **比比皆是** (= 俯拾即是 / 大行其道)
bǐ bǐ jiē shì (= fǔ shí jí shì / dà xíng qí dào)
흔하다. 수두룩하다.

30 **史无前例** shǐ wú qián lì 역사상 전례가 없다.

31 **山穷水尽** shān qióng shuǐ jìn 궁지에 빠지다. 막다른 골목에 몰리다.

32 **小题大做** xiǎo tí dà zuò
하찮은 일을 요란스럽게 처리하다. 사소한 일을 떠들썩하게 굴다.

33 **扫地以尽** sǎo dì yǐ jìn
면목 · 위신이 여지없이 땅에 떨어지다.

34 **水落石出** shuǐ luò shí chū 일의 진상이 밝혀지다.

35 **袖手旁观** xiù shǒu páng guān 수수방관하다.

36 **瞬息万变** shùn xī wàn biàn 변화가 아주 빠르다.

**37** 视而不见(= 视若不见 / 熟视无睹)
shì ér bú jiàn(= shì ruò bú jiàn / shú shì wú dǔ)
보고도 못 본 척하다.

**38** 拭目以待 shì mù yǐ dài
눈을 비비며 기다리다. 기대하다. (기대가 간절하거나 어떤 일의 실현을 손꼽아 기다림)

**39** 深思熟虑 (= 前思后想)
shēn sī shú lǜ (= qián sī hòu xiǎng)
심사숙고하다.

**40** 十拿九稳 shí ná jiǔ wěn
손에 넣은 것이나 마찬가지로 확실하다. 따 놓은 당상이다.

**41** 按部就班 àn bù jiù bān
순서대로 하나하나 진행시키다. 착실히 한 걸음 한 걸음 나아가다.

**42** 两全其美 liǎng quán qí měi
양쪽 모두에게 좋다. 쌍방이 모두가 좋게 하다.

**43** 言过其实 yán guò qí shí
말이 과장되어 사실과 맞지 않다.

**44** 如鱼得水 rú yú dé shuǐ
물고기가 물을 만난 것 같다. 마음 맞는 사람을 얻다. 자신에게 적합한 환경을 얻다.

**45** 如愿以偿 rú yuàn yǐ cháng
희망이 이루어지다. 소원 성취하다.

46 **如坐针毡** rú zuò zhēn zhān
바늘방석에 앉은 것 같다. 불안하여 잠시도 마음을 놓지 못하다.

47 **了若指掌** (= 了如指掌 / 如数家珍)
liǎo ruò zhǐ zhǎng (= liǎo rú zhǐ zhǎng / rú shǔ jiā zhēn)
손금 보듯 훤하다. 잘 알고 있다.

48 **欲速不达** yù sù bù dá
일을 너무 서두르면 도리어 이루지 못한다. 급히 먹는 밥이 체한다.

49 **为时过早** (= 为时太早)
wéi shí guò zǎo (= wèi shí tài zǎo)  시기상조

50 **有备无患** yǒu bèi wú huàn  유비무환

51 **有志者, 事竟成** (= 有志竟成)
yǒu zhì zhě, shì jìng chéng (yǒu zhì jìng chéng)
뜻이 있는 곳에 길이 있다. 하려고만 하면 못해낼 일이 없다.

성어

52 **以防万一** yǐ fáng wàn yī  만일에 대비하다.

53 **人有改常, 无病而亡** rén yǒu gǎi cháng, wú bìng ér wáng
사람이 안 하던 짓을 하면 병이 없이도 죽는다.

54 **引以为鉴** yǐn yǐ wéi jiàn  본보기로 삼다.

55 **一毛不拔** yì máo bù bá  매우 인색하다. 털 한 가닥도 안 뽑는다.

56 **一步登天** yí bù dēng tiān  벼락출세하다. 벼락부자가 되다.

---

毡 모전 전  备 갖출 비  鉴 거울 감       383

57 **一以当十** yī yǐ dāng shí
혼자서 열 사람의 적과 맞서다. 용감하게 열 배나 되는 적을 상대하다. 일당백.

58 **一相情愿** yì xiāng qíng yuàn
오로지 자기 쪽만 생각하고 객관적인 조건은 고려하지 않는다. 일방적이다.

59 **一朝一夕** yì zhāo yì xī
하루 아침. 매우 짧은 시간.

60 **一针见血** yì zhēn jiàn xiě
급소를 찌르다. 따끔한 경고 · 충고를 하다. 추호의 가차도 없다.

61 **入乡随俗** rù xiāng suí sú
로마에 가면 로마법을 따른다.

62 **煮豆燃萁** zhǔ dòu rán qí
골육상잔. 콩깍지를 태워 콩을 삶다.

63 **自作自受** (= **自食其果** / **咎由自取** / **玩火自焚**)
zì zuò zì shòu (= zì shí qí guǒ / jiù yóu zì qǔ / wán huǒ zì fén)
자업자득. 자기가 뿌린 씨는 자기가 거둔다.

64 **前车之鉴** (= **前车之覆, 后车之鉴**)
qián chē zhī jiàn (= qián chē zhī fù, hòu chē zhī jiàn)
앞사람의 실패를 보고 교훈으로 삼다.

65 **啼笑皆非** tí xiào jiē fēi
이러지도 저러지도 못하다. 울지도 웃지도 못하다.

66 **重蹈覆辙** chóng dǎo fù zhé
전철을 밟다. 실패를 다시 되풀이하다.

67 **寸步难行** cùn bù nán xíng
한 걸음도 나아갈 수 없다. 조금도 움직일 수 없다.

68 **丛林法则** cóng lín fǎ zé
정글의 법칙.

69 **出尔反尔** chū ěr fǎn ěr
이랬다 저랬다 하다.

70 **烫手山芋** tàng shǒu shān yù
난제. 힘든 일. 뜨거운 감자.

71 **饱尝世味**
bǎo cháng shì wèi
산전수전 다 겪다. 세상의 쓴 맛 단 맛을 다 보다.

72 **风光不再**
fēng guāng bú zài
예전과 같지 않다. 명성이 다시 오지 않는다.

73 **行之有效** xíng zhī yǒu xiào
효과적이다.

74 **祸不单行** (= 难上加难 / 雪上加霜)
huò bù dān xíng (= nán shàng jiā nán / xuě shàng jiā shuāng)
화는 홀로 오지 않는다. 설상가상. 엎친 데 덮친 격.

**75** 换骨脱胎 huàn gǔ tuō tāi 환골탈태하다.

**76** 挥金如土 (= 挥霍无度) huī jīn rú tǔ (= huī huò wú dù)
돈을 물 쓰듯 하다.

**77** 居高不下 jū gāo bú xià
(가격 등이)높은 곳에서 내려오지 않다.

**78** 病入膏肓 bìng rù gāo huāng
병이 중태에 빠져 완치될 가망이 없다.

**79** 放长线，钓大鱼 fàng chángxiàn, diào dàyú
긴 줄을 늘여 대어를 낚다. 눈앞의 작은 것보다 앞날의 큰 것을 보다. 일을 함에
있어서 장기적인 안목을 가져야 함을 비유한 말. 비록 단기간에 효과를 보지 못
해도 더 큰 이익을 볼 수 있음을 말한다.

**80** 有名无买 yǒu míng wú shí
유명무실하다.

**81** 名副其实 (= 名不虚传)
míng fù qí shí (= míng bù xū chuán)
명실상부하다.

**82** 师出有名 shī chū yǒu míng
군대를 출병시키려면 명분이 필요하다. 정당한 명분이 있어 출병하다.

**83** 师出无名 shī chū wú míng
정당한 명분없이 군대를 출동시키다. 정당한 이유 없이 전쟁을 하다.

**01 爱面子** ài miànzi

체면을 중시하다. 체면 차리다.

**02 八九不离十** bā jiǔ bù lí shí

대체로. 거의. 십중팔구.

**03 拔虎须** bá hǔxū

지극히 위험한 일을 하다. 큰 모험을 하다. 호랑이의 수염을 뽑다.

**04 拔尖儿** bá jiānr 출중하다. 남들보다 뛰어나다.

**05 拔舌头** (= 封嘴巴 / 堵嘴巴)

bá shétou (= fēng zuǐba / dǔ zuǐba)

입을 막다. 말을 못하게 하다.

**06 白吃饱** bái chī bǎo

무능한 사람(욕하는 말).

**07 百事通** (= 万事通)

bǎishìtōng (= wànshìtōng)

모든 일에 능한 사람. 척척박사.

**08 摆架子** bǎi jiàzi

거드름을 피우다. 잘난척하다.

**09 摆龙门阵** (= 摆三国)

bǎi lóngménzhèn (= bǎi sānguó)

한가하게 이야기를 나누다. 잡담하다.

---

10 **败家精** bàijiājīng
집안을 망치는 자식. 방탕아. 가산을 탕진하는 자식.

11 **搬救兵** bān jiùbīng 어려움에 처했을 때 남에게 도움을 청하다.

12 **扳死杠** bān sǐgàng 자신의 의견을 고집하며 양보하지 않다.

13 **板面孔**(= **板脸孔**) bǎn miànkǒng (= bǎn liǎnkǒng)
무뚝뚝한 얼굴을 하다. 기분 나쁜 얼굴을 하다.

14 **半边天** bànbiāntiān (신사회의) 여성. 여성도 한 몫

15 **半篮子喜鹊** bàn lánzi xǐquè 한도 끝도 없이 말하는 사람. 수다쟁이.

16 **半桶水** bàntǒngshuǐ
어떤 지식에 대해 어설프게 수박 겉 핥기 식으로만 아는 사람.

17 **扮木头** bàn mùtou 모르는 척 하거나 일부러 무시해버리다.

18 **绊脚石** bànjiǎoshí 장애물. 방해물.

19 **帮倒忙** bāng dàománg 돕는다는 것이 오히려 방해가 되다.

20 **包打天下** bāo dǎ tiānxià 혼자 일을 다 도맡아서 완성하다.(나쁜 의미로 쓰임)

21 **包圆儿** bāo yuánr 전부 책임지다. 전부 담당하다(맡다).

22 **剥脸皮** bāo liǎnpí 망신을 주다. 창피를 주다.

23 **饱口福** bǎo kǒufú  입을 즐겁게 하다. 음식을 배불리 먹다.

24 **饱眼福** bǎo yǎnfú  눈을 즐겁게 하다. 눈요기를 하다.

25 **抱佛脚** bào fójiǎo  급하면 부처 다리라도 안는다.

26 **背黑锅** bēi hēiguō  억울하게 누명을 쓰다.

27 **避风头** bì fēngtou  형세가 불리한 것을 보고 숨다(피하다). 공격을 피하다.

28 **驳面子** bó miànzi
체면 봐주지 않고 다른 사람의 부탁을 거절하다.

29 **不买帐** bù mǎi zhàng
(상대방의 능력이나 장점을 인정하지 못하여)불복하다. 인정하지 않다. 따르지 않다.

30 **不起眼** bù qǐ yǎn  볼품 없다. 주목을 끌지 못하다.

31 **不是味儿** bú shì wèir  정상이 아니다. 기분이 나쁘다(언짢다).

32 **不要脸** bú yào liǎn  뻔뻔스럽다. 파렴치하다.

33 **擦屁股** cā pìgu  남의 뒤치다꺼리를 하다.

34 **踩尾巴** cǎi wěiba  남의 미움(노여움)을 사다. 남의 기분을 상하게 하다.

35 **尝甜头** (= 吃甜头) cháng tiántou(= chī tiántou)
재미를 보다. 맛을 들이다.

---

**36 唱反调** chàng fǎndiào
상반된 주장이나 행동을 하다. 반대로 나가다.

**37 炒冷饭** chǎo lěngfàn
이미 했던 일이나 말을 반복하여 새로운 내용이 없다. 재탕하다.

**38 炒鱿鱼** chǎo yóuyú  해고하다. 파면하다.

**39 吃白眼** chī báiyǎn  남에게 무시를 당하다.

**40 吃醋** chīcù  질투하다.

**41 吃忘性蛋** chī wàngxìngdàn
건망증이 생기다. 건망증이 심하다. 까마귀 고기를 먹다.

**42 吃闲饭** chī xiánfàn  빈둥빈둥 놀고 먹다.

**43 吃现成饭** chī xiànchéngfàn
아무것도 하지 않고 남이 애써 이루어 놓은 성과를 누리다.

**44 吃香** chīxiāng  환영받다. 평판이 좋다. 인기가 좋다.

**45 翅膀硬** chìbǎng yìng
제 구실을 할 수 있게 되다. 자립할 수 있는 능력을 갖게 되다.

**46 丑八怪** chǒubāguài  못생긴 사람. 흉하게 생긴 사람.

**47 吹牛皮** chuī niúpí  허풍을 떨다.

48 **打马虎眼** dǎ mǎhuyǎn  일부러 어수룩한 척하여 남을 속이다.

49 **打牙祭** dǎ yájì  실컷 배불리 먹다.

50 **大锅饭** dàguōfàn
한솥밥. 대중식사. 공동취사. 지위의 높고 낮음을 구분하지 않은 일률적인 대우.

51 **当左右手** dāng zuǒyòushǒu  유능한 조수가 되다.

52 **对胃口** duì wèikǒu  자신의 흥미나 기호(구미)에 맞다.

53 **翻白眼** fān báiyǎn
곤란해하다. 실망하다. 분개하다. 불만스러워하다.

54 **放狗屁** (= 放臭屁)
fàng gǒupì (= fàng chòupì)
아무런 근거도 없는 말을 지껄이다.(욕할 때 쓰는 말)

55 **干瞪眼** (= 白瞪眼)
gāndèngyǎn (= báidèngyǎn)
그저 안절부절 할 뿐 어찌할 도리가 없다. 그저 눈만 동그랗게 뜨고 바라볼 뿐 속수무책이다.

56 **赶时髦** gǎn shímáo  유행을 따르다.

57 **给面子** gěi miànzi  체면을 살려주다. 체면을 봐 주다.

58 **狗咬狗** gǒu yǎo gǒu
같은 패끼리 서로 싸우다(내분이 일다). 개가 개를 물다.

관용어

---

**狗** 개 구  **屁** 방귀 비  **瞪** 똑바로뜨고볼 징  **391**

**59** 狗嘴里吐不出象牙来 gǒuzuǐli tǔbuchū xiàngyá lái

하찮은 인간은 품위 있는 말을 못한다. 개 입에서는 상아를 뱉어내지 못한다. 개는 개소리밖에 낼 수 없다.

**60** 挂羊头卖狗肉 guà yángtóu mài gǒuròu

속과 겉이 다르다. 표리부동하다. 양 머리를 내걸고 개고기를 팔다.

**61** 合不来 hé bu lái  성격·흥미·마음 등이 맞지 않다.

**62** 黑名单 hēimíngdān  블랙리스트.

**63** 换汤不换药 huàn tāng bú huàn yào

형식만 바꾸고 내용은 바꾸지 않는다. 약탕만 바꾸고 약은 바꾸지 않는다.

**64** 浇冷水 (= 泼冷水)

jiāo lěngshuǐ (= pō lěngshuǐ)

흥이나 열정을 깨다. 찬물을 끼얹다.

**65** 绞脑汁 jiǎo nǎozhī

고심을 하며 머리를 쓰다(짜내다). 온갖 지혜를 짜내다.

**66** 开倒车 kāi dào chē  시대의 흐름에 역행하다.

**67** 看脸色 (= 看颜色) kàn liǎnsè (= kàn yánsè)

남의 눈치를 살피다.

**68** 口头禅 kǒutóuchán  실속 없는 말. 공염불. 입에 발린 말.

**69** 扣帽子 kòu màozi  제대로 조사하지 않고 죄를 덮어씌우다. 누명을 씌우다.

70 **拉肚子** lā dùzi 배탈이 나다. 설사하다.

71 **露马脚** lòu mǎjiǎo 진상을 드러내다. 탄로나다. 정체가 드러나다.

72 **露一手** lòu yì shǒu 솜씨를 보이다.

73 **没门儿** méi ménr 방법이 없다. 연줄이 없다. 어림도 없다.

74 **牛脾气** niúpíqi 고집불통. 황소고집. 완고한 성미.

75 **碰钉子** pèng dīngzi
난관에 부딪치다. 지장이 생기다. 거절당하다. 퇴짜맞다.

76 **妻管严** (= 气管炎)
qīguǎnyán (= qìguǎnyán)
공처가.

관용어

77 **敲竹杠** qiāo zhúgàng
남의 약점을 이용하거나 구실을 빌어 바가지를 씌우거나 재물을 뜯어내다.

78 **肉中刺** ròuzhōngcì 눈엣가시

79 **使眼色** shǐ yǎnsè 눈짓으로 알리다. 눈짓하다. 곁눈을 주다.

80 **下死眼** xià sǐyǎn 눈 하나 깜빡하지 않고 뚫어져라 쳐다보다.

81 **小心眼** (= 小心眼子)
xiǎoxīnyǎn (= xiǎoxīnyǎnzi)
옹졸하다. 마음이 좁다.

---

脾 지라 비   碰 부딪힐 병(팽)   敲 두드릴 고   393

82 **心肠软** (↔ 心肠硬)
xīncháng ruǎn (↔ xīncháng yìng)
마음이 약하다. (↔ 냉정하다. 냉혹하다.)

83 **摇钱树** yáoqiánshù
신화 속에 나오는 흔들면 돈이 떨어진다는 나무. 돈줄. 돈이 되는 것. 황금알을 낳는 거위.

84 **有两下子** yǒu liǎng xiàzi
꽤 솜씨가(재간이) 있다. 실력이 보통이 아니다.

85 **砸饭碗** zá fànwǎn
밥그릇을 깨다. 실직하다. 밥벌이를 잃다.

86 **装大头蒜** (= 装洋蒜)
zhuāng dàtóusuàn (= zhuāng yángsuàn)
짐짓 모르는 체 하다. 시치미를 떼다. 거드름을 피우다.

87 **走后门** zǒu hòumén
뒷거래를 하다. 연줄 따위를 이용하거나 부정한 방법을 통해 일을 처리하다.

88 **做手脚** zuò shǒujiǎo
암암리에 나쁜 일을 획책하다. 몰래 간계를 꾸미다. 몰래 손을 쓰다.

有两下子

肠 창자 장　树 나무 수　砸 칠 잡, 박을 잡　蒜 마늘 산(선)

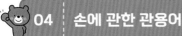
89 **手背朝下**
shǒubèi cháoxià
손등을 아래로 향하게 하다. 구걸하다.

90 **手不老实** (= 手不稳)
shǒu bù lǎoshi (= shǒu bù wěn)
손버릇이 나쁘다. 잘 훔치다.

91 **手根儿底下**
shǒu gēnr dǐxia
손 가까운 곳. 신변. 지척.

92 **手拉手**
shǒu lā shǒu
서로 손에 손을 맞잡다.

93 **手忙脚乱** shǒu máng jiǎo luàn
몹시 바빠서 이리 뛰고 저리 뛰고 하다. 다급해서 허둥지둥하다.

94 **手下留情** (↔ 手下不留情)
shǒuxià liú qíng (↔ shǒuxià bù liú qíng)
사정을 봐주다. 인정을 봐주다. ( ↔ 인정사정 없다. 사정을 봐 주지 않다.)

95 **手中有钱助腰眼**
shǒuzhōng yǒu qián zhù yāoyǎn
수중에 돈이 있으면 허리를 꼿꼿이 펼 수 있다. 돈이 있으면 배짱이 두둑해 진다.

96 **手足无措**
shǒu zú wú cuò
매우 당황하여 어찌해야 좋을지 모르다.

관용어

**97 脚底揩油 (= 脚底擦油)**
jiǎodǐ kāi yóu (= jiǎodǐ cā yóu)
몰래 잽싸게 내빼다. 발바닥에 기름을 바르다.

**98 脚碰脚**
jiǎo pèng jiǎo
(상황이)같거나 비슷하다. 도토리 키재기.

**99 脚前脚后**
jiǎo qián jiǎo hòu
앞서거니 뒤서거니 하다.

**100 脚酸腿软**
jiǎosuān tuǐruǎn
지쳐서 다리가 시큰시큰하고 나른하다.

**101 脚踏两只船 (= 脚踩两只船 / 脚踏两边船)**
jiǎo tà liǎng zhī chuán (= jiǎo cǎi liǎng zhī chuán / jiǎo tà liǎng biān chuán)
양다리를 걸치다.

**102 脚踏实地**
jiǎo tà shí dì
일하는 것이 착실하다.

**103 脚踩着刀尖儿**
jiǎo cǎi zhe dāojiānr
마치 칼날 위를 걷는 것처럼 상황이나 처지가 매우 위험하다.

**104 耳报神**
ěrbàoshén
밀고자

**105 耳边风 (= 耳旁风)**
ěrbiānfēng (= ěrpángfēng)
귀담아 듣지 않다. 한 귀로 듣고 한 귀로 흘려버리다. 마이동풍.

**106 耳朵背**
ěrduo bèi
귀가 어둡다. 멀다.

**107 耳朵长**
ěrduo cháng
소식에 빠르다

**108 耳朵尖**
ěrduo jiān
귀가 밝다. 청각이 예민하다.

관용어

**109 耳听八方 (= 耳听六路)**
ěr tīng bā fāng (= ěr tīng liù lù)
팔방으로 귀(주의)를 기울이다. 세상 돌아가는 일에 기민하다.

**110 耳朵软 (= 耳根子软)**
ěrduo ruǎn (= ěrgēnzi ruǎn)
귀가 얇다. 남의 말에 잘 휩쓸린다.

耳朵软

---

朵 봉오리 타, 퍼질 파  软 부드러울 연

111 **目不转睛** mù bù zhuǎn jīng
눈 하나 깜박하지 않고 보다. 뚫어지게 보다. 응시하다.

112 **目瞪口呆** mù dèng kǒu dāi
어안이 벙벙하다. 아연실색하다. 눈을 크게 뜨고 입을 딱 벌리다.

113 **目睹眼见** mù dǔ yǎn jiàn
눈으로 직접 보다.

114 **目光如豆** mù guāng rú dòu
식견이 좁다. 시야가 좁다. 우물 안의 개구리. 눈이 콩알만하다.

115 **目空一切** (= 目中无人 / 眼底无人 / 眼中无人)
mù kōng yí qiè (mù zōng wú rén / yǎn dǐ wú rén / yǎn zhōng wú rén)
안하무인.

116 **眼高** (= 眼框子高)
yǎngāo (= yǎnkuàngzi gāo)
눈이 높다.

117 **眼红** yǎnhóng
(남의 좋은 물건이나 상황을 보고)샘이 나다. 질투심이 나다.

118 **眼睛尖** yǎnjing jiān
눈이 날카롭다(예리하다). 눈치가 빠르다.

119 **眼开眼闭** yǎn kāi yǎn bì
못 본척하고 일부러 관여하지 않다.

**120 眼里没水 (↔ 眼里有水)** yǎnli méi shuǐ(↔ yǎnli yǒu shuǐ)

안목이 없다. 관찰력이 떨어지다. (↔ 안목이 있다. 관찰력이 뛰어나다.)

**121 眼里揉沙子 (= 眼睛里容不得半点沙子)**

yǎnli róu shāzi (= yǎnjingli róngbudé bàndiǎn shāzi)

용인할 수 없다. 참을 수 없다. 눈의 모래를 비비다.

> 🖉 眼里揉沙子가 '남의 눈을 속이다'란 뜻으로 쓰일 때가 있는데 단독으로 쓰이
> 는 경우가 적으며 앞, 뒤 문장을 봐야 '속이다'라는 뜻임을 알 수 있고, 일반적으
> 로 문장 안에 이미 설명이 되어 있는 경우가 많다.

**122 眼皮子高** yǎnpízi gāo

거만하다. 남을 깔보다. 무시하다.

**123 眼皮子浅** yǎnpízi qiǎn

식견이 짧다. 시야가 좁다. 안목이 좁다.

**124 眼皮子杂** yǎnpízi zá

아는 사람이 많다. 교제가 넓다. 발이 넓다.

**125 眼下饭** yǎnxiàfàn

신세지면서 먹는 밥. 눈치밥.

**126 眼中钉** yǎnzhōngdīng

눈엣가시.

**127 势利眼** shìliyǎn

권력이나 재력에 따르는 성질. 권세나 재물에 빌붙는 인간.

128 **口干舌燥**
kǒu gān shé zào
입이 마르고 혀가 아프다. 말을 많이 해서 고단하다.

129 **口口香**
kǒukǒuxiāng
무엇을 먹어도 다 맛있다.

130 **口是心非**
kǒu shì xīn fēi
말로는 찬성하나 속으로는 반대하다. 말과 마음이 다르다. 겉과 속이 다르다.

131 **口血未干**
kǒu xuè wèi gān
입술의 침도 마르기 전에 맹세를 어기다.

132 **嘴巴尖**
zuǐba jiān
각박하게 말하다. 심하게 말하다. 입이 거칠다.

133 **嘴巴紧** (= **嘴巴严**)
zuǐba jǐn (= zuǐba yán)
신중하게 말하다. 입이 무겁다.

134 **嘴巴快** (= **嘴不稳**)
zuǐba kuài (= zuǐ bù wěn)
입이 가볍다.

135 **嘴巴碎** zuǐba suì  말이 많다. 수다스럽다.

### 136 嘴巴甜
zuǐba tián
말을 예쁘게 하다.

### 137 嘴巴硬
zuǐba yìng
입으로 절대 잘못을 인정하거나 실패를 인정하지 않다. (말하는 것이) 고집이 세다.

### 138 嘴上挂油瓶
zuǐshang guà yóupíng
기분 나쁜 듯 입을 삐죽 내밀다.

# 相思 상사
## Xiāngsī

[唐]王维 [당] 왕유
[Táng] Wáng Wéi

| 红 | 豆 | 生 | 南 | 国, | 팥은 남쪽에서 나는데 |
| Hóng | dòu | shēng | nán | guó, | |

| 春 | 来 | 发 | 几 | 枝? | 봄이 되어 얼마나 열렸을꼬? |
| chūn | lái | fā | jǐ | zhī? | |

| 愿 | 君 | 多 | 采 | 撷, | 님께서 많이 따길 바라오니 |
| Yuàn | jūn | duō | cǎi | xié, | |

| 此 | 物 | 最 | 相 | 思。 | 이는 연인을 가장 생각나게 하는 물건이라. |
| cǐ | wù | zuì | xiāng | sī. | |

**단어**

· 愿　　yuàn　　바라다, 원하다
· 君　　jūn　　그대, 님
· 采撷　cǎixié　따다

❖ 이는 사물을 빌어 마음을 표현한 시로 예로부터 중국에서는 붉은 색의 팥으로 사랑이나 그리움을 나타내는 데 사용하였다.

08

명사

| | | |
|---|---|---|
| ☐ 铅笔 | qiānbǐ | 연필 |
| ☐ 自动铅笔 | zìdòng qiānbǐ | 샤프 |
| ☐ 配套铅芯儿 | pèitào qiānxīnr | 샤프심 |
| ☐ 圆珠笔 | yuánzhūbǐ | 볼펜 |
| ☐ 自来水笔 | zìláishuǐbǐ | 만년필 |
| ☐ 签字笔 | qiānzìbǐ | 사인펜 |
| ☐ 荧光笔 | yíngguāngbǐ | 형광펜 |
| ☐ 墨水 | mòshuǐ | 잉크 |
| ☐ 彩色铅笔 | cǎisè qiānbǐ | 색연필 |
| ☐ 红铅笔 | hóng qiānbǐ | 빨간펜 |
| ☐ 毛笔 | máobǐ | 붓 |
| ☐ 墨 | mò | 먹 |
| ☐ 墨汁 | mòzhī | 먹물 |
| ☐ 砚台 | yàntai | 벼루 |
| ☐ 本子 | běnzi | 노트 |
| ☐ 纸 | zhǐ | 종이 |
| ☐ 稿纸 | gǎozhǐ | 원고지 |
| ☐ 彩纸 | cǎizhǐ | 색종이 |
| ☐ 橡皮 | xiàngpí | 지우개 |
| ☐ 铅笔盒儿 | qiānbǐhér | 필통 |
| ☐ 裁纸刀 | cáizhǐdāo | 커터 |
| ☐ 削铅笔器 | xiāoqiānbǐqì | 연필깎이 |
| ☐ 铁夹子 | tiějiāzi | 클립(문서집게) |
| ☐ 回形针 | huíxíngzhēn | 페이퍼 클립 |
| ☐ 图钉儿 | túdīngr | 압정, 압핀 |
| ☐ 糨糊(=胶水) | jiànghu(= jiāoshuǐ) | 풀 |

| | | | |
|---|---|---|---|
| ☐ | 涂改液 | túgǎiyè | 수정액 |
| ☐ | 剪子 | jiǎnzi | 가위 |
| ☐ | 钉书机 | dìngshūjī | 스템플러 |
| ☐ | 钉书钉 | dìngshūdīng | 스템플러 철침 |
| ☐ | 打孔机 | dǎkǒngjī | 펀치 |
| ☐ | 透明胶纸 | tòumíng jiāozhǐ | 스카치테이프 |
| ☐ | 直尺 | zhíchǐ | 직각자 |
| ☐ | 三角板 | sānjiǎobǎn | 삼각자 |
| ☐ | 画笔 | huàbǐ | 그림붓 |
| ☐ | 颜料 | yánliào | 물감 |
| ☐ | 调色板 | tiáosèbǎn | 팔레트 |
| ☐ | 蜡笔 | làbǐ | 크레파스 |
| ☐ | 黑板 | hēibǎn | 칠판 |
| ☐ | 粉笔 | fěnbǐ | 분필 |
| ☐ | 白板 | báibǎn | 화이트보드 |
| ☐ | 白板笔 | báibǎnbǐ | 화이트보드 펜 |
| ☐ | 电子记事本 | diànzi jìshìběn | 전자수첩 |
| ☐ | 计算器 | jìsuànqì | 계산기 |
| ☐ | 算盘 | suànpán | 주판 |
| ☐ | 起子 | qǐzi | 병따개 |
| ☐ | 开罐刀 | kāiguàndāo | 깡통따개 |
| ☐ | 改锥 | gǎizhuī | 드라이버 |
| ☐ | 螺钉 | luódīng | 나사 |
| ☐ | 梯子 | tīzi | 사다리 |

| | | |
|---|---|---|
| ☐ 邮局 | yóujú | 우체국 |
| ☐ 邮筒 | yóutǒng | 우체통 |
| ☐ 信 | xìn | 편지 |
| ☐ 信纸 | xìnzhǐ | 편지지 |
| ☐ 信封 | xìnfēng | 편지봉투 |
| ☐ 邮票 | yóupiào | 우표 |
| ☐ 地址 | dìzhǐ | 주소 |
| ☐ 邮政编码 | yóuzhèng biānmǎ | 우편번호 |
| ☐ 寄件人 | jìjiànrén | 발신인 |
| ☐ 收件人 | shōujiànrén | 수신인 |
| ☐ 邮戳 | yóuchuō | 소인 |
| ☐ 明信片 | míngxìnpiàn | 엽서 |
| ☐ 贺年卡 | hèniánkǎ | 연하장 |
| ☐ 圣诞卡 | shèngdànkǎ | 크리스마스카드 |
| ☐ 航空邮件 | hángkōng yóujiàn | 항공우편(물) |
| ☐ 船运邮件 | chuányùn yóujiàn | 선박우편(물) |
| ☐ 挂号邮件 | guàhào yóujiàn | 등기우편(물) |
| ☐ 国际特快专递 | guójì tèkuài zhuāndì | EMS(국제 특급 우편) |
| ☐ 包裹 | bāoguǒ | 소포 |
| ☐ 信箱 | xìnxiāng | 메일박스 |
| ☐ 电话机 | diànhuàjī | 전화기 |
| ☐ 听筒 | tīngtǒng | 수화기 |
| ☐ 话筒 | huàtǒng | 수화기 |
| ☐ 手机 | shǒujī | 휴대폰 |
| ☐ 公用电话 | gōngyòng diànhuà | 공중전화 |
| ☐ 传真 | chuánzhēn | 팩스 |

| 电话卡 | diànhuàkǎ | 전화카드 |
| 占线 | zhànxiàn | 통화중 |
| 市内电话 | shìnèi diànhuà | 시내전화 |
| 国际电话 | guójì diànhuà | 국제전화 |
| 国际漫游 | guójì mànyóu | 국제로밍 |
| 对方付款 | duìfāng fùkuǎn | 컬렉트 콜 |

## 03 컴퓨터 · 인터넷

MP3 8-03

| 电脑 | diànnǎo | 컴퓨터 |
| 笔记本电脑 | bǐjìběn diànnǎo | 노트북컴퓨터 |
| 掌上电脑 | zhǎngshàng diànnǎo | 팜(PDA) |
| 显示器 | xiǎnshìqì | 모니터 |
| 主机 | zhǔjī | CPU |
| 磁盘驱动器 | cípán qūdòngqì | 디스크 드라이브 |
| 键盘 | jiànpán | 키보드 |
| 鼠标 | shǔbiāo | 마우스 |
| 打印机 | dǎyìnjī | 프린터 |
| 光盘 | guāngpán | CD-ROM |
| 因特网 | yīntèwǎng | 인터넷 |
| 上网 | shàngwǎng | 인터넷 접속 |
| 网吧 | wǎngbā | PC방 |
| 网民 | wǎngmín | 네티즌 |
| 网德 | wǎngdé | 네티켓 |
| 网站 | wǎngzhàn | 사이트 |

명
사

| | | |
|---|---|---|
| ☐ 主页 | zhǔyè | 홈페이지 |
| ☐ 聊天室 | liáotiānshì | 채팅룸 |
| ☐ 网上社区 | wǎngshàng shèqū | 커뮤니티 |
| ☐ 公告板 | gōnggàobǎn | 게시판 |
| ☐ 用户名 | yònghùmíng | 아이디 |
| ☐ 密码(口令) | mìmǎ(kǒulìng) | 패스워드 |
| ☐ 登录 | dēnglù | 로그인 |
| ☐ 登出 | dēngchū | 로그아웃 |
| ☐ 垃圾邮件 | lājī yóujiàn | 스팸메일 |
| ☐ 黑客 | hēikè | 해커 |
| ☐ 盗版 | dàobǎn | 해적판 |
| ☐ 电脑病毒 | diànnǎo bìngdú | 컴퓨터바이러스 |
| ☐ 杀毒文件 | shādú wénjiàn | 백신 프로그램 |
| ☐ 点击 | diǎnjī | 클릭 |
| ☐ 下载 | xiàzǎi | 다운로드 |

## 04 문화 · 취미 · 스포츠

MP3 8-04

| | | |
|---|---|---|
| ☐ 文化 | wénhuà | 문화 |
| ☐ 电影 | diànyǐng | 영화 |
| ☐ 电影院 | diànyǐngyuàn | 영화관 |
| ☐ 演员 | yǎnyuán | 연기자, 배우 |
| ☐ 戏剧 | xìjù | 연극 |
| ☐ 京剧 | jīngjù | 경극 |
| ☐ 剧场 | jùchǎng | 극장 |

| | | |
|---|---|---|
| □ 舞台 | wǔtái | 무대 |
| □ 舞蹈 | wǔdǎo | 무용, 춤 |
| □ 芭蕾舞 | bālěiwǔ | 발레 |
| □ 交际舞 | jiāojìwǔ | 사교댄스 |
| □ 探戈舞 | tàn'gēwǔ | 탱고 |
| □ 音乐 | yīnyuè | 음악 |
| □ 歌(曲) | gē(qǔ) | 노래 |
| □ 摇滚乐 | yáogǔnyuè | 락 |
| □ 情歌 | qínggē | 발라드 |
| □ 爵士 | juéshì | 재즈 |
| □ 演唱会 | yǎnchànghuì | 콘서트 |
| □ 演奏会 | yǎnzòuhuì | 연주회 |
| □ 美术 | měishù | 미술 |
| □ 画儿 | huàr | 그림 |
| □ 油画 | yóuhuà | 유화 |
| □ 水彩画 | shuǐcǎihuà | 수채화 |
| □ 水墨画 | shuǐmòhuà | 수묵화 |
| □ 画展 | huàzhǎn | 그림전시회 |
| □ 美术馆 | měishùguǎn | 미술관 |
| □ 博物馆 | bówùguǎn | 박물관 |
| □ 古玩 | gǔwán | 골동품 |
| □ 陶瓷 | táocí | 도자기 |
| □ 爱好 | àihào | 취미 |
| □ 邮集 | yóují | 우표수집 |
| □ 插花 | chāhuā | 꽃꽂이 |
| □ 养狗 | yǎnggǒu | 애완견 기르기 |

명
사

| | | |
|---|---|---|
| ☐ 钓鱼 | diàoyú | 낚시 |
| ☐ 旅游 | lǚyóu | 여행 |
| ☐ 登山(=爬山) | dēngshān(=páshān) | 등산 |
| ☐ 书法 | shūfǎ | 서예 |
| ☐ 围棋 | wéiqí | 바둑 |
| ☐ 台球 | táiqiú | 당구 |
| ☐ 织活 | zhīhuó | 뜨개질 |
| ☐ 听音乐 | tīng yīnyuè | 음악감상 |
| ☐ 看书 | kànshū | 독서 |
| ☐ 购物 | gòuwù | 쇼핑 |
| ☐ 做菜 | zuòcài | 요리 |
| ☐ 运动 | yùndòng | 스포츠 |
| ☐ 网球 | wǎngqiú | 테니스 |
| ☐ 保龄球 | bǎolíngqiú | 볼링 |
| ☐ 游泳 | yóuyǒng | 수영 |
| ☐ 棒球 | bàngqiú | 야구 |
| ☐ 排球 | páiqiú | 배구 |
| ☐ 篮球 | lánqiú | 농구 |
| ☐ 足球 | zúqiú | 축구 |
| ☐ 乒乓球 | pīngpāngqiú | 탁구 |
| ☐ 羽毛球 | yǔmáoqiú | 배드민턴 |
| ☐ 滑雪 | huáxuě | 스키 |
| ☐ 滑冰 | huábīng | 스케이트 |
| ☐ 高尔夫球 | gāo'ěrfūqiú | 골프 |
| ☐ 拳击 | quánjī | 권투 |
| ☐ 跆拳道 | Táiquándào | 태권도 |

| ☐ 剑道 | jiàndào | 검도 |
|---|---|---|

## 🐻 05 가게

MP3 8-05

| ☐ 洗衣店 | xǐyīdiàn | 세탁소 |
|---|---|---|
| ☐ 照相馆 | zhàoxiàngguǎn | 사진관 |
| ☐ 美容院 | měiróngyuàn | 미용실 |
| ☐ 玩具店 | wánjùdiàn | 완구점 |
| ☐ 鞋店 | xiédiàn | 신발가게 |
| ☐ 服装店 | fúzhuāngdiàn | 옷가게 |
| ☐ 化妆品商店 | huàzhuāngpǐn shāngdiàn | 화장품가게 |
| ☐ 花店 | huādiàn | 꽃집 |
| ☐ 面包店 | miànbāodiàn | 빵집 |
| ☐ 餐厅 | cāntīng | 식당 |
| ☐ 酒吧 | jiǔbā | 술집, 바 |
| ☐ 卡拉OK | kǎlā OK | 가라오케 |
| ☐ 咖啡馆 | kāfēiguǎn | 커피숍 |
| ☐ 文具店 | wénjùdiàn | 문방구 |
| ☐ 书店 | shūdiàn | 서점 |
| ☐ 唱片店 | chàngpiàndiàn | 레코드가게 |
| ☐ 药店(药房) | yàodiàn(yàofáng) | 약국 |
| ☐ 眼镜店 | yǎnjìngdiàn | 안경점 |
| ☐ 钟表店 | zhōngbiǎodiàn | 시계점 |
| ☐ 刻字店 | kèzìdiàn | 도장집 |
| ☐ 家具店 | jiājùdiàn | 가구점 |

명
사

| | | |
|---|---|---|
| ☐ 报摊儿 | bàotānr | 신문가두판매대 |
| ☐ 鱼店 | yúdiàn | 생선가게 |
| ☐ 肉店 | ròudiàn | 정육점 |
| ☐ 水果摊儿 | shuǐguǒtānr | 과일노점 |
| ☐ 超市 | chāoshì | 슈퍼마켓 |
| ☐ 大型超市 | dàxíng chāoshì | 대형 할인 마트 |
| ☐ 易买得 | Yìmǎidé | 이마트 |
| ☐ 家乐福 | Jiālèfú | 까르푸 |
| ☐ 沃尔玛 | Wò'ěrmǎ | 월마트 |
| ☐ 网上超市 | wǎngshàng chāoshì | 인터넷 쇼핑몰 |
| ☐ 百货商场 | bǎihuòshāngchǎng | 백화점 |
| ☐ 大减价 | dàjiǎnjià | 대바겐세일 |
| ☐ 收款处 | shōukuǎnchù | 카운터 |
| ☐ 塑料袋 | sùliàodài | 비닐봉지 |
| ☐ 停车场 | tíngchēchǎng | 주차장 |
| ☐ 快餐厅 | kuàicāntīng | 패스트푸드점 |
| ☐ 麦当劳 | Màidāngláo | 맥도날드 |
| ☐ 肯德鸡 | Kěndéjī | KFC |
| ☐ 必胜客 | Bìshèngkè | 피자헛 |
| ☐ 乐天利 | Lètiānlì | 롯데리아 |
| ☐ 汉堡王 | Hànbǎowáng | 버거킹 |
| ☐ 派派斯 | Pàipàisī | 파파이스 |
| ☐ 星期五餐厅 | Xīngqīwǔ cāntīng | T.G.I Friday |
| ☐ 当肯多纳圈 | Dāngkěnduōnàquān | 던킨도너츠 |
| ☐ 31种冰淇淋店 | Sānshíyìzhǒng bīngqílíndiàn | 베스킨라빈스 31 |

| | | |
|---|---|---|
| ☐ CD播放器 | CDbōfàngqì | CD플레이어 |
| ☐ DVD播放器 | DVDbōfàngqì | DVD플레이어 |
| ☐ MP3播放器 | MP3bōfàngqì | MP3플레이어 |
| ☐ 录像机 | lùxiàngjī | VCR(비디오) |
| ☐ 加湿器 | jiāshīqì | 가습기 |
| ☐ 空气净化器 | kōngqì jìnghuàqì | 공기청정기 |
| ☐ 冰箱 | bīngxiāng | 냉장고 |
| ☐ 卡拉OK机 | kǎlāOKjī | 노래방기계 |
| ☐ 录音机 | lùyīnjī | 녹음기 |
| ☐ 数码摄影机 | shùmǎ shèyǐngjī | 디지털 캠코더 |
| ☐ 数码相机 | shùmǎ xiàngjī | 디지털 카메라 |
| ☐ 收录机 | shōulùjī | 라디오 카세트 |
| ☐ 抽油烟机 | chōuyóuyānjī | 렌지후드 |
| ☐ 遥控器 | yáokòngqì | 리모콘 |
| ☐ 搅拌机 | jiǎobànjī | 믹서 |
| ☐ 录像带 | lùxiàngdài | 비디오테이프 |
| ☐ 电扇 | diànshàn | 선풍기 |
| ☐ 洗衣机 | xǐyījī | 세탁기 |
| ☐ 自动洗碗机 | zìdòng xǐwǎnjī | 식기세척기 |
| ☐ 台灯 | táidēng | 스탠드 |
| ☐ 空调 | kōngtiáo | 에어컨 |
| ☐ 组合音响 | zǔhé yīnxiǎng | 오디오, Hi-Fi(set) |
| ☐ 烤箱 | kǎoxiāng | 오븐 |
| ☐ 热水器 | rèshuǐqì | 온수기 |
| ☐ 电热扇 | diànrèshàn | 온풍기 |
| ☐ 随身听 | suíshēntīng | 워크맨 |

명
사

413

| | | | |
|---|---|---|---|
| ☐ | 耳机 | ěrjī | 이어폰 |
| ☐ | 电话自动应答机 | diànhuà zìdòng yìngdájī | 자동응답전화기 |
| ☐ | 电熨斗 | diànyùndǒu | 전기다리미 |
| ☐ | 电动刮胡刀 | diàndòng guāhúdāo | 전기면도기 |
| ☐ | 电饭锅 | diànfànguō | 전기밥솥 |
| ☐ | 电热炉 | diànrèlú | 전기히터 |
| ☐ | 电动冲牙器 | diàndòng chōngyáqì | 전동칫솔 |
| ☐ | 微波炉 | wēibōlú | 전자레인지 |
| ☐ | 抽湿器 | chōushīqì | 제습기 |
| ☐ | 榨汁机 | zhàzhījī | 착즙기 |
| ☐ | 吸尘器 | xīchénqì | 청소기 |
| ☐ | 自动煮咖啡机 | zìdòng zhǔkāfēijī | 커피메이커 |
| ☐ | 电视机 | diànshìjī | 텔레비전 |
| ☐ | 面包炉 | miànbāolú | 토스터 |
| ☐ | 电热壶 | diànrèhú | 전기포트 |
| ☐ | 净水器 | jìngshuǐqì | 정수기 |
| ☐ | 定时器 | dìngshíqì | 타이머 |
| ☐ | 拍立得相机 | pāilìdé xiàngjī | 폴로라이드 사진기 |
| ☐ | 头戴式耳机 | tóudàishì ěrjī | 헤드폰 |
| ☐ | 吹风机 | chuīfēngjī | 헤어드라이어 |
| ☐ | 电卷发器 | diànjuǎnfàqì | 헤어세팅기 |
| ☐ | 家庭影院 | jiātíng yǐngyuàn | 홈시어터 |
| ☐ | 换气扇 | huànqìshàn | 환풍기 |

| | | | |
|---|---|---|---|
| ☐ | 大企业 | dàqǐyè | 대기업 |
| ☐ | 中小企业 | zhōngxiǎo qǐyè | 중소기업 |
| ☐ | 风险企业 | fēngxiǎn qǐyè | 벤처기업 |
| ☐ | 公司 | gōngsī | 회사 |
| ☐ | 子公司 | zǐgōngsī | 계열사 |
| ☐ | 贸易公司 | màoyì gōngsī | 무역회사 |
| ☐ | 证券公司 | zhèngquàn gōngsī | 증권사 |
| ☐ | 银行 | yínháng | 은행 |
| ☐ | 保险公司 | bǎoxiǎn gōngsī | 보험사 |
| ☐ | 总公司 | zǒnggōngsī | 본사 |
| ☐ | 分公司 | fēngōngsī | 지사 |
| ☐ | 总店 | zǒngdiàn | 본점 |
| ☐ | 分店 | fēndiàn | 지점 |
| ☐ | 客户 | kèhù | 고객, 거래처, 바이어 |
| ☐ | 办公室 | bàngōngshì | 사무실 |
| ☐ | 总裁 | zǒngcái | 총재 |
| ☐ | 会长 | huìzhǎng | 회장 |
| ☐ | 副会长 | fùhuìzhǎng | 부회장 |
| ☐ | 董事长 | dǒngshìzhǎng | 이사장 |
| ☐ | 总经理 | zǒngjīnglǐ | 사장 |
| ☐ | 理事 | lǐshì | 이사 |
| ☐ | 科长 | kēzhǎng | 과장 |
| ☐ | 经理 | jīnglǐ | 대리, 매니저 |
| ☐ | 主任 | zhǔrèn | 주임 |
| ☐ | 秘书 | mìshū | 비서 |
| ☐ | 职员 | zhíyuán | 직원 |

명
사

| | | |
|---|---|---|
| ☐ 秘书长 | mìshūzhǎng | 사무총장 |
| ☐ 总统 | zǒngtǒng | 대통령 |
| ☐ 国家主席 | guójiāzhǔxí | 국가주석 |
| ☐ 总理 | zǒnglǐ | 총리 |
| ☐ 部长 | bùzhǎng | 장관 |
| ☐ 副部长 | fùbùzhǎng | 차관 |
| ☐ 书记 | shūjì | 서기 (공산당 각 조직의 책임자) |
| ☐ 发言人 | fāyánrén | 대변인 |
| ☐ 名片 | míngpiàn | 명함 |
| ☐ 工资 | gōngzī | 임금, 노임 |
| ☐ 薪水 | xīnshuǐ | 봉급, 급료 |
| ☐ 奖金 | jiǎngjīn | 보너스 |
| ☐ 上班族 | shàngbānzú | 회사원 |
| ☐ 服务员 | fúwùyuán | 종업원 |
| ☐ 售货员 | shòuhuòyuán | 판매원 |
| ☐ 银行家 | yínhángjiā | 은행가 |
| ☐ 医生 | yīshēng | 의사 |
| ☐ 护士 | hùshi | 간호사 |
| ☐ 教授 | jiàoshòu | 교수 |
| ☐ 教师 | jiàoshī | 교사 |
| ☐ 老师 | lǎoshī | 선생님 |
| ☐ 牧师 | mùshī | 목사 |
| ☐ 神父 | shénfù | 신부 |
| ☐ 修女 | xiūnǚ | 수녀 |
| ☐ 和尚 | héshang | 스님 |
| ☐ 公务人员 | gōngwùrényuán | 공무원 |

| | | | |
|---|---|---|---|
| ☐ | 画家 | huàjiā | 화가 |
| ☐ | 飞行员 | fēixíngyuán | 파일럿 |
| ☐ | 空中乘务员 | kōngzhōng chéngwùyuán | 항공승무원 |
| ☐ | 空姐 | kōngjiě | 스튜어디스 |
| ☐ | 警察 | jǐngchá | 경찰 |
| ☐ | 公安 | gōng'ān | 공안 |
| ☐ | 消防队员 | xiāofángduìyuán | 소방관 |
| ☐ | 劳动者 | láodòngzhě | 노동자 |
| ☐ | 外交官 | wàijiāoguān | 외교관 |
| ☐ | 检察官 | jiǎncháguān | 검사 |
| ☐ | 法官 | fǎguān | 법관, 판사 |
| ☐ | 律师 | lǜshī | 변호사 |
| ☐ | 政治家 | zhèngzhìjiā | 정치가 |
| ☐ | 司机 | sījī | 운전사 |
| ☐ | 厨师 | chúshī | 요리사, 셰프, 주방장 |
| ☐ | 建筑师 | jiànzhùshī | 건축사 |
| ☐ | 室内装饰家 | shìnèi zhuāngshìjiā | 인테리어 |
| ☐ | 木匠 | mùjiang | 목수 |
| ☐ | 作家 | zuòjiā | 작가 |
| ☐ | 音乐家 | yīnyuèjiā | 음악가 |
| ☐ | 美术家 | měishùjiā | 미술가 |
| ☐ | 歌唱家 | gēchàngjiā | 성악가 |
| ☐ | 艺人 | yìrén | 연예인 |
| ☐ | 模特儿 | mótèr | 모델 |
| ☐ | 歌手 | gēshǒu | 가수 |
| ☐ | 演员 | yǎnyuán | 배우 |

명
사

| | | | |
|---|---|---|---|
| ☐ 导演 | dǎoyǎn | (영화 등의)감독 |
| ☐ 运动员 | yùndòngyuán | 운동선수 |
| ☐ 主教练 | zhǔjiàoliàn | (운동 등의)감독 |
| ☐ 广播员 | guǎngbōyuán | 아나운서 |
| ☐ 记者 | jìzhě | 기자 |
| ☐ 翻译 | fānyì | 통역사 |
| ☐ 服装设计师 | fúzhuāng shèjìshī | 의상디자이너 |
| ☐ 程序设计师 | chéngxù shèjìshī | 프로그래머 |

## 🐻 08 음식

MP3 8-08

| | | | |
|---|---|---|---|
| ☐ 饭 | fàn | 밥 |
| ☐ 汤 | tāng | 탕, 국 |
| ☐ 菜 | cài | 뇨리 |
| ☐ 凉菜 | liángcài | 냉채 |
| ☐ 主菜 | zhǔcài | 주요리 |
| ☐ 面条 | miàntiáo | 국수 |
| ☐ 炒饭 | chǎofàn | 볶음밥 |
| ☐ 早饭 | zǎofàn | 아침밥 |
| ☐ 午饭 | wǔfàn | 점심밥 |
| ☐ 晚饭 | wǎnfàn | 저녁밥 |
| ☐ 胃口 | wèikǒu | 식욕 |
| ☐ 味道 | wèidao | 맛 |
| ☐ 口味 | kǒuwèi | 입맛, 식욕 |
| ☐ 水饺子 | shuǐjiǎozi | 물만두 |

| | | | |
|---|---|---|---|
| ☐ | 锅贴 | guōtiē | 군만두 |
| ☐ | 馄饨 | húntun | 훈툰(만두의 일종) |
| ☐ | 小笼包 | xiǎolóngbāo | 샤오롱빠오(상해식 찐만두) |
| ☐ | 肉包子 | ròubāozi | 고기만두 |
| ☐ | 速冻饺子 | sùdòngjiǎozi | 냉동만두 |
| ☐ | 现成食品 | xiànchéngshípǐn | 완전조리식품 |
| ☐ | 半现成食品 | bànxiànchéngshípǐn | 반조리식품 |
| ☐ | 易拉罐 | yìlāguàn | 원터치 캔 |
| ☐ | 方便面 | fāngbiànmiàn | 라면 |
| ☐ | 杯面 | bēimiàn | 컵라면 |
| ☐ | 泡面 | pàomiàn | (대만)라면 |
| ☐ | 三明治 | sānmíngzhì | 샌드위치 |
| ☐ | 咖喱饭 | gālífàn | 카레라이스 |
| ☐ | 北京烤鸭 | Běijīngkǎoyā | 북경오리구이 |
| ☐ | 涮羊肉 | shuànyángròu | 양고기 샤브샤브 |
| ☐ | 京酱肉丝 | jīngjiàngròusī | 돼지고기 자장볶음 |
| ☐ | 沙锅狮子头 | shāguōshīzitóu | 뚝배기 고기완자 |
| ☐ | 炒蟹黄油 | chǎoxièhuángyóu | 게살볶음 |
| ☐ | 麻婆豆腐 | mápódòufu | 마파두부 |
| ☐ | 宫保鸡丁 | gōngbǎojīdīng | 닭고기 땅콩 고추볶음 |
| ☐ | 清椒炒牛肉 | qīngjiāo chǎo niúròu | 고추 쇠고기볶음 |
| ☐ | 红烧明虾 | hóngshāomíngxiā | 대하 조림 |
| ☐ | 清蒸鱼 | qīngzhēngyú | 생선찜 |
| ☐ | 红烧肉 | hóngshāoròu | 돼지고기 조림 |
| ☐ | 古老肉 | gǔlǎoròu | 탕수육 |
| ☐ | 糖醋肉 | tángcùròu | 탕수육 |

| | | | |
|---|---|---|---|
| ☐ | 糖醋鱼 | tángcùyú | 탕수생선 |
| ☐ | 西红柿炒鸡蛋 | xīhóngshì chǎo jīdàn | 토마토 계란볶음 |
| ☐ | 韭菜炒鸡蛋 | jiǔcài chǎo jīdàn | 부추계란볶음 |
| ☐ | 回锅肉 | huíguōròu | 삼겹살 마늘쫑볶음 |
| ☐ | 铁板牛肉 | tiěbǎn niúròu | 철판 쇠고기요리 |
| ☐ | 软炸虾仁 | ruǎnzhàxiārén | 껍질벗긴 새우튀김 |
| ☐ | 松仁玉米 | sōngrényùmǐ | 잣과 옥수수볶음 |
| ☐ | 虾仁炒蛋 | xiārénchǎodàn | 새우와 계란볶음 |
| ☐ | 沙锅豆腐 | shāguōdòufu | 뚝배기 두부 |
| ☐ | 清炒时蔬 | qīngchǎo shíshū | 제철 채소볶음 |
| ☐ | 五香茄子 | wǔxiāngqiézi | 가지볶음 요리 |
| ☐ | 蒜泥黄瓜 | suànní huánggguā | 오이볶음 |
| ☐ | 白烧萝卜 | báishāoluóbo | 무볶음 |
| ☐ | 榨菜蛋汤 | zhàcàidàntāng | 짜차이계란탕 |
| ☐ | 酸辣汤 | suānlàtāng | 산라닝(새소 비신 달걀탕) |
| ☐ | 玉米汤 | yùmǐtāng | 위미탕(옥수수 달걀탕) |
| ☐ | 拔丝白薯 | básībáishǔ | 고구마맛탕 |
| ☐ | 拌饭 | bànfàn | 비빔밥 |
| ☐ | 石锅拌饭 | shíguōbànfàn | 돌솥비빔밥 |
| ☐ | 泡菜火锅 | pàocài huǒguō | 김치찌개 |
| ☐ | 豆辣酱火锅 | dòulàjiàng huǒguō | 된장찌개 |
| ☐ | 豆腐脑火锅 | dòufunǎo huǒguō | 순두부찌개 |
| ☐ | 烤牛肉 | kǎoniúròu | 불고기 |
| ☐ | 参鸡汤 | sēnjītāng | 삼계탕 |
| ☐ | 年糕汤 | niángāotāng | 떡국 |
| ☐ | 鸡排 | jīpái | 닭갈비 |

> 김치는 Kimchi
> 또는 辛奇 Xīnqí로
> 표기하는 추세이다.

| | | | |
|---|---|---|---|
| ☐ | 烤猪排 | kǎozhūpái | 돼지갈비구이 |
| ☐ | 清淡烤肉 | qīngdànkǎoròu | 소금구이 |
| ☐ | 烤五花肉 | kǎowǔhuāròu | 삼겹살구이 |
| ☐ | 蒸鸡 | zhēngjī | 찜닭 |
| ☐ | 煮排骨 | zhǔpáigǔ | 갈비찜 |
| ☐ | 包肉菜 | bāoròucài | 보쌈 |
| ☐ | 包饭 | bāofàn | 쌈밥 |
| ☐ | 牛排骨汤 | niúpáigǔtāng | 갈비탕 |
| ☐ | 牛杂碎汤 | niúzásuìtāng | 설렁탕 |
| ☐ | 刀切面 | dāoqiēmiàn | 칼국수 |
| ☐ | 豆浆面 | dòujiāngmiàn | 콩국수 |
| ☐ | 冷面 | lěngmiàn | 냉면 |
| ☐ | 拌冷面 | bànlěngmiàn | 비빔냉면 |
| ☐ | 牛排 | niúpái | 스테이크 |
| ☐ | 生鱼片 | shēngyúpiàn | 생선회 |
| ☐ | 寿司 | shòusī | 초밥 |

## 🐻 09 간식 · 음료수 · 술
MP3 8-09

| | | | |
|---|---|---|---|
| ☐ | 零食 | língshí | 간식 |
| ☐ | 夜宵 | yèxiāo | 야식 |
| ☐ | 甜食 | tiánshí | 디저트 |
| ☐ | 饼干 | bǐnggān | 과자 |
| ☐ | 巧克力 | qiǎokèlì | 초콜릿 |
| ☐ | 糖果 | tángguǒ | 사탕 |

| 口香糖 | kǒuxiāngtáng | 껌 |
| 棉花糖 | miánhuātáng | 솜사탕, 마시멜로 |
| 冰淇淋 | bīngqílín | 아이스크림 |
| 冰棍儿 | bīnggùnr | 막대아이스크림 |
| 蛋卷儿冰淇淋 | dànjuǎnr bīngqílín | 콘아이스크림 |
| 红豆刨冰 | hóngdòu bàobīng | 팥빙수 |
| 蛋糕 | dàngāo | 케이크 |
| 面包 | miànbāo | 빵 |
| 花生米 | huāshēngmǐ | 땅콩알 |
| 瓜子 | guāzǐ | 해바라기 씨 볶음 |
| 羊肉串 | yángròuchuàn | 양꼬치 |
| 烤栗子 | kǎolìzi | 군밤 |
| 果脯 | guǒfǔ | 과일절임 |
| 吉士 | jíshì | 치즈 |
| 奶酪 | nǎilào | 치스 |
| 汉堡包 | hànbǎobāo | 햄버거 |
| 薯条 | shǔtiáo | 감자튀김 |
| 炸鸡 | zhájī | 후라이드 치킨 |
| 比萨饼 | bǐsàbǐng | 피자 |
| 热狗 | règǒu | 핫도그 |
| 苹果派 | píngguǒpài | 애플파이 |
| 吸管儿 | xīguǎnr | 빨대 |
| 可乐 | kělè | 콜라 |
| 可乐罐 | kělèguàn | 캔 콜라 |
| 可乐樽 | kělèzūn | 페트 콜라 |
| 汽水 | qìshuǐ | 사이다 |

| | | |
|---|---|---|
| ☐ 芬达 | fēndá | 환타 |
| ☐ 矿泉水 | kuàngquánshuǐ | 생수 |
| ☐ 果汁 | guǒzhī | 주스 |
| ☐ 生果汁 | shēngguǒzhī | 생과일주스 |
| ☐ 橙汁 | chéngzhī | 오렌지주스 |
| ☐ 凤梨汁 | fènglízhī | 파인애플주스 |
| ☐ 苹果汁 | píngguǒzhī | 사과주스 |
| ☐ 葡萄汁 | pútáozhī | 포도주스 |
| ☐ 桃汁 | táozhī | 복숭아주스 |
| ☐ 柠檬汁 | níngméngzhī | 레몬주스 |
| ☐ 草莓汁 | cǎoméizhī | 딸기주스 |
| ☐ 猕猴桃果汁 | míhóutáo guǒzhī | 키위주스 |
| ☐ 蔬菜汁 | shūcàizhī | 채소주스 |
| ☐ 番茄汁 | fānqiézhī | 토마토주스 |
| ☐ 牛奶 | niúnǎi | 우유 |
| ☐ 酸奶 | suānnǎi | 요거트 |
| ☐ 高钙牛奶 | gāogàiniúnǎi | 고칼슘우유 |
| ☐ 加铁鲜奶 | jiātiěxiānnǎi | 철분강화우유 |
| ☐ 速溶咖啡 | sùróngkāfēi | 인스턴트 커피 |
| ☐ 可可 | kěkě | 코코아 |
| ☐ 黑咖啡 | hēi kāfēi | 블랙커피 |
| ☐ 冰咖啡 | bīng kāfēi | 아이스커피 |
| ☐ 篮山咖啡 | lánshān kāfēi | 블루마운틴 |
| ☐ 卡布其诺 | kǎbùqínuò | 카푸치노 |
| ☐ 穆哈咖啡 | mùhā kāfēi | 모카커피 |
| ☐ 摩卡咖啡 | mókǎ kāfēi | 모카커피 |

| | | | |
|---|---|---|---|
| ☐ | 拿铁咖啡 | nátiě kāfēi | 카페라떼 |
| ☐ | 维也纳咖啡 | wéiyěnà kāfēi | 비엔나커피 |
| ☐ | 意大利特浓咖啡 | yìdàlì tènóng kāfēi | 에스프레소 |
| ☐ | 咖啡因 | kāfēiyīn | 카페인 |
| ☐ | 咖啡豆 | kāfēidòu | 원두 |
| ☐ | 咖啡伴侣 | kāfēibànlǚ | 프림 |
| ☐ | 方糖 | fāngtáng | 각설탕 |
| ☐ | 绿茶 | lǜchá | 녹차 |
| ☐ | 龙井茶 | lóngjǐngchá | 용정차 (녹차) |
| ☐ | 乌龙茶 | wūlóngchá | 우롱차 (반발효차) |
| ☐ | 红茶 | hóngchá | 홍차 |
| ☐ | 牛奶红茶 | niúnǎi hóngchá | 밀크티 |
| ☐ | 花茶 | huāchá | 화차 (꽃차) |
| ☐ | 茉莉花茶 | mòlìhuāchá | 자스민차 |
| ☐ | 菊花茶 | júhuāchá | 국화차 |
| ☐ | 玫瑰茶 | méiguichá | 장미차 |
| ☐ | 烧酒 | shāojiǔ | 소주 |
| ☐ | 啤酒 | píjiǔ | 맥주 |
| ☐ | 生啤 | shēngpí | 생맥주 |
| ☐ | 瓶啤 | píngpí | 병맥주 |
| ☐ | 燕京啤酒 | Yānjīng píjiǔ | 연경맥주 |
| ☐ | 青岛啤酒 | Qīngdǎo píjiǔ | 청도맥주 |
| ☐ | 威士忌 | wēishìjì | 위스키 |
| ☐ | 白兰地 | báilándì | 브랜디 |
| ☐ | 香槟 | xiāngbīn | 샴페인 |
| ☐ | 鸡尾酒 | jīwěijiǔ | 칵테일 |

| | | | |
|---|---|---|---|
| ☐ | 葡萄酒 | pútáojiǔ | 포도주 |
| ☐ | 红酒 | hóngjiǔ | 적포도주 |
| ☐ | 二锅头 | èrguōtóu | 얼궈터우(이과두주) |
| ☐ | 孔府家酒 | kǒngfǔjiājiǔ | 콩푸자쥬(공부가주) |
| ☐ | 茅台 | máotái | 마오타이(모태) |
| ☐ | 五粮液 | wǔliángyè | 우량예(오량액) |
| ☐ | 绍兴酒 | shàoxīngjiǔ | 사오싱주(소흥주) |

## 🐻 10 조미료

MP3 8-10

| | | | |
|---|---|---|---|
| ☐ | 佐料 | zuǒliào | 조미료 |
| ☐ | 大豆酱 | dàdòujiàng | 된장 |
| ☐ | 酱油 | jiàngyóu | 간장 |
| ☐ | 辣椒酱 | làjiāojiàng | 고추장 |
| ☐ | 醋 | cù | 식초 |
| ☐ | 盐 | yán | 소금 |
| ☐ | 糖 | táng | 설탕 |
| ☐ | 白糖 | báitáng | 백설탕 |
| ☐ | 红糖 | hóngtáng | 흑설탕 |
| ☐ | 味精 | wèijīng | 미원 |
| ☐ | 胡椒粉 | hújiāofěn | 후춧가루 |
| ☐ | 辣椒粉 | làjiāofěn | 고춧가루 |
| ☐ | 淀粉 | diànfěn | 녹말 |
| ☐ | 咖喱粉 | gālífěn | 카레가루 |
| ☐ | 花椒 | huājiāo | 산초 |

명
사

425

| | | | |
|---|---|---|---|
| ☐ | 大料 | dàliào | 팔각모양의 향료 |
| ☐ | 茴香 | huíxiāng | 회향 |
| ☐ | 丁香 | dīngxiāng | 정향 |
| ☐ | 桂皮 | guìpí | 계피 |
| ☐ | 香子兰 | xiāngzǐlán | 바닐라 |
| ☐ | 奶油 | nǎiyóu | 크림 |
| ☐ | 芝麻酱 | zhīmájiàng | 참깨장, 참깨양념장 |
| ☐ | 芥末 | jièmò | 겨자가루 |
| ☐ | 油 | yóu | 기름 |
| ☐ | 辣油 | làyóu | 고추기름 |
| ☐ | 香油 | xiāngyóu | 참기름 |
| ☐ | 荏油 | rěnyóu | 들기름 |
| ☐ | 蛋黄酱 | dànhuángjiàng | 마요네즈 |
| ☐ | 番茄酱 | fānqiéjiàng | 토마토케첩 |
| ☐ | 料酒 | liàojiǔ | 조미용 술 |

| | | |
|---|---|---|
| ☐ 大米 | dàmǐ | 쌀 |
| ☐ 小米 | xiǎomǐ | 좁쌀 |
| ☐ 糯米(江米) | nuòmǐ(jiāngmǐ) | 찹쌀 |
| ☐ 糙米 | cāomǐ | 현미 |
| ☐ 高粱米 | gāoliangmǐ | 수수쌀 |
| ☐ 大麦 | dàmài | 보리 |
| ☐ 小麦 | xiǎomài | 밀 |
| ☐ 豆子 | dòuzi | 콩 |
| ☐ 大豆 | dàdòu | 대두 |
| ☐ 绿豆 | lǜdòu | 녹두 |
| ☐ 红豆 | hóngdòu | 팥 |
| ☐ 菜豆 | càidòu | 강낭콩 |
| ☐ 豌豆 | wāndòu | 완두콩 |
| ☐ 毛豆 | máodòu | 풋콩 |
| ☐ 玉米 | yùmǐ | 옥수수 |
| ☐ 花生 | huāshēng | 땅콩 |
| ☐ 棉花 | miánhua | 면화 |
| ☐ 芝麻 | zhīma | 참깨 |
| ☐ 荏胡麻 | rěnhúmá | 들깨 |
| ☐ 甘蔗 | gānzhe | 사탕수수 |
| ☐ 白薯 | báishǔ | 고구마 |
| ☐ 红薯 | hóngshǔ | 고구마 |
| ☐ 甘薯 | gānshǔ | 고구마 |
| ☐ 土豆 | tǔdòu | 감자 |
| ☐ 马铃薯 | mǎlíngshǔ | 감자 |
| ☐ 芋头 | yùtou | 토란 |

명
사

| | | |
|---|---|---|
| ☐ 蔬菜 | shūcài | 채소 |
| ☐ 萝卜 | luóbo | 무 |
| ☐ 胡萝卜 | húluóbo | 당근 |
| ☐ 竹笋 | zhúsǔn | 죽순 |
| ☐ 姜 | jiāng | 생강 |
| ☐ 藕 | ǒu | 연근 |
| ☐ 牛蒡 | niúbàng | 우엉 |
| ☐ 韭菜 | jiǔcài | 부추 |
| ☐ 大蒜 | dàsuàn | 마늘 |
| ☐ 蒜苗 | suànmiáo | 마늘쫑 |
| ☐ 大葱 | dàcōng | 파 |
| ☐ 洋葱 | yángcōng | 양파 |
| ☐ 白菜 | báicài | 배추 |
| ☐ 青梗菜(=油菜) | qīnggěngcài(= yóucài) | 청경채 |
| ☐ 洋白菜 | yángbáicài | 양배추 |
| ☐ 菠菜 | bōcài | 시금치 |
| ☐ 莴苣 | wōjù | 양상치 |
| ☐ 芦笋 | lúsǔn | 아스파라거스 |
| ☐ 水芹 | shuǐqín | 미나리 |
| ☐ 芹菜 | qíncài | 샐러리 |
| ☐ 蕨菜 | juécài | 고사리 |
| ☐ 茄子 | qiézi | 가지 |
| ☐ 西红柿 | xīhóngshì | 토마토 |
| ☐ 辣椒 | làjiāo | 고추 |
| ☐ 青椒 | qīngjiāo | 피망 |
| ☐ 南瓜 | nánguā | 늙은 호박 |

> 애호박은 **西葫芦**
> (xīhúlu)라고 한다.

| | | |
|---|---|---|
| ☐ 黄瓜 | huángguā | 오이 |
| ☐ 豆芽 | dòuyá | 콩나물 |
| ☐ 蘑菇 | mógū | 버섯 |
| ☐ 洋蘑菇 | yángmógū | 양송이 |
| ☐ 香菇 | xiānggū | 표고버섯 |
| ☐ 松口蘑 | sōngkǒumó | 송이버섯 |
| ☐ 木耳 | mù'ěr | 목이버섯 |

## 🐻 12 | 과일

| | | |
|---|---|---|
| ☐ 水果 | shuǐguǒ | 과일 |
| ☐ 苹果 | píngguǒ | 사과 |
| ☐ 草莓 | cǎoméi | 딸기 |
| ☐ 橘子(=桔子) | júzi | 귤 |
| ☐ 金橘儿 | jīnjúr | 금귤 |
| ☐ 橙子 | chéngzi | 오렌지 |
| ☐ 葡萄 | pútáo | 포도 |
| ☐ 桃子 | táozi | 복숭아 |
| ☐ 梨 | lí | 배 |
| ☐ 西瓜 | xīguā | 수박 |
| ☐ 香瓜 | xiāngguā | 참외 |
| ☐ 白兰瓜 | báilánguā | 멜론 |
| ☐ 柿子 | shìzi | 감 |
| ☐ 李子 | lǐzi | 자두 |
| ☐ 杏儿 | xìngr | 살구 |

명
사

| 梅子 | méizi | 매실 |
| 樱桃 | yīngtáo | 앵두, 체리 |
| 石榴 | shíliú | 석류 |
| 猕猴桃 | míhóutáo | 키위 |
| 柠檬 | níngméng | 레몬 |
| 芒果 | mángguǒ | 망고 |
| 番木瓜 | fānmùguā | 파파야 |
| 香蕉 | xiāngjiāo | 바나나 |
| 菠萝(=凤梨) | bōluó(= fènglí) | 파인애플 |
| 椰子 | yēzi | 야자 |
| 栗子 | lìzi | 밤 |
| 核桃 | hétáo | 호두 |
| 白果 | báiguǒ | 은행 |
| 枣儿 | zǎor | 대추 |

## 🐻 13 신체

MP3 8-13

| 身体 | shēntǐ | 몸 |
| 上身 | shàngshēn | 상반신 |
| 下身 | xiàshēn | 하반신 |
| 头 | tóu | 머리 |
| 头发 | tóufa | 머리카락 |
| 脸 | liǎn | 얼굴 |
| 额头 | étou | 이마 |
| 腮帮子 | sāibāngzi | 뺨, 볼 |

| | | | |
|---|---|---|---|
| ☐ 眼睛 | yǎnjing | 눈 |
| ☐ 眸子 | móuzǐ | 눈동자 |
| ☐ 眉毛 | méimáo | 눈썹 |
| ☐ 睫毛 | jiémáo | 속눈썹 |
| ☐ 鼻子 | bízi | 코 |
| ☐ 鼻梁儿 | bíliángr | 콧대 |
| ☐ 鼻孔 | bíkǒng | 콧구멍 |
| ☐ 鼻毛 | bímáo | 코털 |
| ☐ 鼻屎 | bíshǐ | 코딱지 |
| ☐ 人中沟 | rénzhōnggōu | 인중 |
| ☐ 嘴 | zuǐ | 입 |
| ☐ 嘴唇 | zuǐchún | 입술 |
| ☐ 舌头 | shétou | 혀 |
| ☐ 牙 | yá | 치아 |
| ☐ 下巴 | xiàba | 턱 |
| ☐ 脖子 | bózi | 목 |
| ☐ 嗓子 | sǎngzi | 목(구멍) |
| ☐ 耳朵 | ěrduo | 귀 |
| ☐ 耳垂 | ěrchuí | 귓볼 |
| ☐ 耳根 | ěrgēn | 귀뿌리 |
| ☐ 耳垢 | ěrgòu | 귓밥 |
| ☐ 胡子 | húzi | 수염 |
| ☐ 鬓角 | bìnjiǎo | 구렛나루 |
| ☐ 肩膀 | jiānbǎng | 어깨 |
| ☐ 胳肢窝 | gāzhiwō | 겨드랑이 |
| ☐ 胳膊 | gēbo | 팔 |

명
사

| | | |
|---|---|---|
| ☐ 胳膊肘儿 | gēbozhǒur | 팔꿈치 |
| ☐ 手 | shǒu | 손 |
| ☐ 手掌 | shǒuzhǎng | 손바닥 |
| ☐ 手腕 | shǒuwàn | 손목 |
| ☐ 手指 | shǒuzhǐ | 손가락 |
| ☐ 指甲 | zhǐjia | 손톱 |
| ☐ 胸脯 | xiōngpú | 가슴 |
| ☐ 肚子 | dùzi | 배 |
| ☐ 肚脐眼儿 | dùqíyǎnr | 배꼽 |
| ☐ 背 | bèi | 등 |
| ☐ 腰 | yāo | 허리 |
| ☐ 屁股 | pìgu | 엉덩이 |
| ☐ 腿 | tuǐ | 다리 |
| ☐ 大腿 | dàtuǐ | 허벅지 |
| ☐ 小腿 | xiǎotuǐ | 아랫다리 |
| ☐ 小腿肚 | xiǎotuǐdù | 종아리 |
| ☐ 膝盖 | xīgài | 무릎 |
| ☐ 脚 | jiǎo | 발 |
| ☐ 脚腕子 | jiǎowànzi | 발목 |
| ☐ 脚底 | jiǎodǐ | 발바닥 |
| ☐ 脚趾 | jiǎozhǐ | 발가락 |
| ☐ 脚后根 | jiǎohòugēn | 발뒤꿈치 |
| ☐ 脚指甲 | jiǎozhǐjia | 발톱 |
| ☐ 脚眼 | jiǎoyǎn | 복사뼈 |

| | | |
|---|---|---|
| ☐ 外貌 | wàimào | 외모, 외관 |
| ☐ 容貌 | róngmào | 용모, 모습, 생김새 |
| ☐ 相貌 | xiàngmào | 용모 |
| ☐ 面貌 | miànmào | 얼굴생김새, 면모 |
| ☐ 样子 | yàngzi | 모습, 표정, 태도 |
| ☐ 美貌 | měimào | 미모 |
| ☐ 姿态 | zītài | 자태, 모습 |
| ☐ 表情 | biǎoqíng | 표정 |
| ☐ 眉头 | méitou | 미간 |
| ☐ 笑脸 | xiàoliǎn | 웃는 얼굴 |
| ☐ 哭脸 | kūliǎn | 우는 얼굴, 울상 |
| ☐ 身材 | shēncái | 몸매, 몸집, 체격 |
| ☐ 身高 | shēngāo | 키, 신장 |
| ☐ 体重 | tǐzhòng | 체중 |
| ☐ 赤身 | chìshēn | 알몸 |
| ☐ 裸体 | luǒtǐ | 알몸, 나체 |
| ☐ 赤手 | chìshǒu | 맨손 |
| ☐ 赤脚 | chìjiǎo | 맨발 |
| ☐ 素脸 | sùliǎn | 화장 안 한 맨얼굴 |
| ☐ 浓妆 | nóngzhuāng | 짙은 화장 |
| ☐ 淡妆 | dànzhuāng | 옅은 화장 |
| ☐ 皮肤 | pífū | 피부 |
| ☐ 肤色 | fūsè | 피부색 |
| ☐ 油性 | yóuxìng | 지성 |
| ☐ 干性 | gānxìng | 건성 |
| ☐ 酒窝 | jiǔwō | 보조개 |

명
사

| | | |
|---|---|---|
| ☐ 皱纹 | zhòuwén | 주름살 |
| ☐ 雀斑 | quèbān | 주근깨 |
| ☐ 斑 | bān | 점 |
| ☐ 黑斑 | hēibān | 기미 |
| ☐ 痤疮 | cuóchuāng | 여드름 |
| ☐ 疤痕 | bāhén | 흉터 |
| ☐ 黑痣 | hēizhì | 사마귀 |
| ☐ 鸡眼 | jīyǎn | 티눈 |
| ☐ 痱子 | fèizi | 땀띠 |
| ☐ 荨麻疹 | xúnmázhěn | 두드러기 |
| ☐ 湿疹 | shīzhěn | 습진 |
| ☐ 疙瘩 | gēda | 종기, 부스럼 |
| ☐ 脓水 | nóngshuǐ | 고름 |
| ☐ 冻疮 | dòngchuāng | 동상 |
| ☐ 鸡皮疙瘩 | jīpígēda | 닭살, 소름 |
| ☐ 污垢 | wūgòu | 때 |
| ☐ 脚癣 | jiǎoxuǎn | 무좀 |
| ☐ 疼痛 | téngtòng | 아픔, 통증 |
| ☐ 胖子 | pàngzi | 뚱보 |
| ☐ 瘦子 | shòuzi | 마른 사람 |
| ☐ 美人 | měirén | 미인 |
| ☐ 美女 | měinǚ | 미녀 |
| ☐ 靓妹 | liàngmèi | 예쁜 여자 |
| ☐ 酷男 | kùnán | 미남 |

| | | |
|---|---|---|
| ☐ 季节 | jìjié | 계절 |
| ☐ 四季 | sìjì | 사계 |
| ☐ 春天 | chūntiān | 봄 |
| ☐ 夏天 | xiàtiān | 여름 |
| ☐ 秋天 | qiūtiān | 가을 |
| ☐ 冬天 | dōngtiān | 겨울 |
| ☐ 避暑 | bìshǔ | 피서 |
| ☐ 避暑胜地 | bìshǔshèngdì | 피서지 |
| ☐ 天气 | tiānqì | 날씨 |
| ☐ 天色 | tiānsè | 하늘 빛 |
| ☐ 天气预报 | tiānqìyùbào | 일기예보 |
| ☐ 晴天 | qíngtiān | 맑게 갠 날 |
| ☐ 阴天 | yīntiān | 흐린 날 |
| ☐ 雨天 | yǔtiān | 비오는 날, 우천 |
| ☐ 雪天 | xuětiān | 눈 오는 날 |
| ☐ 初雪 | chūxuě | 첫눈 |
| ☐ 小雪 | xiǎoxuě | 적은 눈, 소설 |
| ☐ 大雪 | dàxuě | 큰 눈, 대설 |
| ☐ 暴雪 | bàoxuě | 폭설 |
| ☐ 雪崩 | xuěbēng | 눈사태 |
| ☐ 鹅毛大雪 | émáo dàxuě | 함박눈 |
| ☐ 风雪 | fēngxuě | 눈보라 |
| ☐ 雪人 | xuěrén | 눈사람 |
| ☐ 雾 | wù | 안개 |
| ☐ 霜 | shuāng | 서리 |
| ☐ 雨季 | yǔjì | 장마철, 우기 |

명
사

435

| | | |
|---|---|---|
| ☐ 春雨 | chūnyǔ | 봄비 |
| ☐ 毛毛雨 | máomáoyǔ | 이슬비, 보슬비 |
| ☐ 小雨 | xiǎoyǔ | 가랑비 |
| ☐ 大雨 | dàyǔ | 큰 비, 호우 |
| ☐ 洪水 | hóngshuǐ | 홍수 |
| ☐ 暴风雨 | bàofēngyǔ | 폭풍우 |
| ☐ 梅雨 | méiyǔ | 장마(비) |
| ☐ 阵雨 | zhènyǔ | 소나기 |
| ☐ 雷暴雨 | léibàoyǔ | 천둥을 동반한 소나기 |
| ☐ 雷阵雨 | léizhènyǔ | 천둥과 번개를 동반한 소나기 |
| ☐ 雷电 | léidiàn | 천둥과 번개 |
| ☐ 闪电 | shǎndiàn | 번개 |
| ☐ 避雷针 | bìléizhēn | 피뢰침 |
| ☐ 雨伞 | yǔsǎn | 우산 |
| ☐ 台风 | táifēng | 태풍 |
| ☐ 沙尘暴 | shāchénbào | 황사바람 |
| ☐ 地震 | dìzhèn | 지진 |
| ☐ 阳光 | yángguāng | 햇볕 |
| ☐ 彩虹 | cǎihóng | 무지개 |
| ☐ 露水 | lùshui | 이슬 |
| ☐ 冰 | bīng | 얼음 |
| ☐ 冰雹 | bīngbáo | 우박 |
| ☐ 冰锥儿 | bīngzhuīr | 고드름 |
| ☐ 海市蜃楼 | hǎishìshènlóu | 신기루 |

| | | | |
|---|---|---|---|
| ☐ 自然 | zìrán | 자연 |
| ☐ 环境 | huánjìng | 환경 |
| ☐ 风景 | fēngjǐng | 경치, 풍경 |
| ☐ 山 | shān | 산 |
| ☐ 田野 | tiányě | 들판, 들 |
| ☐ 平原 | píngyuán | 평원 |
| ☐ 树 | shù | 나무 |
| ☐ 草 | cǎo | 풀 |
| ☐ 花 | huā | 꽃 |
| ☐ 林木 | línmù | 수림, 숲 |
| ☐ 丛林 | cónglín | 숲, 삼림 |
| ☐ 森林 | sēnlín | 삼림 |
| ☐ 石头 | shítou | 돌 |
| ☐ 岩石 | yánshí | 암석, 바위 |
| ☐ 峡谷 | xiágǔ | 골짜기, 계곡 |
| ☐ 山谷 | shāngǔ | 산골짜기 |
| ☐ 山脚 | shānjiǎo | 산기슭 |
| ☐ 山坡 | shānpō | 산비탈 |
| ☐ 洞穴 | dòngxué | 동굴 |
| ☐ 悬崖 | xuányá | 벼랑 |
| ☐ 绝壁 | juébì | 절벽 |
| ☐ 江 | jiāng | 강 |
| ☐ 湖泊 | húpō | 호수 |
| ☐ 湖畔 | húpàn | 호숫가, 호반 |
| ☐ 溪水 | xīshuǐ | 시냇물 |
| ☐ 瀑布 | pùbù | 폭포 |

명
사

437

| | | |
|---|---|---|
| ☐ 人造瀑布 | rénzào pùbù | 인공폭포 |
| ☐ 陆地 | lùdì | 육지 |
| ☐ 海 | hǎi | 바다 |
| ☐ 岛 | dǎo | 섬 |
| ☐ 岛屿 | dǎoyǔ | 섬, 도서 |
| ☐ 波浪 | bōlàng | 파도 |
| ☐ 水平线 | shuǐpíngxiàn | 수평선 |
| ☐ 地平线 | dìpíngxiàn | 지평선 |
| ☐ 海岸 | hǎi'àn | 해안 |
| ☐ 海边 | hǎibiān | 바닷가, 해변 |
| ☐ 海滩 | hǎitān | 해변, 모래사장 |
| ☐ 沙滩 | shātān | 백사장 |
| ☐ 宇宙 | yǔzhòu | 우주 |
| ☐ 地球 | dìqiú | 지구 |
| ☐ 天空 | tiānkōng | 하늘 |
| ☐ 太阳 | tàiyáng | 태양, 해 |
| ☐ 星星 | xīngxing | 별 |
| ☐ 月亮 | yuèliang | 달 |
| ☐ 云 | yún | 구름 |
| ☐ 天河 | tiānhé | 은하수 |
| ☐ 日出 | rìchū | 해돋이, 일출 |
| ☐ 日落 | rìluò | 일몰 |
| ☐ 清晨 | qīngchén | 새벽녘, 동틀 무렵 |
| ☐ 黄昏 | huánghūn | 황혼, 해질 무렵 |

| | | |
|---|---|---|
| ☐ 狗 | gǒu | 개 |
| ☐ 猫 | māo | 고양이 |
| ☐ 猪 | zhū | 돼지 |
| ☐ 牛 | niú | 소 |
| ☐ 老鼠 | lǎoshǔ | 쥐 |
| ☐ 羊 | yáng | 양 |
| ☐ 山羊 | shānyáng | 산양 |
| ☐ 马 | mǎ | 말 |
| ☐ 斑马 | bānmǎ | 얼룩말 |
| ☐ 驴 | lǘ | 당나귀 |
| ☐ 兔子 | tùzi | 토끼 |
| ☐ 松鼠 | sōngshǔ | 다람쥐 |
| ☐ 大袋鼠 | dàdàishǔ | 캥거루 |
| ☐ 猴子 | hóuzi | 원숭이 |
| ☐ 猩猩 | xīngxing | 오랑우탄 |
| ☐ 大猩猩 | dàxīngxing | 고릴라 |
| ☐ 黑猩猩 | hēixīngxing | 침팬지 |
| ☐ 骆驼 | luòtuo | 낙타 |
| ☐ 鹿 | lù | 사슴 |
| ☐ 老虎 | lǎohǔ | 호랑이 |
| ☐ 狮子 | shīzi | 사자 |
| ☐ 大象 | dàxiàng | 코끼리 |
| ☐ 长颈鹿 | chángjǐnglù | 기린 |
| ☐ 豹子 | bàozi | 표범 |
| ☐ 猎豹 | lièbào | 치타 |
| ☐ 熊 | xióng | 곰 |

명
사

| | | | |
|---|---|---|---|
| ☐ | 熊猫 | xióngmāo | 팬더 |
| ☐ | 狼 | láng | 늑대 |
| ☐ | 狐狸 | húli | 여우 |
| ☐ | 鸡 | jī | 닭 |
| ☐ | 鸭子 | yāzi | 오리 |
| ☐ | 企鹅 | qǐ'é | 펭귄 |
| ☐ | 海鸥 | hǎi'ōu | 갈매기 |
| ☐ | 鸽子 | gēzi | 비둘기 |
| ☐ | 喜鹊 | xǐque | 까치 |
| ☐ | 乌鸦 | wūyā | 까마귀 |
| ☐ | 燕子 | yànzi | 제비 |
| ☐ | 大雁 | dàyàn | 기러기 |
| ☐ | 野鸡 | yějī | 꿩 |
| ☐ | 麻雀 | máquè | 참새 |
| ☐ | 老鹰 | lǎoyīng | 매 |
| ☐ | 秃鹫 | tūjiù | 독수리 |
| ☐ | 火鸡 | huǒjī | 칠면조 |
| ☐ | 鸵鸟 | tuóniǎo | 타조 |
| ☐ | 天鹅 | tiān'é | 백조 |
| ☐ | 鸳鸯 | yuānyāng | 원앙 |
| ☐ | 猫头鹰 | māotóuyīng | 부엉이 |
| ☐ | 鹤鸟 | hèniǎo | 학 |
| ☐ | 孔雀 | kǒngquè | 공작새 |
| ☐ | 啄木鸟 | zhuómùniǎo | 딱따구리 |
| ☐ | 鹦鹉 | yīngwǔ | 앵무새 |
| ☐ | 蝴蝶 | húdié | 나비 |

| | | |
|---|---|---|
| ☐ 蜻蜓 | qīngtíng | 잠자리 |
| ☐ 螳螂 | tángláng | 사마귀 |
| ☐ 蚱蜢 | zhàměng | 메뚜기 |
| ☐ 蚂蚁 | mǎyǐ | 개미 |
| ☐ 知了 | zhīliǎo | 매미 |
| ☐ 蛐蛐儿 | qūqur | 귀뚜라미 |
| ☐ 荧火虫 | yínghuǒchóng | 반디 |
| ☐ 蚊子 | wénzi | 모기 |
| ☐ 苍蝇 | cāngying | 파리 |
| ☐ 蟑螂 | zhāngláng | 바퀴벌레 |

## 🐻 18 | 물고기 · 해초

| | | |
|---|---|---|
| ☐ 鲐巴鱼(=青花鱼) | táibāyú(= qīnghuāyú) | 고등어 |
| ☐ 青鱼 | qīngyú | 청어, 고등어 |
| ☐ 黄鱼 | huángyú | 조기 |
| ☐ 刀鱼 | dāoyú | 갈치 |
| ☐ 秋刀鱼 | qiūdāoyú | 꽁치 |
| ☐ 比目鱼 | bǐmùyú | 넙치, 가자미 |
| ☐ 鲳鱼 | chāngyú | 병어 |
| ☐ 加级鱼 | jiājíyú | 참돔, 도미 |
| ☐ 大头鱼 | dàtóuyú | 대구 |
| ☐ 明太鱼 | míngtàiyú | 명태 |
| ☐ 河豚 | hétún | 복어 |
| ☐ 金枪鱼 | jīnqiāngyú | 참치 |

| | | | |
|---|---|---|---|
| ☐ | 鳗鱼 | mányú | 장어 |
| ☐ | 三文鱼 | sānwényú | 연어 |
| ☐ | 沙鱼 | shāyú | 상어 |
| ☐ | 鲸鱼 | jīngyú | 고래 |
| ☐ | 鱿鱼 | yóuyú | 오징어 |
| ☐ | 章鱼 | zhāngyú | 문어 |
| ☐ | 鲤鱼 | lǐyú | 잉어 |
| ☐ | 鲫鱼 | jìyú | 붕어 |
| ☐ | 虾 | xiā | 새우 |
| ☐ | 明虾 | míngxiā | 대하 |
| ☐ | 龙虾 | lóngxiā | 바다가재 |
| ☐ | 鳌虾 | áoxiā | 가재 |
| ☐ | 螃蟹 | pángxiè | 게 |
| ☐ | 蛤蚌 | géhàng | 조개 |
| ☐ | 文蛤 | wéngé | 대합 |
| ☐ | 红蛤 | hónggé | 홍합 |
| ☐ | 蛤仔 | gézǐ | 바지락 |
| ☐ | 牡蛎 | mǔlì | 굴 |
| ☐ | 海螺 | hǎiluó | 소라 |
| ☐ | 裙带菜 | qúndàicài | 미역 |
| ☐ | 海带 | hǎidài | 다시마 |
| ☐ | 海苔 | hǎitái | 김 |
| ☐ | 海参 | hǎishēn | 해삼 |
| ☐ | 海囊 | hǎináng | 멍게 |
| ☐ | 海胆 | hǎidǎn | 성게 |

| | | |
|---|---|---|
| ☐ 玫瑰 | méigui | 장미 |
| ☐ 百合 | bǎihé | 백합 |
| ☐ 菊花 | júhuā | 국화 |
| ☐ 杜鹃花 | dùjuānhuā | 진달래 |
| ☐ 迎春花 | yíngchūnhuā | 개나리 |
| ☐ 康乃馨 | kāngnǎixīn | 카네이션 |
| ☐ 樱花 | yīnghuā | 벚꽃 |
| ☐ 洋槐 | yánghuái | 아카시아 |
| ☐ 秋英 | qiūyīng | 코스모스 |
| ☐ 紫丁香 | zǐdīngxiāng | 라일락 |
| ☐ 牵牛花 | qiānniúhuā | 나팔꽃 |
| ☐ 金盏花 | jīnzhǎnhuā | 금잔화 |
| ☐ 蒲公英 | púgōngyīng | 민들레 |
| ☐ 郁金香 | yùjīnxiāng | 튤립 |
| ☐ 牡丹 | mǔdan | 모란 |
| ☐ 玉兰 | yùlán | 목련 |
| ☐ 三色堇 | sānsèjǐn | 팬지 |
| ☐ 莲花 | liánhuā | 연꽃 |
| ☐ 水仙 | shuǐxiān | 수선화 |
| ☐ 凤仙花 | fèngxiānhuā | 봉선화 |
| ☐ 勿忘草 | wùwàngcǎo | 물망초 |
| ☐ 茉莉花 | mòlìhuā | 자스민 |
| ☐ 仙人掌 | xiānrénzhǎng | 선인장 |
| ☐ 山茶 | shānchá | 동백 |
| ☐ 蜀葵 | shǔkuí | 접시꽃 |
| ☐ 向日葵 | xiàngrìkuí | 해바라기 |

명
사

| 厨房 | chúfáng | 부엌 |
| 洗碗池 | xǐwǎnchí | 개수대 |
| 橱柜 | chúguì | 찬장 |
| 洗洁精 | xǐjiéjīng | 식기세제 |
| 海绵 | hǎimián | 스폰지 |
| 水龙头 | shuǐlóngtóu | 수도꼭지 |
| 菜刀 | càidāo | 부엌칼 |
| 果皮刀 | guǒpídāo | 과도 |
| 切菜板 | qiēcàibǎn | 도마 |
| 抹布 | mābù | 행주 |
| 锅 | guō | 냄비, 솥 |
| 高压锅 | gāoyāguō | 압력솥 |
| 蒸锅 | zhēngguō | 찜솥 |
| 平底煎锅 | píngdǐ jiānguō | 프라이팬 |
| 漏勺 | lòusháo | 스테인레스 체 |
| 煤气灶 | méiqìzào | 가스레인지 |
| 阳台 | yángtái | 베란다 |
| 垃圾桶 | lājītǒng | 쓰레기통 |
| 暖瓶 | nuǎnpíng | 보온병 |
| 水壶 | shuǐhú | 주전자 |
| 锅垫 | guōdiàn | 냄비받침대 |
| 饭桌 | fànzhuō | 식탁 |
| 椅子 | yǐzi | 의자 |
| 碗 | wǎn | 그릇 |
| 勺子 | sháozi | 국자 |
| 筷子 | kuàizi | 젓가락 |

| | 羹匙 | gēngchí | 숟가락 |
|---|---|---|---|
| | 餐刀 | cāndāo | 나이프 |
| | 餐叉 | cānchā | 포크 |
| | 碟子 | diézi | 접시 |
| | 盘子 | pánzi | 쟁반 |
| | 杯子 | bēizi | 컵 |
| | 餐巾纸 | cānjīnzhǐ | 냅킨 |

## 21 액세서리 · 화장품

MP3 8-21

| | 首饰 | shǒushi | 액세서리 |
|---|---|---|---|
| | 耳环 | ěrhuán | (링)귀걸이 |
| | 耳坠儿 | ěrzhuìr | (늘어지는)귀걸이 |
| | 项链儿 | xiàngliànr | 목걸이 |
| | 戒指 | jièzhǐ | 반지 |
| | 项坠儿 | xiàngzhuìr | 펜던트 |
| | 胸针 | xiōngzhēn | 브로치 |
| | 手镯 | shǒuzhuó | 팔찌 |
| | 脚镯 | jiǎozhuó | 발찌 |
| | 发箍 | fàgū | 머리띠, 헤어밴드 |
| | 发带 | fàdài | (늘어나는)헤어밴드 |
| | 发束 | fàshù | 머리끈 |
| | 头绳 | tóushéng | 머리끈 |
| | 发卡 | fàqiǎ | 머리핀 |
| | 眼镜 | yǎnjìng | 안경 |

명
사

| | | |
|---|---|---|
| ☐ 太阳镜 | tàiyángjìng | 선글라스 |
| ☐ 粉底 | fěndǐ | 파운데이션 |
| ☐ 粉饼 | fěnbǐng | 파우더 케이크 |
| ☐ 两用粉饼 | liǎngyòng fěnbǐng | 트윈케이크 |
| ☐ 粉扑 | fěnpū | 퍼프 |
| ☐ 扑粉 | pūfěn | 훼이스 파우더 |
| ☐ 隔离霜 | gélíshuāng | 메이크업 베이스 |
| ☐ 化妆水 | huàzhuāngshuǐ | 스킨 |
| ☐ 乳液 | rǔyè | 로션 |
| ☐ 营养霜 | yíngyǎngshuāng | 영양크림 |
| ☐ 眼霜 | yǎnshuāng | 아이크림 |
| ☐ 冷霜 | lěngshuāng | 콜드크림 |
| ☐ 日霜 | rìshuāng | 데이크림 |
| ☐ 晚霜 | wǎnshuāng | 나이트크림 |
| ☐ 卸妆霜 | xièzhuāngshuāng | 클렌징크림 |
| ☐ 洁面水 | jiémiànshuǐ | 클렌징워터 |
| ☐ 洁面膏 | jiémiàngāo | 클렌징 폼 |
| ☐ 面膜 | miànmó | 팩 |
| ☐ 香水 | xiānggshuǐ | 향수 |
| ☐ 眉笔 | méibǐ | 아이브로우 펜슬 |
| ☐ 眼线笔 | yǎnxiànbǐ | 아이라이너 |
| ☐ 眼影粉 | yǎnyǐngfěn | 아이섀도우 |
| ☐ 眼影笔 | yǎnyǐngbǐ | 아이섀도우 브러시 |
| ☐ 胭脂 | yānzhi | 볼터치(블러셔) |
| ☐ 睫毛膏 | jiémáogāo | 마스카라 |
| ☐ 睫毛刷 | jiémáoshuā | 마스카라 브러시 |

| | | | |
|---|---|---|---|
| ☐ 口红笔 | kǒuhóngbǐ | 립 라이너 |
| ☐ 口红 | kǒuhóng | 립스틱 |
| ☐ 指甲油 | zhǐjiǎyóu | 매니큐어 |
| ☐ 去光水 | qùguāngshuǐ | 매니큐어 리무버 |
| ☐ 化妆棉 | huàzhuāngmián | 화장솜 |
| ☐ 绵纸 | miánzhǐ | 티슈 |
| ☐ 睫毛夹 | jiémáojiā | 뷰러(속눈썹 컬링기) |
| ☐ 假睫毛 | jiǎjiémáo | (붙이는)속눈썹 |
| ☐ 指甲刀 | zhǐjiǎdāo | 손톱깎기 |

## 22 학교에 관한 말

MP3 8-22

| | | | |
|---|---|---|---|
| ☐ 学校 | xuéxiào | 학교 |
| ☐ 幼儿园 | yòu'éryuán | 유치원 |
| ☐ 小学 | xiǎoxué | 초등학교 |
| ☐ 初中 | chūzhōng | 중학교 |
| ☐ 高中 | gāozhōng | 고등학교 |
| ☐ 高校 | gāoxiào | 대학교 이상의 고등교육기관 |
| ☐ 大学 | dàxué | 대학교 |
| ☐ 研究生院 | yánjiūshēngyuàn | (대륙)대학원 |
| ☐ 研究所 | yánjiūsuǒ | (대만)대학원 |
| ☐ 专科学校 | zhuānkē xuéxiào | 전문대학 |
| ☐ 中专学校 | zhōngzhuān xuéxiào | 중등전문학교 |
| ☐ 技术学校 | jìshù xuéxiào | 기술학교 |
| ☐ 补习班 | bǔxíbān | 학원 |

명
사

| | | | |
|---|---|---|---|
| ☐ | 国立 | guólì | (대만)국립 |
| ☐ | 私立 | sīlì | 사립 |
| ☐ | 学生 | xuésheng | 학생 |
| ☐ | 儿童 | értóng | 아동 |
| ☐ | 小朋友 | xiǎopéngyou | 어린이 |
| ☐ | 男孩儿 | nánháir | 남자아이 |
| ☐ | 女孩儿 | nǚháir | 여자아이 |
| ☐ | 小学生 | xiǎoxuéshēng | 초등학생 |
| ☐ | 初中生 | chūzhōngshēng | 중학생 |
| ☐ | 高中生 | gāozhōngshēng | 고등학생 |
| ☐ | 大学生 | dàxuéshēng | 대학생 |
| ☐ | 研究生 | yánjiūshēng | 대학원생 |
| ☐ | 老师 | lǎoshī | 선생님 |
| ☐ | 教师 | jiàoshī | 교사 |
| ☐ | 家长 | jiāzhǎng | 학부모 |
| ☐ | 家庭教师 | jiātíng jiàoshī | 가정교사 |
| ☐ | 校长 | xiàozhǎng | 교장, 학장, 총장 |
| ☐ | 教授 | jiàoshòu | 교수 |
| ☐ | 副教授 | fùjiàoshòu | 부교수 |
| ☐ | 助教 | zhùjiào | 조교 |
| ☐ | 讲师 | jiǎngshī | 강사 |
| ☐ | 硕士 | shuòshì | 석사 |
| ☐ | 博士 | bóshì | 박사 |
| ☐ | 学位 | xuéwèi | 학위 |
| ☐ | 专业 | zhuānyè | 전공 |
| ☐ | 论文 | lùnwén | 논문 |

| | | | |
|---|---|---|---|
| ☐ | 考试 | kǎoshì | 시험 |
| ☐ | 考生 | kǎoshēng | 수험생 |
| ☐ | 高考 | gāokǎo | 대학입시 |
| ☐ | 及格 | jígé | 합격 |
| ☐ | 不及格 | bùjígé | 불합격 |
| ☐ | 录取通知书 | lùqǔ tōngzhīshū | 입학허가통지서 |
| ☐ | 入学 | rùxué | 입학 |
| ☐ | 新生 | xīnshēng | 신입생 |
| ☐ | 校徽 | xiàohuī | 학교배지 |
| ☐ | 校规 | xiàoguī | 교칙 |
| ☐ | 学生证 | xuéshēngzhèng | 학생증 |
| ☐ | 毕业 | bìyè | 졸업 |
| ☐ | 毕业证书 | bìyè zhèngshū | 졸업증서, 졸업장 |
| ☐ | 文凭 | wénpíng | 졸업장 |
| ☐ | 毕业生 | bìyèshēng | 졸업생 |
| ☐ | 学历 | xuélì | 학력 |
| ☐ | 校园 | xiàoyuán | 교정, 캠퍼스 |
| ☐ | 校门 | xiàomén | 교문 |
| ☐ | 年级 | niánjí | 학년 |
| ☐ | 学期 | xuéqī | 학기 |
| ☐ | 教室 | jiàoshì | 교실 |
| ☐ | 班 | bān | 학급, 반 |
| ☐ | 班主任 | bānzhǔrèn | 학급담임 |
| ☐ | 同学 | tóngxué | 학급 친구 |
| ☐ | 校友 | xiàoyǒu | 동창 |
| ☐ | 朋友 | péngyou | 친구 |

| | | |
|---|---|---|
| ☐ 男生 | nánshēng | 남학생 |
| ☐ 女生 | nǚshēng | 여학생 |
| ☐ 留学生 | liúxuéshēng | 유학생 |
| ☐ 课程 | kèchéng | 학과목, 커리큘럼 |
| ☐ 课程表 | kèchéngbiǎo | 수업시간표 |
| ☐ 课本 | kèběn | 교과서 |
| ☐ 教材 | jiàocái | 교재 |
| ☐ 作业 | zuòyè | 숙제 |
| ☐ 功课 | gōngkè | (숙제나 예습 등)공부 |
| ☐ 课外活动 | kèwài huódòng | 특별활동 |
| ☐ 家教 | jiājiào | 과외 |
| ☐ 成绩 | chéngjì | 성적 |
| ☐ 成绩单 | chéngjìdān | 성적표 |
| ☐ 奖学金生 | jiǎngxuéjīnshēng | 장학생 |
| ☐ 点名册 | diǎnmíngcè | 출석부 |
| ☐ 讲台 | jiǎngtái | 강단 |
| ☐ 讲桌 | jiǎngzhuō | 교탁 |
| ☐ 讲义 | jiǎngyì | 강의안, 강의프린트 |
| ☐ 课桌 | kèzhuō | 책상 |
| ☐ 黑板 | hēibǎn | 칠판 |
| ☐ 板擦儿 | bǎnchār | 칠판지우개 |
| ☐ 粉笔 | fěnbǐ | 분필 |
| ☐ 书包 | shūbāo | 책가방 |
| ☐ 地球仪 | dìqiúyí | 지구본 |
| ☐ 垫板 | diànbǎn | 책받침 |
| ☐ 练习本儿 | liànxíběnr | 연습장 |

| | | |
|---|---|---|
| ☐ 医务室 | yīwùshì | 양호실, 의무실 |
| ☐ 图书馆 | túshūguǎn | 도서관 |
| ☐ 实验室 | shíyànshì | 실험실 |
| ☐ 宿舍 | sùshè | 기숙사 |
| ☐ 寄宿生 | jìsùshēng | 기숙사생 |
| ☐ 同屋 | tóngwū | 룸메이트 |
| ☐ 体育馆 | tǐyùguǎn | 체육관 |
| ☐ 学校食堂 | xuéxiào shítáng | 학교식당 |
| ☐ 学校社团 | xuéxiào shètuán | 서클, 동아리 |

## 🐻 23 │ 전공과목에 관한 말

MP3 8-23

| | | |
|---|---|---|
| ☐ 文科 | wénkē | 문과 |
| ☐ 理科 | lǐkē | 이과 |
| ☐ 数学系 | shùxuéxì | 수학과 |
| ☐ 统计系 | tǒngjìxì | 통계학과 |
| ☐ 会计系 | kuàijìxì | 회계학과 |
| ☐ 物理学系 | wùlǐxuéxì | 물리학과 |
| ☐ 地球物理学系 | dìqiú wùlǐxuéxì | 지구물리학과 |
| ☐ 天文系 | tiānwénxì | 천문학과 |
| ☐ 电子系 | diànzixì | 전자학과 |
| ☐ 计算机系 | jìsuànjīxì | 컴퓨터학과 |
| ☐ 化学系 | huàxuéxì | 화학과 |
| ☐ 生物学系 | shēngwùxuéxì | 생물학과 |
| ☐ 地质学系 | dìzhìxuéxì | 지질학과 |

명
사

| | | | |
|---|---|---|---|
| ☐ 地理学系 | dìlǐxuéxì | 지리학과 |
| ☐ 心理学系 | xīnlǐxuéxì | 심리학과 |
| ☐ 医学系 | yīxuéxì | 의예과 |
| ☐ 中文系 | zhōngwénxì | 중문과 |
| ☐ 英语系 | yīngyǔxì | 영어과 |
| ☐ 历史系 | lìshǐxì | 사학과 |
| ☐ 考古学系 | kǎogǔxuéxì | 고고학과 |
| ☐ 哲学系 | zhéxuéxì | 철학과 |
| ☐ 政治学系 | zhèngzhìxuéxì | 정치학과 |
| ☐ 行政管理系 | xíngzhèngguǎnlǐxì | 행정관리학과 |
| ☐ 经济学系 | jīngjìxuéxì | 경제학과 |
| ☐ 法律系 | fǎlǜxì | 법학과 |
| ☐ 社会学系 | shèhuìxuéxì | 사회학과 |
| ☐ 文学系 | wénxuéxì | 문학과 |

## 24 가족 호칭

MP3 8-24

| | | | |
|---|---|---|---|
| ☐ 爸爸 | bàba | 아빠 |
| ☐ 父亲 | fùqīn | 부친 |
| ☐ 妈妈 | māma | 엄마 |
| ☐ 母亲 | mǔqīn | 모친 |
| ☐ 爷爷 | yéye | 할아버지 |
| ☐ 祖父 | zǔfù | 조부 |
| ☐ 奶奶 | nǎinai | 할머니 |
| ☐ 祖母 | zǔmǔ | 조모 |

| | | |
|---|---|---|
| ☐ 外公 | wàigōng | 외할아버지 |
| ☐ 外祖父 | wàizǔfù | 외조부 |
| ☐ 姥姥 | lǎolao | 외할머니 |
| ☐ 外祖母 | wàizǔmǔ | 외조모 |
| ☐ 哥哥 | gēge | 형, 오빠 |
| ☐ 嫂子 | sǎozi | 형수, 올케 |
| ☐ 姐姐 | jiějie | 누나, 언니 |
| ☐ 姐夫 | jiěfu | 자형, 형부 |
| ☐ 弟弟 | dìdi | 남동생 |
| ☐ 弟媳 | dìxí | 제수, 올케 |
| ☐ 妹妹 | mèimei | 여동생 |
| ☐ 妹夫 | mèifu | 매부, 매제 |
| ☐ 丈夫 / 爱人 | zhàngfu / àirén | 남편 |
| ☐ 妻子 / 爱人 | qīzi / àirén | 아내 |
| ☐ 岳父 / 丈人 | yuèfù / zhàngren | 장인 |
| ☐ 岳母 / 丈母娘 | yuèmǔ / zhàngmǔniáng | 장모 |
| ☐ 舅舅 / 舅父 | jiùjiu / jiùfu | 외삼촌 |
| ☐ 舅母 | jiùmǔ | 외숙모 |
| ☐ 姨父 | yífu | 이모부 |
| ☐ 阿姨 / 姨母 | āyí / yímǔ | 이모 |
| ☐ 公公 / 爸爸 | gōnggong / bàba | 시아버지 |
| ☐ 婆婆 / 妈妈 | pópo / māma | 시어머니 |
| ☐ 伯父 | bófù | 큰아버지(친구의 아버지를 부를 때도) |
| ☐ 伯伯 | bóbo | 큰아버지, 백부 |
| ☐ 伯母 | bómǔ | 큰어머니(친구의 어머니를 부를 때도) |
| ☐ 叔父 / 叔叔 | shūfù/shūshu | 작은 아버지, 숙부 |

명
사

| | | | |
|---|---|---|---|
| ☐ 叔母 / 婶子 | shūmǔ/shěnzi | 작은 어머니, 숙모 |
| ☐ 姑父 | gūfù | 고모부 |
| ☐ 姑母 / 姑姑 | gūmǔ / gūgu | 고모 |
| ☐ 堂哥 | tánggē | 사촌형, 오빠 |

(堂자가 붙으면 아버지 형제, 자매의 아들이나 딸임을 나타냄)

| | | | |
|---|---|---|---|
| ☐ 堂弟 | tángdì | 사촌 남동생 |
| ☐ 堂姐 | tángjiě | 사촌 누나, 언니 |
| ☐ 堂妹 | tángmèi | 사촌 여동생 |
| ☐ 表哥 | biǎogē | 사촌 형, 오빠 |

(表자가 붙으면 어머니 형제, 자매의 아들이나 딸임을 나타냄)

| | | | |
|---|---|---|---|
| ☐ 表弟 | biǎodì | 사촌 남동생 |
| ☐ 表姐 | biǎojiě | 사촌 누나, 언니 |
| ☐ 表妹 | biǎomèi | 사촌 여동색 |
| ☐ 侄子 | zhízi | 조카(남자 형제의 아들) |
| ☐ 侄女 | zhínǚ | 조카딸(남자 형제의 딸) |
| ☐ 外甥 | wàisheng | 조카(여자 형제의 아들) |
| ☐ 外甥女 | wàishengnǚ | 조카딸(여자 형제의 딸) |
| ☐ 儿子 | érzi | 아들 |
| ☐ 儿媳妇儿 | érxífur | 며느리 |
| ☐ 女儿 | nǚér | 딸 |
| ☐ 女婿 | nǚxu | 사위 |
| ☐ 孙子 | sūnzi | 손자 |
| ☐ 孙女 | sūnnǚ | 손녀 |
| ☐ 外孙 | wàisūn | 외손자 |
| ☐ 外孙女 | wàisūnnǚ | 외손녀 |

| | | |
|---|---|---|
| ☐ 一 | yī | 1 |
| ☐ 二 | èr | 2 |
| ☐ 三 | sān | 3 |
| ☐ 四 | sì | 4 |
| ☐ 五 | wǔ | 5 |
| ☐ 六 | liù | 6 |
| ☐ 七 | qī | 7 |
| ☐ 八 | bā | 8 |
| ☐ 九 | jiǔ | 9 |
| ☐ 十 | shí | 10 |
| ☐ 二十 | èrshí | 20 |
| ☐ 三十 | sānshí | 30 |
| ☐ 四十 | sìshí | 40 |
| ☐ 五十 | wǔshí | 50 |
| ☐ 六十 | liùshí | 60 |
| ☐ 七十 | qīshí | 70 |
| ☐ 八十 | bāshí | 80 |
| ☐ 九十 | jiǔshí | 90 |
| ☐ 一百 | yìbǎi | 100 |
| ☐ 一千 | yìqiān | 1,000 |
| ☐ 两千 | liǎngqiān | 2,000 |
| ☐ 一万 | yíwàn | 10,000 |
| ☐ 两万 | liǎngwàn | 20,000 |
| ☐ 十万 | shíwàn | 100,000 |
| ☐ 百万 | bǎiwàn | 1,000,000 |
| ☐ 千万 | qiānwàn | 10,000,000 |

명사

| | | | |
|---|---|---|---|
| ☐ | 亿 | yì | 100,000,000 |
| ☐ | 第一 | dìyī | 첫째 |
| ☐ | 第二 | dì'èr | 둘째 |
| ☐ | 第三 | dìsān | 셋째 |
| ☐ | 第四 | dìsì | 넷째 |
| ☐ | 第五 | dìwǔ | 다섯째 |
| ☐ | 第六 | dìliù | 여섯째 |
| ☐ | 第七 | dìqī | 일곱째 |
| ☐ | 第八 | dìbā | 여덟째 |
| ☐ | 第九 | dìjiǔ | 아홉째 |
| ☐ | 第十 | dìshí | 열째 |
| ☐ | 零点五 | língdiǎnwǔ | 0.5 |
| ☐ | 一点五三 | yìdiǎnwǔsān | 1,53 |
| ☐ | 百分之五 | bǎifēnzhīwǔ | 5% |
| ☐ | 百分之二十 | bǎifēnzhīèrshí | 20% |
| ☐ | 十分 | shífēn | 10분 |
| ☐ | 十五分 | shíwǔfēn | 15분 |
| ☐ | 一刻 | yíkè | 15분 |
| ☐ | 三十分 | sānshífēn | 30분 |
| ☐ | 半 | bàn | 30분 |
| ☐ | 四十五分 | sìshíwǔfēn | 45분 |
| ☐ | 三刻 | sānkè | 45분 |
| ☐ | 一点 | yìdiǎn | 1시 |
| ☐ | 两点 | liǎngdiǎn | 2시 |
| ☐ | 九点 | jiǔdiǎn | 9시 |
| ☐ | 差一刻七点 | chà yíkè qīdiǎn | 6시 45분(7시 15분전) |

| | | | |
|---|---|---|---|
| ☐ 一(个)小时 | yí(ge)xiǎoshí | 1시간 |
| ☐ 两(个)小时 | liǎng(ge)xiǎoshí | 2시간 |
| ☐ 一月 | yīyuè | 1월 |
| ☐ 二月 | èryuè | 2월 |
| ☐ 三月 | sānyuè | 3월 |
| ☐ 四月 | sìyuè | 4월 |
| ☐ 五月 | wǔyuè | 5월 |
| ☐ 六月 | liùyuè | 6월 |
| ☐ 七月 | qīyuè | 7월 |
| ☐ 八月 | bāyuè | 8월 |
| ☐ 九月 | jiǔyuè | 9월 |
| ☐ 十月 | shíyuè | 10월 |
| ☐ 十一月 | shíyīyuè | 11월 |
| ☐ 十二月 | shí'èryuè | 12월 |
| ☐ 一号 | yīhào | 1일 |
| ☐ 二号 | èrhào | 2일 |
| ☐ 十六号 | shíliùhào | 16일 |
| ☐ 二十二号 | èrshí'èrhào | 22일 |
| ☐ 三十一号 | sānshíyīhào | 31일 |
| ☐ 前年 | qiánnián | 재작년 |
| ☐ 去年 | qùnián | 작년 |
| ☐ 今年 | jīnnián | 올해 |
| ☐ 明年 | míngnián | 내년 |
| ☐ 后年 | hòunián | 내후년 |
| ☐ 年初 | niánchū | 연초 |
| ☐ 年底 | niándǐ | 연말 |

| | | | |
|---|---|---|---|
| ☐ | 月初 | yuèchū | 월초 |
| ☐ | 月底 | yuèdǐ | 월말 |
| ☐ | 上旬 | shàngxún | 상순 |
| ☐ | 中旬 | zhōngxún | 중순 |
| ☐ | 下旬 | xiàxún | 하순 |
| ☐ | 这个月 | zhè ge yuè | 이 달 |
| ☐ | 上个月 | shàng ge yuè | 지난달 |
| ☐ | 下个月 | xià ge yuè | 다음달 |
| ☐ | 每月 | měiyuè | 매월 |
| ☐ | 一个月 | yí ge yuè | 1개월 |
| ☐ | 两个月 | liǎng ge yuè | 2개월 |
| ☐ | 每年 | měinián | 매년 |
| ☐ | 半年 | bànnián | 반년 |
| ☐ | 一年 | yìnián | 1년 |
| ☐ | 一年半 | yìniánbàn | 1년 반 |
| ☐ | 两年 | liǎngnián | 2년 |
| ☐ | 1998年 | yījiǔjiǔbānián | 1998년 |
| ☐ | 2003年 | èrlínglíngsānnián | 2003년 |
| ☐ | 前天 | qiántiān | 그저께 |
| ☐ | 昨天 | zuótiān | 어제 |
| ☐ | 今天 | jīntiān | 오늘 |
| ☐ | 明天 | míngtiān | 내일 |
| ☐ | 后天 | hòutiān | 내일모레 |
| ☐ | 每天 | měitiān | 매일 |
| ☐ | 一天 | yìtiān | 하루 |
| ☐ | 两天 | liǎngtiān | 이틀 |

| | | |
|---|---|---|
| ☐ 三天 | sāntiān | 사흘 |
| ☐ 四天 | sìtiān | 나흘 |
| ☐ 五天 | wǔtiān | 닷새 |
| ☐ 六天 | liùtiān | 엿새 |
| ☐ 七天 | qītiān | 이레 |
| ☐ 八天 | bātiān | 여드레 |
| ☐ 九天 | jiǔtiān | 아흐레 |
| ☐ 十天 | shítiān | 열흘 |
| ☐ 第一天 | dìyītiān | 첫째 날 |
| ☐ 第二天 | dì'èrtiān | 둘째 날 |
| ☐ 星期 | xīngqī | 요일, 주 |
| ☐ 星期一 | xīngqīyī | 월요일 |
| ☐ 星期二 | xīngqī'èr | 화요일 |
| ☐ 星期三 | xīngqīsān | 수요일 |
| ☐ 星期四 | xīngqīsì | 목요일 |
| ☐ 星期五 | xīngqīwǔ | 금요일 |
| ☐ 星期六 | xīngqīliù | 토요일 |
| ☐ 星期天 | xīngqītiān | 일요일 |
| ☐ 上个星期 | shàng ge xīngqī | 지난주 |
| ☐ 这个星期 | zhè ge xīngqī | 이번주 |
| ☐ 下个星期 | xià ge xīngqī | 다음주 |
| ☐ 每星期 | měixīngqī | 매주 |
| ☐ 一个星期 | yí ge xīngqī | 일주일 |
| ☐ 两个星期 | liǎng ge xīngqī | 이주일 |

명
사

**1월 1일(양력)**　　　元旦 Yuándàn 신정

경축이라는 초롱을 걸고 새해를 맞이하며 하루를 쉰다.

---

**1월 1일(음력)**　　　春节 Chūnjié 설날

세배(拜年 bàinián), 세뱃돈(压岁钱 yāsuìqián), 폭죽 터뜨리기(放鞭炮 fàng biānpào), 대련 붙이기(贴春联 tiēchūnlián), 그믐 밤 새기(除夕 chúxī), 가족들이 모여 풍성한 식사(年夜饭 niányèfàn)를 한다. 1월 1일 아침에 북방지역은 만두를 먹고 남방은 汤圆(tāngyuán)을 먹는다. 황금연휴(黄金周 huángjīnzhōu).

---

**1월 15일(음력)**　　　元宵节 Yuánxiāojié 정월대보름

灯节(Dēngjié)라고도 부르며 둥그런 元宵를 먹고 그 안에는 속(汤馅儿 tāngxiàr)을 넣는데 가족의 단합을 의미한다.

---

**3월 8일**　　　妇女节 Fùnǚjié 여성의 날

국제 여성근로자의 날. 三八妇女节(Sān Bā Fùnǚjié), 国际妇女节(Guójì Fùnǚjié)라고도 한다.

---

**4월 5일**　　　清明节 Qīngmíngjié 청명절

성묘(扫墓 sǎomù), 봄놀이(春游 chūnyóu), 연날리기(放风筝 fàng fēngzheng).

| | |
|---|---|
| 5월 1일 | **劳动节** Láodòngjié 노동절 |
| | 전국적으로 대대적인 휴가가 실시되는 황금연휴. 五一(Wǔ Yī)라고도 한다. |
| 5월 5일(음력) | **端午节** Duānwǔjié 단오 |
| | 굴원(屈原)을 추모하는 날이기도 하다. **粽子** (zòngzi 대나무 잎에 싼 밥)을 먹으며 용선경기 (**赛龙船** sài lóngchuán)를 한다. |
| 6월 1일 | **儿童节** Értóngjié 어린이날 |
| | **六一儿童节**(Liù Yī Értóngjié), **国际儿童节**(Guójì Értóngjié)라고 부르기도 한다. |
| 7월 1일 | **建党节** Jiàndǎngjié 창당 기념일 |
| | 중국공산당 창당 기념일. 1921년 7월 1일 상해에 서 결정. 七一(Qī Yī)라고 부르기도 한다. |
| 8월 1일 | **建军节** Jiànjūnjié 건군 기념일 |
| | 중국 인민해방군 건군 기념일. 1927년 8월 1일 건군. 八一(Bā Yī), **八一建军节**(Bā Yī Jiànjūnjié)라 고 부르기도 한다. |
| 8월 15일(음력) | **中秋节** Zhōngqiūjié 추석 |
| | 달구경(赏月 shǎngyuè)을 하고 월병(**月饼** yuèbǐng)을 먹는다. |

명
사

| | |
|---|---|
| **9월 9일(음력)** | **重阳节** Chóngyángjié 중양절 |
| | 풍년을 경축하며 높은 곳에 올라(**登高** dēnggāo) 하루를 즐기며 국화를 감상한다(**赏菊** shǎngjú). |
| **9월 10일** | **教师节** Jiàoshījié 스승의 날 |
| | 문화대혁명기간 동안 피해를 당한 교사의 위상을 높이기 위해 1986년 9월 10일 신설된 날. |
| **10월 1일** | **国庆节** Guóqìngjié 건국 기념일 |
| | 신중국 건국 기념일. 천안문 광장에서 대대적인 경축 퍼레이드(**庆祝游行** qìngzhù yóuxíng)를 펼친다. 1949년 10월 1일 제정. 황금연휴. |

中秋节에 먹는 월병

# 09

## 외래어

| | | | |
|---|---|---|---|
| ☐ | 导游 | dǎoyóu | 가이드 |
| ☐ | 游戏 | yóuxì | 게임 |
| ☐ | 高尔夫球 | gāo'ěrfūqiú | 골프 |
| ☐ | 吉他 | jítā | 기타 |
| ☐ | 领带 | lǐngdài | 넥타이 |
| ☐ | 诺贝尔奖 | Nuòbèi'ěrjiǎng | 노벨상 |
| ☐ | 笔记本电脑 | bǐjìběn diànnǎo | 노트북 |
| ☐ | 新闻 | xīnwén | 뉴스 |
| ☐ | 舞蹈 | wǔdǎo | 댄스 |
| ☐ | 倾销 | qīngxiāo | 덤핑 |
| ☐ | 钻石 | zuànshí | 다이아몬드 |
| ☐ | 日记簿 | rìjìbù | 다이어리 |
| ☐ | 约会 | yuēhuì | 데이트 |
| ☐ | 设计 | shèjì | 디자인 |
| ☐ | 设计师 | shèjìshī | 디자이너 |
| ☐ | 甜食 | tiánshí | 디저트 |
| ☐ | 数字 | shùzì | 디지털 |
| ☐ | 数字鸿沟 | shùzì hónggōu | 디지털디바이드(디지털격차) |
| ☐ | 无线电收音机 | wúxiàndiàn shōuyīnjī | 라디오 |
| ☐ | 对手 | duìshǒu | 라이벌 |
| ☐ | 餐厅 | cāntīng | 레스토랑 |
| ☐ | 口红 | kǒuhóng | 립스틱 |
| ☐ | 马拉松赛跑 | mǎlāsōng sàipǎo | 마라톤 |
| ☐ | 面具 | miànjù | 마스크 |
| ☐ | 蛋黄酱 | dànhuángjiàng | 마요네즈 |
| ☐ | 麦克风 | màikèfēng | 마이크 |

| | | |
|---|---|---|
| ☐ 营销 | yíngxiāo | 마케팅 |
| ☐ 魔法 | mófǎ | 매직 |
| ☐ 菜单 | càidān | 메뉴 |
| ☐ 显示器 | xiǎnshìqì | 모니터 |
| ☐ 摩登 | módēng | 모던 |
| ☐ 模特儿 | mótèr | 모델 |
| ☐ 音乐喜剧 | yīnyuè xǐjù | 뮤지컬 |
| ☐ 矿泉水 | kuàngquánshuǐ | 미네랄 워터 |
| ☐ 媒体 | méitǐ | 미디어 |
| ☐ 情人节 | Qíngrénjié | 발렌타인데이 |
| ☐ 小提琴 | xiǎotíqín | 바이올린 |
| ☐ 电池 | diànchí | 배터리 |
| ☐ 公共汽车 | gōnggòngqìchē | 버스 |
| ☐ 黄油 | huángyóu | 버터 |
| ☐ 蹦极跳 | bèngjítiào | 번지점프 |
| ☐ 圆珠笔 | yuánzhūbǐ | 볼펜 |
| ☐ 牌子 | páizi | 브랜드 |
| ☐ 录像机 | lùxiàngjī | 비디오 |
| ☐ 商务 | shāngwù | 비즈니스 |
| ☐ 海滩 | hǎitān | 비치 |
| ☐ 维生素 | wéishēngsù | 비타민 |
| ☐ 大楼 | dàlóu | 빌딩 |
| ☐ 非典型性肺炎 | fēidiǎnxíngxìng fèiyán | 사스(SARS) |
| ☐ 萨斯 | sàsī | 사스(SARS) |
| ☐ 汽水 | qìshuǐ | 사이다 |
| ☐ 尺寸 | chǐcun | 사이즈 |

외래어

| | | |
|---|---|---|
| ☐ 网站 | wǎngzhàn | 사이트 |
| ☐ 萨克斯管 | sàkèsīguǎn | 색소폰 |
| ☐ 凉鞋 | liángxié | 샌들 |
| ☐ 沙拉 | shālā | 샐러드 |
| ☐ 工薪阶层 | gōngxīn jiēcéng | 샐러리맨 |
| ☐ 淋浴 | línyù | 샤워 |
| ☐ 服务 | fúwù | 서비스 |
| ☐ 中心 | zhōngxīn | 센터 |
| ☐ 酱 | jiàng | 소스 |
| ☐ 香肠 | xiāngcháng | 소시지 |
| ☐ 软件 | ruǎnjiàn | 소프트웨어 |
| ☐ 超市 | chāoshì | 슈퍼마켓 |
| ☐ 毛衣 | máoyī | 스웨터 |
| ☐ 围巾 | wéijīn | 스카프 |
| ☐ 丑闻 | chǒuwén | 스캔들 |
| ☐ 裙子 | qúnzi | 스커트 |
| ☐ 日程 | rìchéng | 스케줄 |
| ☐ 滑雪 | huáxuě | 스키 |
| ☐ 长袜 | chángwà | 스타킹 |
| ☐ 认股权 | rèngǔquán | 스톡옵션 |
| ☐ 空(中小)姐 | kōng(zhōngxiǎo)jiě | 스튜어디스 |
| ☐ 罢工 | bàgōng | 스트라이크, 파업 |
| ☐ 压力 | yālì | 스트레스 |
| ☐ 意大利面 | yìdàlìmiàn | 스파게티 |
| ☐ 体育 | tǐyù | 스포츠 |
| ☐ 速度 | sùdù | 스피드 |

| | | |
|---|---|---|
| ☐ 扬声器 | yángshēngqì | 스피커 |
| ☐ 拖鞋 | tuōxié | 슬리퍼 |
| ☐ 系统 | xìtǒng | 시스템 |
| ☐ 单身 | dānshēn | 싱글 |
| ☐ 广播员 | guǎngbōyuán | 아나운서 |
| ☐ 模拟 | mónǐ | 아날로그 |
| ☐ 想法 | xiǎngfǎ | 아이디어 |
| ☐ 冰咖啡 | bīngkāfēi | 아이스커피 |
| ☐ 冰淇淋 | bīngqílín | 아이스크림 |
| ☐ 公寓 | gōngyù | 아파트 |
| ☐ 天线 | tiānxiàn | 안테나 |
| ☐ 酒精 | jiǔjīng | 알코올 |
| ☐ 装饰品 | zhuāngshìpǐn | 액세서리 |
| ☐ 影集 | yǐngjí | 앨범 |
| ☐ 升级 | shēngjí | 업그레이드 |
| ☐ 更新 | gēngxīn | 업데이트 |
| ☐ 能源 | néngyuán | 에너지 |
| ☐ 自动楼梯 | zìdòng lóutī | 에스컬레이터 |
| ☐ 护送 | hùsòng | 에스코트 |
| ☐ 空调 | kōngtiáo | 에어컨 |
| ☐ 艾滋病 | àizībìng | 에이즈(AIDS) |
| ☐ 工程师 | gōngchéngshī | 엔지니어 |
| ☐ 电梯 | diàntī | 엘리베이터 |
| ☐ 油 | yóu | 오일 |
| ☐ 摩托车 | mótuōchē | 오토바이, 모터사이클 |
| ☐ 办公室 | bàngōngshì | 오피스 |

외래어

| | | |
|---|---|---|
| ☐ 衬衫 | chènshān | 와이셔츠 |
| ☐ 制服 | zhìfú | 유니폼 |
| ☐ 电子邮件 | diànzi yóujiàn | 이메일 |
| ☐ 伊妹儿 | yīmèir | 이메일 |
| ☐ 国际 | guójì | 인터내셔널 |
| ☐ 因特网 | yīntèwǎng | 인터넷 |
| ☐ 采访 | cǎifǎng | 인터뷰 |
| ☐ 室内装饰 | shìnèi zhuāngshì | 인테리어 |
| ☐ 企业内部网 | qǐyè nèibùwǎng | 인트라넷 |
| ☐ 通货膨账 | tōnghuò péngzhàng | 인플레이션 |
| ☐ 爵士音乐 | juéshì yīnyuè | 재즈 |
| ☐ 果汁 | guǒzhī | 주스 |
| ☐ 严重急性<br>呼吸系统综合症 | yánzhòng jíxìng hūxī xìtǒng zōnghézhèng<br>중증급성호흡기능후군(SARS) | |
| ☐ 宝石 | bǎoshí | 쥬얼리 |
| ☐ 大提琴 | dàtíqín | 첼로 |
| ☐ 奶酪 | nǎilào | 치즈 |
| ☐ 卡 | kǎ | 카드 |
| ☐ 咖喱 | gālí | 카레 |
| ☐ 咖喱饭 | gālífàn | 카레라이스 |
| ☐ 照相机 | zhàoxiàngjī | 카메라 |
| ☐ 地毯 | dìtǎn | 카펫 |
| ☐ 鸡尾酒 | jīwěijiǔ | 칵테일 |
| ☐ 卡路里 | kǎlùlǐ | 칼로리 |
| ☐ 热量 | rèliàng | 칼로리 |
| ☐ 日历 | rìlì | 캘린더 |

| | | | |
|---|---|---|---|
| ☐ | 窗帘 | chuānglián | 커튼 |
| ☐ | 咖啡 | kāfēi | 커피 |
| ☐ | 电脑 | diànnǎo | 컴퓨터 |
| ☐ | 电脑病毒 | diànnǎo bìngdú | 컴퓨터 바이러스 |
| ☐ | 蛋糕 | dàngāo | 케이크 |
| ☐ | 番茄酱 | fānqiéjiàng | 케첩 |
| ☐ | 演唱会 | yǎnchànghuì | 콘서트 |
| ☐ | 隐形眼镜片 | yǐnxíng yǎnjìngpiàn | 콘택트렌즈 |
| ☐ | 可乐 | kělè | 콜라 |
| ☐ | 圣诞节 | Shèngdànjié | 크리스마스 |
| ☐ | 克隆 | kèlóng | 클론 |
| ☐ | 索赔 | suǒpéi | 클레임 |
| ☐ | 铃鼓 | línggǔ | 탬버린 |
| ☐ | 三角铁 | sānjiǎotiě | 트라이앵글 |
| ☐ | 时装 | shízhuāng | 패션 |
| ☐ | 时装设计师 | shízhuāng shèjìshī | 패션 디자이너 |
| ☐ | 传真 | chuánzhēn | 팩스 |
| ☐ | 长笛 | chángdí | 플루트 |
| ☐ | 钢琴 | gāngqín | 피아노 |
| ☐ | 比萨饼 | bǐsàbǐng | 피자 |
| ☐ | 硬件 | yìngjiàn | 하드웨어 |
| ☐ | 汉堡包 | hànbǎobāo | 햄버거 |
| ☐ | 饭店 | fàndiàn | 호텔 |
| ☐ | 酒店 | jiǔdiàn | 호텔 |
| ☐ | 家庭影院 | jiātíng yǐngyuàn | 홈시어터 |

외래어

| | | |
|---|---|---|
| 新型冠状病毒肺炎 | xīnxíng guānzhuàng bìngdú fèiyán | 코로나 바이러스(COVID-19) |
| 新冠肺炎 | xīnguān fèiyán | (약칭)코로나 바이러스 |

# 梅花 매화
## Méihuā

[宋]王安石 [송]왕안석
[Sòng]Wáng Ānshí

| 墙 | 角 | 数 | 枝 | 梅, | 담장 모퉁이 가지 성긴 매화 |
| Qiáng | jiǎo | shù | zhī | méi, | |
| 凌 | 寒 | 独 | 自 | 开。 | 추위를 무릅쓰고 홀로 피어 있구나. |
| líng | hán | dú | zì | kāi. | |
| 遥 | 知 | 不 | 是 | 雪, | 멀리서도 눈이 아님을 알 수 있는 것은 |
| Yáo | zhī | bú | shì | xuě, | |
| 为 | 有 | 暗 | 香 | 来。 | 그윽한 향기가 전해오기 때문이라. |
| wèi | yǒu | àn | xiāng | lái. | |

### 단어

· 凌寒 líng hán  추위를 무릅쓰다
· 遥 yáo  멀다
· 暗香 ànxiāng  그윽한 향기

❖ 이 시는 추운 겨울 홀로 초연하게 피어 그윽한 향기를 뿜어내는 매화의 모습을 통해 고결하고 의지가 굳은 사람의 품격을 비유한 시이다.

# 10

## 색인

* 색인에는 앞에서 익힌 단어들이 병음순으로
정리되어 있습니다.
단, 명사와 외래어 등은 본문에서 분야별로
나뉘어져 있으므로 색인에는 넣지 않았습니다.

색인

색인

색인

색
인

색인

색
인

색인

**489**

색인

색
인

색
인

**조일신**

한국외국어대학교 중국어과 및 동 대학 통번역대학원을 졸업하고, 동 대학 일반대학원
중어중문과 박사과정을 수료했다.

대학 졸업 후 한국문화재보호재단에서 잠시 근무했고 인덕대학교, 금강대학교, 한밭대
학교, 한국외국어대학교에서 중국어 강사를 역임했으며, 지금은 전문 통번역사로 활동
하고 있다.

공저로 [쑥쑥 주니어 중국어 1, 2, 3], [25테마로 배우는 프리토킹 중국어 회화](제이플러
스) 등이 있으며, [시험에 강해지는 중국어 단어집 3000+], [롱이롱이 중국어 첫걸음](제
이플러스) 등 다수의 교재를 집필하였다.

시험에 강해지는
**HSK
중국어
단어장**

초판 2023년 5월 25일

저자 / 조일신

발행인 / 이기선

발행처 / 제이플러스

주소 / 서울시 마포구 월드컵로 31길 62

T. / 02-332-8320

홈페이지 / www.jplus114.com

등록번호 / 제10-1680호

등록일자 / 1998년 12월 9일

ISBN / 979-11-5601-222-1